KB212242

소설
동학당
東 學 黨

동 학 네 오 클 래 식

11

소설
동학당
東學黨

이 돈 화 지음
채 길 순 해제

도서출판 모시는사람들

| 일러두기 |

1. 이 소설은 원작자(이돈화)가 완성하지 못한 미완 원고이며, 원고도 일부 소실되었다.
2. 독자의 이해를 돕기 위해 원작을 훼손하지 않는 범위에서 요즘 글로 바꾸었다.
3. 생소한 사어(死語) 고어(古語)는 해설을 붙이거나 한자를 병기하였다.
4. 복자(伏字), 묵자(墨子) 처리된 단어나 문장은 문맥에 맞게 되살렸다.
5. 의도적인 오기가 아닌 확실한 오기는 바로잡았다. 예) 서현순→서헌순, 민경호→민겸호.
6. 제1부의 지창화와 제2부의 지창화는 동명이인(同名異人)이다.
7. 이 소설에서 의미상 동학군(東學軍) 동학군(東學群)이 구별 없이 쓰였는데, 이는 원문대
   로 두었다.
8. 독자의 이해를 위해 제1부와 제2부로 나누었다.

소설 동학당 東學黨

제1부 거룩한 죽음

1. 동학 ——————————————————— 9

2. 아버지를 죽인 원수[殺父之讎] —————— 71

3. 스승의 원수 ————————————— 97

제2부 비밀결사

4. 태백산의 호랑이 ————————————— 169

5. 동학당의 인물들 ————————————— 201

해제

동학의 지엄한 서사의 숲,

역사소설 「동학당東學黨」 | 채길순 ————— 290

小說

東學黨 上卷 (原稿其二)

總枚數　叁壹〇枚

京城府高陽雲洞八八番地

編輯兼發行人　李敦化

電話五一八

제1부
거룩한 죽음

1. 동학

2. 아버지를 죽인 원수

3. 스승의 원수

권해
네가 저조건이 주비하엿다. 제자들을 그들 미천한

사람이오 무직한 사람이며 배워, 변스런 사람이 앉았 사람이

벼슬지낸 이 선생을 마음속에 역구서가 앉았

거시험을 해보앗다. 두구보라. 정성에 있은 공경에 있은

밋음이 있으 사람인것을 선생을 잘 볼다. 선생은 분별... 눈

꾀폐지치도 저해내기 잊이많을 굴라발로 그러게지

참것에앉이라 그상각햇라 새인지 한것은 정성(誠)이며.

공경이며 신용이며, 덕성이라해스라 조선사람에 맹하게 된것서

티르 세상에맘하게 된것을 빨라그네법려 방하게된것

씨니라, 성(誠) 신(信) 에세가리 력셜에로 일을 가다리이라

1. 동학

　칠년대한과 같이 몹시 가물던 끝에 용담에서 일어난 한 조각 구름은 삽시간에 하늘을 덮었다. 그리하여 감로수와 같은 단비가 내리기 시작하였다. 초목군생은 새 생명을 얻어 무럭무럭 자라났다.

　수운 선생이 내놓으신 무극대도의 감로수는 큰 가뭄에 단비를 만난 것과 같아 대중들이 찬송하는 주문 소리는 이곳저곳에서 들리게 되었다. 이것은 새 세상을 창조코자 하는 새 도덕의 부르짖음이었다.

　그러나 새것은 새것만으로 커지는 법이 없고, 반드시 낡은 것과 투쟁을 하게 되는 법이다. 말하자면 낡은 것은 새것에 대해서 수화상극(水火相剋)이 된다. 낡은 것이 자기의 세력을 영원히 보전하자면 새것의 존재를 없애 버리지 않으면 안 됨으로써, 새것과 낡은 것은 부득이 충돌하게 되고 싸우게 되는 법이다.

　수운 선생이 무극대도를 낸 지 삼년이 되던, 계해년(癸亥年, 1863) 여름이었다. 선생은 한 가지 큰 결심을 가지고 있었다. 무엇이냐 하면 후계자를 얻어 무극대도의 큰살림을 맡기고자 하는 생각이었다. 선생은 이것도 천명에서 나왔다고 생각하였다. 계해년이면 선생의 나이 아직 사십에 지나지 않고 도(道)를 받은 것은 만 4년도 못 되는 때였다. 사십이면 한창 일할 나이요, 더구나 득도한 지 삼년 남짓밖에 안 되는데 선생은 어찌하여 갑자기 후계자를 얻으려고 했을까? 이것은 정녕 선생의 명견(明見)에서 나온 앞일에 대한 예측이었다. 선생은 불원간에 큰 화가 자신에 돌아올 것을 알았던 것이다.

어느 날 아침 용담정 도장에 제자들이 많이 모인 자리에서 선생은 가장 엄숙한 말로

"지난밤 꿈에 태양 살기가 내 왼편 다리를 찔러 보였다. 깨어 본즉 살기가 찔린 자리에 사람 인(人) 자 형체가 있어 보였다. 이것은 악이 선을 침범해서 화단을 일으킬 징조이다."

하시고 다시 한참 침묵하였다가 얼굴을 드는데 평생에 내지 않던 노기를 내시면서 담뱃대를 들어 재떨이를 치는데 대통 꼭지가 부러져 방바닥에 굴러갔다.

제자들은 무슨 영문인지 몰라 죽은 듯이 둘러앉아 선생의 동정만 살피었다. 선생은 혼잣말로

"에익, 안된 세상이로군! 악운이로군!"

하시더니 다시 수심정기하고 그 끝에 제자들을 돌아보면서

"그러나 천명이다, 천명이야."

하면서 역시 알아듣지 못할 말씀을 하시었다. 옆에 앉았던 최경상

(崔慶翔)이 겨우 입을 열어

"선생님, 무슨 불편하신 일이 계십니까?"

하고 말한즉 선생은 얼굴에 다시 화기(和氣)가 돌면서

"아닐세, 자네들은 아직 알 때가 아닐세."

할 뿐이라, 제자들은 그 뜻을 알지 못했다. 다만 최경상만은 선생이
무슨 까닭으로 노하셨는지 대개 추측하였다. 선생은 앞일을 훤히
내다보는 고로 앞으로 닥쳐오는 악운을 생각하시고 노기를 내신 것
이라 추측하였다.

아닌 게 아니라 선생은 장차 큰 화가 미칠 것을 알았던 것이다.
세상이 이만큼 어지럽고 나라가 이만큼 무도하고 백성이 저만큼 어
리석으니 세상이 망하지 않을 수 있나! 이 망할 운수가 한데 뭉쳐
가지고 무극대도의 새 생명을 해칠 날이 있을 것을 미리 알았던 것
이다. 한 번도 아니요, 몇십 년을 두고 두 번 세 번 큰 화가 있을 것
을 느낀 것이다. 그래서 선생은 이것을 탄식하고 필법(筆法) 가운데
이런 예언 한 구(句)를 써 둔 일도 있었다.

"상오국지목국(象吾國之木局)하야 수불실어삼절(數不失於三絶)이
라."

하였다. 곧 삼절(三絶)이라는 것은 삼대 악운이라는 뜻이니, 무극대
도의 새 운수에는 반드시 이 삼대 악운이 닥쳐올 것이라 함이며, 그
러나 무극대도의 운수는 후천 운수를 받은 새 생명인 고로 삼대 악

운을 만나면서도 수가 끊어지지 않고 봄동산의 풀과 같이 날마다 커 나가리라는 뜻이었다.

그런데 이 삼대 악운이 첫 번째로 닥쳐올 날이 가까운 것을 선생은 알았다. 그리하여 이 첫 번째 악운은 선생 자신이 생명을 바쳐 겪어야 할 것을 분명히 알았다.

세상에는 몰라서 걱정되는 일보다 알기 때문에 걱정되는 일이 더 많은 법이다. 악운이 닥쳐올 것을 미리 알고 보니 그 전에 해야 할 일이 한두 가지가 아니지만, 무엇보다도 크게 걱정 되는 것은 후계자를 얻는 일이다. 만일 잘못되어 선생의 육신이 없어질지라도 그 대신으로 이 오만년의 큰살림을 맡을 후계자를 얻어야 하겠다는 것이었다. 그래서 선생은 수천 명 제자들 가운데서 후계자가 됨직한 인물을 물색하였다. 제자들 가운데는 글 잘하는 사람, 말 잘하는 사람, 문벌 좋은 사람, 가지각색의 사람이 다 있었다. 그러나 선생의 생각에 그렇다 할 사람은 하나도 없었다. 왜냐하면 선생이 생각하는 후계자는 다음의 네 가지 조건을 구비한 사람이라야 되었던 까닭이다.

첫째는 마음이다. 선생의 마음과 후계자 되는 사람의 마음이 하나 같은 사람이니, 즉 오심즉여심(吾心卽汝心)이 되지 않는 사람이면 안 될 것이다.

둘째는 근기(根氣)다. 어떠한 위험한 일이 있을지라도 그것을 참고 이겨 낼 만한 사람이 아니면 안 될 것이다.

셋째는 인격이다. 덕성 있고 포용성이 있어서 많은 제자를 능히 통솔해 나갈 만한 사람이 아니면 안 될 것이다.

넷째는 지식이다. 여기서 이른바 지식이란 것은 글 잘하는 것이 아니라 직관적으로 무극대도의 뜻을 통한 사람을 이름이다.

선생은 적어도 이 네 가지 조건이 이루어져야만 후계자로 정할 자격이 있다고 생각하였다. 이 생각은 선생이 전라도 남원 은적암에 피신 가서 공부할 때부터 작정된 생각이었다.

선생이 남원 은적암으로 피신 간 것은 신유년(辛酉年, 1861) 늦은 가을(본문에는 임술년(1862)으로 되어 있으나 신유년의 오기-편집자 주)이었다. 선생은 은적암에서 공부하는 동안 어떤 영감으로 장래의 일을 예측해 가지고 후계자를 물색하기 시작하였던 것이다.

선생은 모든 일을 천명으로 하지마는 이번 일이야말로 더욱 천명이 아니어서는 안 된다고 생각했다. 이듬해(임술년(1862) 3월; 편집자 주)에 은적암에서 돌아오는 길로 용담에 가지 않고 바로 박대여의 집에 가서 아무도 모르게 며칠 간 숨어 계셨던 일이 있었다. 그때에 맨 먼저 찾아온 사람이 최경상이었다.

최경상은 선생을 이별한 후 밤낮 선생을 위해서 기도하던 끝에 하루는 문득

"선생이 박대여의 집에 오셨구나!"

하는 생각이 났다. 그래서 박대여의 집을 찾아간즉 과연 선생이 은

적암에서 돌아와 계심을 보고 놀랍고 이상해서 선생에게 사실대로 말씀하였더니 선생은 머리를 끄덕끄덕하시면서 기뻐하시었다. 그때부터 선생은 최경상을 후계자로 내정하셨던 것이다. 최경상이야말로 이상 네 가지 조건이 구비되었다고 생각하셨다.

최경상은 경주 검곡(劍谷) 사람이다. 검곡은 용담에서 서북으로 삼십 리 떨어진 곳이다. 경상은 빈천한 사람이다. 어려서 부모를 잃고 이집 저집 돌아다니면서 머슴살이와 품팔이로 삼십 년의 세월을 보냈다. 그러므로 그는 글자도 모르며, 지벌도 없으며, 말도 잘하지 못했다.

그러나 그는 선생이 생각한 네 가지 조건을 구비하였다. 제자들은 그를 미천하고 무식한 사람이라 해서 변변히 인사도 아니하는 사람이 많았지만, 선생은 홀로 그를 마음속에 두고 여러 가지로 시험해 봤다. 누구보다도 정성이 있고 공경이 있고 믿음이 있는 사람인 것을 선생은 잘 알았다.

선생은 본래 문벌 같은 것은 눈곱만치도 여기지 않지만, 글도 그렇게 귀한 것이 아니라고 생각했다. 사람에게 제일 귀한 것은 성격이며, 공경이며, 신용이며, 덕성이라 생각했다.

조선 사람이 망하게 되고 세상이 망하게 된 것은 말과 글이 없어 망하게 된 것이 아니라 성(誠), 경(敬), 신(信), 이 세 가지 덕성을 잃은 까닭이라고 제자들에게 열 번 스무 번 이야기했다. 성, 경, 신, 이 세 가지는 사람의 재간에서 나오는 것이 아니고 사람이 사람 된 본바탕이라 하였다. 그러므로 성, 경, 신이 없는 사람은 사람이면서 사람의 바탕을 잃은 동물이라 하였다. 선생은 항상 조선 사람에게 이 세 가지가 없는 것을 개탄하고 무극대도를 닦는 첫걸음으로 성, 경, 신을 말하여 주는 것이 상투였다.

그런데 최경상에게는 선천적으로 이 세 가지 바탕이 있는데다가 선생의 일언일행을 그대로 옮겨 왔었다. 선생이 최경상을 후계자로 택하리라 생각한 것만 보아도 선생은 자신에 대한 앞일과 무극대도에 대한 앞일이 어찌되리라는 것을 예측한 것이 분명하였다.

8월 14일 아침이었다. 최경상은 동틀 무렵에 일어나서 개천에 나가서 냉수 목욕을 하고 뜰과 방을 깨끗이 소제한 뒤에 수심정기하고 정좌하여 주문 삼천 번을 읽었다. 이것은 아침마다 하는 일과이었다. 최경상은 주문 읽기를 마치고 다시 심고하는 중 용담정에 계신 선생께서 자기를 부르는 듯한 영감을 얻었다. 최경상은 조반도 먹지 아니하고 집을 떠나 용담 삼십 리를 단숨에 갔다. 용담정에 들어간즉 선생은 방에 홀로 앉아 눈을 감고 깊은 생각에 잠겨 있었다.

최경상은 선생에게 인사를 하고 앉은즉 선생은 희색이 만면하여 최경상을 바라보며

"내일이 추석인데 집에서 추석을 지내지 않고 어째서 일찍 왔

나?"

하고 물었다. 최경상은 다시 꿇어앉으며

"선생님을 모시고 추석을 지내고자 왔습니다."

"잘 왔네! 그러지 않아도 오늘 내가 자네를 꼭 봐야 할 일이 있네."

하고 최경상을 데리고 수도실로 들어갔다. 선생은 자리에 앉으면서 경상을 바라보고

"저리로 앉게."

하고 미리 깔아 놓은 돗자리를 가리켰다. 경상이 자리에 꿇어앉으니까 선생은 정면으로 경상을 한참이나 보다가

"몸을 움직여 보게."

하는 말이 끝나자마자 경상은 팔과 다리를 조금도 움직일 수 없고 입이 무거워서 말도 할 수가 없었다. 경상은 마음으로는 별 생각이 다 있었으나 육신은 조금도 움직일 수 없었다. 선생은 다시 빙그레 웃으면서

"자네 왜, 그러고 있나?"

하고 말하자 그제야 경상은 결박하였던 몸을 풀어 놓은 듯이 손발을 자유로 놀리게 되고 입으로 말이 나왔다.

"웬 까닭인지 몸도 놀릴 수 없고 말도 할 수 없었습니다."

하고 말했다. 선생은 다시 엄숙한 태도로 경상을 보면서

"자네 맘이 내 맘과 한가지며, 자네 기운과 내 기운이 하나가 된 증거일세. 천지만물은 본래 한마음 한 기운으로 된 것이나 그러나 사람은 각각 자기네의 조그만 사욕 때문에 보통 사람에게 그 마음과 그 기운이 서로 통하지 않는 것일세. 나와 자네는 이미 도력으로 그 기운을 통한 까닭에 내가 마음먹는 대로 자네 육신이 이리도 되고 저리도 되어지는 것이니 그 증거를 확실히 알리기 위해서 자네에게 시험을 시킨 것일세."

하고 미리 써 두었던 수심정기(守心正氣)라고 쓴 종이를 내어주었다. 그리고 다시 '용담수류사해원(龍潭水流四海源) 검악춘회일세화(劍岳春回一世花)'라고 쓴 족자 한 장을 내어 주면서

"이것이 자네의 장래이니 깊이 건사하게. 그리고 오늘부터 자네는 나를 대신해서 무극대도의 큰살림을 맡아보게."

하였다. 경상은 갑자기 몸이 떨리면서 어쩔 줄을 모르다가 겨우 입을 열어

"선생님, 무슨 말씀이십니까? 저같이 무식하고 아무것도 모르는 놈이 무극대도를 맡는다는 말씀은 천만부당한 줄 압니다."

"아니야, 사시의 절기를 보아도 성공한 자는 가는 법(四時之序 成功者去)이야! 나는 가네, 자네를 믿고 가네. 아무 소리 말고 그대로 지내 보게."

선생이 간다는 말을 듣고 경상은 또다시 놀라지 않을 수 없었다.

경상은 자기도 모르게 눈에서 눈물이 흐르면서

"선생님, 가신다는 말씀이 무슨 말씀이십니까!"

하고 흐느껴 울었다. 선생은 역시 태연한 얼굴로

"천명이야! 천명이야! 천명이야!"

이 말 세 마디를 하고 입을 다물었다. 경상은 다시 물어볼 용기도 없이 정신이 멍한 채 그대로 앉아 있었다. 선생은 이를 일러 도통전수(道統傳授)라 하였다. 수운 선생은 도통과 함께 최경상에게 해월(海月)이라는 호를 주었고, 이날부터 선생은 최경상을 해월이라 불렀다.

수운 선생은 속으로 마침내 큰일을 치렀다고 생각했다. 근 일년을 두고 후계자를 물색하느라고 여간 고심하지 않던 일이 오늘에야 끝이 난 셈이었다. 맘이 후련했다. 허나 아직도 미흡한 일은 있었다. 제자들이 최해월을 믿지 않을까 하는 염려였다. 그래서 선생은 제자들에게 도통전수 사실을 광포(廣布)한 뒤에

"오늘부터 최경상을 내 대신으로 생각하라."

하고 그 이후는 누구나 선생을 뵈올 사람이면 먼저 검곡에 가서 최해월을 만나고 오라고까지 분부하였다. 이것은 제자들에게 이제부터 자기 육신은 믿지 말라는 뜻이었다. 육신을 버릴 날이 점점 가까워 오는 것을 깨달은 선생은 제자들에게 나의 육신은 불원간 용담정에서 없어질 테니 너희는 나의 육신을 믿지 말고 최해월을 내 대

신으로 믿으라는 뜻이었다. 알고 보면 의미심장한 일이었다.

　8월 9월도 다 가고 10월도 그믐이 되었다. 하루는 충청도 사는 장천달이라는 도인이 찾아 왔다. 그는 선생을 뵙고 난 뒤에 편지 한 장을 내놓았다. 선생은 편지를 받아 봉투에 이필의 이름이 쓰인 것을 보고 대단히 반겨 하면서 장천달을 보고

　"그래! 장천달은 이필에게서 도를 받았구나."

　"네, 재작년에 입도했습니다."

　"그리도 포덕이 잘 되나?"

　"이필 씨의 활동으로 영해, 영덕, 영천, 문경, 영양 등지에 벌써 수백 호가 포덕이 되었습니다."

　"우리 도 운수는 남에서 나서 서북으로 흘러갈 것일세. 자네들도 장차 서북으로서 힘을 주어야 하네."

하고 제자들을 돌아보며 이야기를 해 가면서 이필의 편지를 뜯어보았다.

　"선생님, 기체만강(氣體萬康)하시온지 복모구구(伏慕區區) 무임하성지지(無任下誠之至)로소이다. 소생은 한울님과 선생님의 덕택으로 육신도 건강하옵고 믿음도 굳건하오니, 태산 같은 은혜를 언제나 갚을는지 황송하옵고, 감사하옵니다. 그 가운데도 기쁜 일은 소생의 박덕으로도 벌써 수천 명을 포덕한 일입니다. 이것은 소생의

힘이 아니오라 천운이오며 시운인 줄 아옵니다. 그런데 급히 여쭐 말씀은 다름이 아니오라 도인 중 한 사람이 이즈음 서울에 다녀와서 전하는 말이 조정에서 지금 선생님을 지목해서 이단지도로 혹세무민한다 하여 잡으라는 칙령이 내렸다 하오니 그리 아시옵고 빨리 피신하시기 바랍니다.……"

하는 것이었다.

선생은 편지를 제자들에게 돌려 보였다. 제자들은 다 같이 놀라며 편지를 들여다보는데 김준경이란 사람이 나앉으며

"선생님, 사람까지 일부러 보냈을 때에는 일이 매우 급한 듯합니다. 오늘이라도 피신을 하는 것이 어떠하올는지요?"

하고 말한즉 선생은 태연히 웃으시면서 김준경을 향해 물어보는 것이었다.

"도를 누가 내었나?"

"선생님이 내시지 않았습니까?"

"잡기는 누굴 잡을라나?"

"선생님을 잡으라는 게 아닙니까?"

"도 낸 사람을 잡아오라는데, 도를 낸 사람인 나는 도망하구 자네들은 잡혀가서 욕을 본다면 세상에 그런 일이 어디 있나!"

"선생님, 그러면 연전에는 왜 피신해서 전라도 은적암까지 가셨습니까?"

"그때는 후계자가 없을 때니까 불가불 피신할밖에 없었지! 그러나 지금은 내가 가도 내 대신 일할 최해월이 있지 않은가? 모든 것이 천명이니 아무 염려들 말게."

하고 제자들에게 거듭 생사재천(生死在天)이라는 것을 말해 주었다.

제자들이 생각하기를 선생님은 본래 천지조화를 가지신 어른이니까 잡혀갈 리도 만무하고, 설사 잡혀간다 할지라도 죽을 리 없다고 믿었다. 제자들이 그렇게 생각한 것도 무리는 아니다. 그들은 평소에 선생의 기이한 행동을 많이 본 까닭이었다.

그건 그렇다 하고 선생은 어찌하여 잡으러 온다는 소식을 듣고서도 피신할 생각도 않고 태연히 있었을까? 선생은 원래 무슨 일이든지 천명을 믿고 행하지만, 생사와 같은 큰 문제에 있어서는 더욱 천명을 확실히 믿었다. 천명이 살라고 하면 살고, 죽으라면 죽겠다는 생각이었다.

선생은 잡히기만 하면 살아서 돌아오지 못할 것을 잘 알고 있었다. 그만한 일은 아녀자라도 알 수 있을 일이다. 왜냐하면 유교 이외엔 모두가 박멸되는 세상이며, 같은 유교라 할지라도 주자의 말 이외엔 토 하나라도 고치기만 하면 목숨이 없어지는 판국에 유도 불도가 다 썩어졌다 말하고, 임금이 임금 노릇 못하고 신하가 신하 노릇 못한다 하고, 선천은 가고 후천이 온다고 부르짖은 선생으로서 목숨이 살아 돌아오기를 바라는 것은 하얀 백골에서 생명이 나오리라 믿는 것과 마찬가지였다. 이런 경우를 선생도 잘 안다.

그러나 선생은 그러한 구구한 사정을 마음속에 두지 않는 것이었다. 나라가 망하고 세상이 망하는 것을 뻔히 보면서 자기 육신이 살겠다는 조그만 생각은 가질 여유가 없었다. 내 몸은 죽더라도 그로 말미암아 나라가 살아나고 세상이 잘된다면 이것이 곧 천명이라고 생각한 까닭이다. 그러므로 선생은 죽고 산다는 것은 이미 초월했던 것이다.

때는 철종 말년 외척 김씨 세력이 이 나라를 주름잡고, 양반들의 세력 싸움과 탐관오리의 가렴주구는 날로 심해졌다. 백성들의 원성은 반항으로 변해 가서 곳곳에서 민요(民擾)가 일어났다. 이런 소문을 들은 조정에서는 대신들의 의견이 분분하였다. 아무리 방탕무도(放蕩無道)가 습성이 된 지렁이 같은 양반들의 신경이라도 약간의 불안을 가지지 않을 수 없었다.

이러한 때에 또 한 가지 무서운 소문이 들어왔다. 삼남에 동학군이 일어났다는 것이다. 동학군은 일심단결하기로 유명하고 조화를 마음대로 부리며 양반을 미워하기를 원수같이 한다는 것이었다. 그리고 그 괴수는 경주 사람 최수운이라는 것이다.

동학이라는 말이 세상에 널리 퍼진 것은 그럴 만한 원인이 있었다. 수운 선생은 본래 자기의 도를 '천도(天道)'라 하였고 또는 '무극대도(無極大道)'라 하였다. 그러나 선생이 낸 주문 가운데 '시천주조화정'이라는 데에 '천주' 두 글자가 있음으로써 세상에서는 내력도 알지 못하고 수운 선생을 천주학, 즉 서학의 괴수라고 오해하고 천도를 천주학으로 지목하였다. 그래서 선생은 이것을 해명하는 뜻으로 자기의 도를 동학이라 별명(別名)한 것이었다. 천주학이 서양에서 왔으므로 서학이라 한 것과 같이 무극대도는 동방 조선에서 생겼으니 학이라 말하면 동학이라 한다고 선언한 것이었다. 그로부터 무극대도를 동학이라 하고, 동학하는 사람을 관속들이 멸시하는 말로 동학군이라 하였다.

조정에서는 삼남의 동학군을 민요보다 더 무서워 할 수밖에 없었다. 민요라는 것은 아무 주의도 없는 백성들이 일시로 떠들다가 관속과 병정을 풀어서 해산시키면 그만이며, 또는 고을고을이 따로따로 하는 일이므로 피차 연락이 없는 것이지만, 동학군은 보국안민이라는 큰 주의가 있고 여러 고을이 한데 뭉친 단체이며, 그를 통솔하는 수령이 있음으로써 그는 완연히 군대 조직과 같은 것이었다. 동학군이라는 군(軍) 자를 붙인 것도 이런 의미에서 나온 것이다.

조정에서는 동학이 점차 커 간다는 소문을 들은 지도 벌써 일년이 되지만 원체 방탕에 빠지고 게다가 무능한 송장들이 모여 있는 곳이라 처음에는 그렇게 관심도 기울이지 않았고, 혹 개인으로 염려하는 사람이 있을지라도 들을 때뿐이고 돌아서면 그저 술과 계집과 권세 싸움에 급급해서 그럭저럭 지내 왔을 뿐이다.

그러나 벌레도 밟으면 꿈틀 한다고, 신경이 극도로 마비된 그 양반들도 동학군이 커진다는 소문을 여러 번 듣고 보니 필경은 어떤 조치가 없어서는 안 되겠다 생각하고 영의정 정원용 이하 김병국, 김병기 등 대신들이 어전에 들어가 동학 사건을 상주하게 되었다. 그래서 선전관 정구룡(鄭龜龍)을 경주로 파견해서 동학 괴수 최수운을 서울로 잡아 올리라는 칙령이 내려졌다.

철종 13년(1862) 11월 1일이다. 선전관 정구룡은 어명을 받은 외에 특별히 마패까지 받아 가지고 부하 나졸 30명을 거느리고 길을 떠났다. 그들은 일찍 일어나서 늦게까지 길을 재촉한 까닭에 수삼일 만에 충청도와 경상도 접경인 새재를 넘었다.

"여기서부터는 경상도 땅이라, 일행이 함께 갈 것이 아니라 패를 나눠 가지고 동학군들의 동정을 정탐하면서 가야 한다."

하고 정구룡은 부하에게 명령한 뒤에 부하 30명을 한곳에 모아 세우고,

"자네는 나졸 10명을 데리고 의성, 단청, 영산, 창녕을 거쳐 대구, 영천으로 해서 경주로 오게 하라. 자네는 나졸 10명을 거느리고 상주, 예천, 영양, 영덕 홍해 등 여러 고을을 들러 경주로 오게 하라. 자네는 나졸 10명을 데리고 삼남대로를 직통해서 영천을 거쳐 경주로 오게 하라. 경주 오는 날짜는 섣달 초하룻날인데 이날을 어겨서

는 안 되네. 나는 방향을 정하지 않고 방방곡곡을 돌아 동학군의 동정을 살피면서 경주 영문에 갈 것일세."

이렇게 부하를 세 패로 나눠 가게 하였다. 정구룡이 경주로 바로 가지 않고 이렇듯 부하를 여러 곳으로 보내서 동학군의 동정을 알아보기로 한 것은 역시 어명에서 나온 일이었다. 최수운을 특별히 나타난 죄가 있어 잡으러 보내는 것이 아니고 다만 이단지도(異端之道)로 혹세무민(惑世誣民) 한다는 소문에 의해서 반은 그 사실을 정탐할 겸 내려가는 길인 고로 최수운을 잡기 전에 소문의 사실 여부부터 잘 조사할 필요에서 나온 일이다. 그래서 정구룡은 떠나는 부하들을 다시 불러 세우고

"동학에 관한 이야기면 무엇이든지 빼지 말고 일일이 필기해서 가지고 와야 하네. 본 대로 들은 대로 다 나라에 보고해야 할 것이니까."

하고 재삼 분부하였다.

부하들을 떠나 보내고 정구룡은 나졸 한 명만 데리고 상주 방면으로 향했다. 정구룡은 본래 정탐에 유능한 사람이라 백성들이 무심히 하는 말에도 귀를 기울여 혹은 물어보기도 하고 혹은 대답도 하면서 길을 걸었다. 그런데 동학의 소문은 상상 외로 굉장하였다. 백성들은 조금도 거리낌 없이 거리에서 떠들어대었다.

"경주 용담에 명인이 낫다네!"

"최복술이란 이는 풍운조화를 임의로 부린다지!"

"최수운은 공자, 맹자보다도 더 좋은 도를 한다지!"

"최수운은 밤이면 하늘에 올라가 상제를 만나보고, 낮이면 인간에 내려와서 용도 되고 범도 된단다."

이런 이야기를 어느 거리에서나 어떤 마을에서나 들을 수 있었다. 정구룡은 서울서 듣던 것보다 더욱 굉장한 소문에 일면 놀라고 일면 의심하면서 며칠 만에 상주읍을 지나 높은터라는 마을에 이르렀다. 높은터로 해서 가재고개를 넘어 영양 방면으로 갈 작정이었다. 정구룡은 고개 마루턱에까지 가서 다리도 쉴 겸 담배 한 대를 다 피웠다. 그때 어떤 도승 한 사람이 백팔염주를 목에 걸고 육환장을 짚고 시자 한 사람을 앞세우고 올라오고 있었다. 도승은 마루턱에 다 올라와서

"나무아미타불."

하고 염불을 하더니 정구룡 앞에 와서 합장 재배를 한다. 정구룡은 말동무가 없어서 궁금하던 차에 도승이 오는 것을 보고 반가워서

"대사, 좀 앉아서 다리나 쉬어 가게나."

"네, 고맙습니다, 나무아미타불."

하고 정구룡과 마주 앉는다.

"도승, 어디로 가는 길이오?"

정구룡이 먼저 물었다. 도승은 목에 걸었던 염주를 벗어 손에 들

고 하나 둘 세어 넘기면서

"태백산 적멸암으로 가는 길입니다."

"어디서 오는 길이오?"

"예, 양산 천성산 내원암에서 떠나 열흘 만에 겨우 예까지 왔소이
다."

"어디어디 들러서 왔소?"

"경주 영천으로 해서 오는 길입니다."

경주로 해서 온다는 도승의 말에 정구룡은 최수운의 말을 묻고픈
생각이 났다.

"그래, 그리로 오는 도중에 무슨 별 소문은 없습디까?"
하고 물으면서 도승을 쳐다보았다.

"수도나 하고 돌아다니는 중에게 무슨 별 소문이 있겠습니까. 그
저 촌에 가면 농사하는 소리, 거리에 가면 장사하는 소리나 지나가
는 말로 들을 뿐이지요."

"요새 경주 용담에는 명인이 났다는데……."

"네, 그 소문 말입니까? 그거야 어디 요새 일인가요. 벌써 몇 해
전부터 있는 거지요."

"그 명인의 이름이 뭐라고 합니까?"

"경상도에서 최수운이라고 하면 삼척동자도 모르는 이가 없지
요. 손님은 아마 먼 데서 오는 길인가 보구려."

"네, 나는 경기도 사는 사람인데 나 역시 좋은 도가 있으면 해 볼 작정으로 정처 없이 돌아다니는 길이오."

"최수운을 찾아가는 길인가요?"

"본래 최수운을 찾아오는 길은 아니오마는 최수운이 정말 조화지술이 있다면 찾아가 보고 싶소. 대사가 그 양반의 말을 들은 것이 있거든 좀 들려 주시구려."

하고 청했다. 도승은 서슴지 않고

"네, 그러시지요. 소승은 소문으로 들은 것이 아니요, 직접 최수운을 본 일까지 있지요."

"아! 그렇소? 이번 길에 만났나요?"

"아니올시다. 벌써 칠팔 년 전입니다. 최수운이 지금부터 8년 전인가 천성산에 내원암 적멸굴에 와서 공부한 일이 있었지요. 그때 자주 만났지요."

"위인이 어떤가요?"

"도를 배우겠다는 양반이 그렇게 무식하게 묻습니까? 위인이라니? 세상에서 그런 양반은 처음 보았소. 용모가 선풍도골이요, 학행이 있고 게다가 천성산에 와서 조화지술까지 공부하고 간 양반더러 '위인이 어떤가' 물어서야 말이 되우?"

정구룡은 무심코 위인이라는 말을 해 놓고도 도승이 책망하는 바람에

"잘못됐소. 내가 무식한 탓이오. 말이 잘못 나갔소. 그런데 그 선생께서는 천성산에서 무슨 도술을 하셨나요?"

"그거야 다 알 수 없지만 한 가지 이상한 일을 보았지요. 그 양반의 속명을 복술이라고들 하는데 아명이 복술인지는 알 수 없으나 천성산에서는 그를 북수리라고 부릅니다. 그가 도술이 다 차 가지고는 북수리가 되어 하늘로 떠다녔다고 해서 이런 별호가 생겼답니다."

"북수리가 된 이야기나 좀 해 보시오."

"그게 바로 8년 전 병진년(丙辰年)인가 봅니다. 그가 천성산 적멸굴에 와서 두 번씩이나 49일기도를 하였지요. 기도를 마치고는 도술로 큰 소리개가 되어 가지고 공중을 날아다니면서 세상 사람을 비소(鼻笑)하였다 합니다. 그때 천성산에는 서북수리라는 도술객이 있었는데, 공중에서 서로 재간을 시험하다가 서북수리는 도술에 져서 자살하였다는 소문이 있었지요. 어쨌든 이 세상엔 처음 난 양반이지요."

하고 도승은 입에 침이 마르도록 칭찬한다. 아닌 게 아니라 최수운이 천성산에서 공부한 일도 사실이며, 공부한 뒤부터 세상에서 그를 도술객이라 하는 것도 사실이다. 아무튼 최수운에 대한 세상 소문이 이만치 굉장하였다.

정구룡은 도승의 이야기를 다 듣고 나서 작별 인사를 하고 길을 떠났다.

영양을 거쳐 영천 땅에 들어섰다. 여기서부터는 거의 한 집 건너 동학하는 사람인 것이 분명히 나타난다. 정구룡은 이제 더 알아볼 필요도 없다고 생각했으나, 아직 부하들과 약속한 날이 며칠 더 남았으므로 다시 촌락을 찾아 더 정탐하기로 하였다.

영천 내앞이라는 마을에서 날이 저물었다. 정구룡은 어느 농가에서 하룻밤 자기로 했다. 집주인은 김창해라 부르는 사람인데 그도 동학군임을 쉽게 알아냈다.

"여보 주인 양반. 경주에 도술객이 있다는데 사실이오?"
하고 물었다.

정구룡은 처음에는 동학군들이 동학을 비밀리에 하는 줄 알았는데 정작 알고 보니 아무 숨김 없이 내놓고 하는 것을 보고는 이렇게 단도직입으로 물은 것이다. 주인 김창해는 거리낌없이 대답하는 것이었다.

"도술객이 아니오. 후천의 성인입니다. 세상에서는 몰라서 도술객이라 하지만 그는 무극대도를 내신 큰 성인이지요."

"도술로 병도 고치고, 독수리가 되어 날기도 하고, 하늘에 올라갔다 내려왔다 한다면서요……."

이 말을 듣고 주인은 허허 하고 웃더니

"병이야 정신으로 고치지요, 그게 무슨 도술입니까? 그리고 세상에서 이런저런 말을 하는 것은 모두 다 수운 선생을 거룩하게 본 데서 나온 말이지요. 이상한 일이 없는 것은 아니나 수운 선생은 그런 걸 가르치는 법이 없지요. 그저 대경대법(大經大法)대로 하는데, 유도와 다른 것은 한울님을 지극히 위하는 것입니다."

"한울님을 위하는 것이야 좋은 일이지요. 그런데 왜 목검을 만들어 검무를 하며, 주문을 외워 귀신을 쫓고 부작(符作=符籍)을 써서 병을 고친다 하오. 그런 게 다 술법이 아닌가요?"

"아니오, 잘못 알았소. 목검을 만들어 춤을 추는 것은 양기(陽氣)하는 방법이오. 사람은 기운을 가지고 사는 것인데, 지금 사람들은 너무나 나약해서 기운 양할 줄 모르는 까닭에 도 하는 사람은 먼저 양기를 하는 것이오. 유교에도 영가무도(詠歌舞蹈)라고 해서 그런 일이 없나요? 다만 후세 선비들이 너무나 약해서 하지 않는 것이지요. 그리고 주문을 외우는 것은 귀신을 쫓는 것이 아니라 한울님을 위하는 것이지요. 한울님은 항상 마음이 평화한 사람을 도와주니까 한울님 도움을 받으려면 마음이 화하여야 하고 마음이 화하자면 주문을 읽어야 합니다. 또, 영부로 병을 고친다는 것은 영부(靈符)는 부작이 아니오, 영(靈)의 그림입니다. 영은 말로 할 수 없으니까 그림으로 동(動)하는 형용을 그린 거지요. 병이야 영부 아니라도 고치지요. 우리 선생님은 손으로 만져서 병을 고친답니다."

이야기는 밤이 새도록 그칠 줄 몰랐다. 정구룡은 여기서 새로운 사실을 많이 알았다.

다음날 정구룡은 길을 떠나서 경주 영문으로 들어왔다. 세 갈래로 떠난 부하들도 그날을 어기지 않고 모두 들어섰다. 그래서 각지에서 탐문한 것을 모두 종합해 본즉 다 비슷하였다.

정구룡은 이제부터 최수운을 잡을 준비를 차렸다. 그래서 우선 영장과 부윤을 찾아보고 최수운을 잡는 계책을 물었다.

부윤과 영장은 본래 수운 선생의 인격과 내력을 아는지라

"수운 선생은 자기가 자진해서 잡히려면 잡혀도 억지로는 잡을 수 없을 듯하오. 그는 도술이 있고 또 수만 명의 제자들이 있으니까 제자들이 들고 일어서면 그까짓 수십 명의 나졸 가지고는 어쩔 수 없을 듯하오."

하고 부윤이 먼저 말을 내는데 영장이 옆에서

"잡을 수 있든지 없든지 칙령이니까 잡다가 못 잡아도 잡아는 봐야 합니다. 그러나 30명 가지고는 안 될 테니 경주서 한 40명 더해 가지고 떠나야 합니다. 그래도 무슨 계교(計巧)를 써야 할 것 같소."

"그것도 좋긴 하나 도술이 있다는데 계교가 듣겠소?"

정구룡은 난처한 듯이 상을 찌푸렸다.

"그렇지요! 그에게 계교가 들을 리가 없지요. 그저 제자들이 없는 틈에 가서 사정하는 수밖에 없을 것 같소. 사정을 하다가 안 들어주면 우리는 죽을 작정을 하고 나졸을 데리고 싸울 수밖에 없을 것

같소.”

그들은 수운 선생이 무서웠다. 선생이 도술을 부린다는 말을 세상이 다 아는 일이니 무서워하는 것도 당연한 일이다. 그래서 그들은 제자들이 없는 틈을 타서 사정을 해 보다가 만약 듣지 않으면 서울 가서 목을 벨 것 없이 싸우다가 죽일 작정을 한 것이다.

사정은 무슨 사정이냐 하면, 우리는 왕명으로 내려온 몸이라 만약 선생을 모시고 가지 못하면 우리는 다 죽는 사람이라고 말한 뒤에 선생은 도술이 높으시니까 서울 가도 무사하리라는 말로써 사정을 해 보자는 의논이 서로 맞았다. 그래서 우선 정탐을 보내서 제자들이 없는 틈을 보아 오라고 내정하고, 정구룡이 부하 중에서 송길년이라는 자를 가장(假裝)을 시켜서 용담으로 보냈다.

수운 선생의 동정을 탐지하려고 떠난 송길년은 경주읍에서 이십 리를 걸어서 어렵지 않게 가정리에 들어섰다.

“수운 선생 계신 곳이 어디쯤 되우?”
하고 물으면 사람마다 손을 읍하고 공경스럽게 대답하는 품이 실로 여기가 별천지 같았다. 서울서 벼슬아치나 하는 안목으로는 가상하기보다 미상불 놀랍고 우스울 지경이다. 동학군은 그만치 세상 사람보다 달라진 것이다.

송길년은 용담정 어귀에 들어섰다.

용담정에는 그날 한 5, 60명 되는 제자들이 모여 있었다. 송길년

은 조심해서 문을 들어서는 길로 땅에 엎드려 절을 했다. 수운 선생은 깍듯이 일어나서 절을 받으며

"뉘신지? 처음 뵈옵니다."

하고 물었다. 송길년은 눈을 들어 잠깐 선생의 풍채를 보았다. 그는 과연 듣던 말 이상으로 풍신이 잘난 어른이란 것을 즉시 알아차렸다.

"네, 충청도 영동 사는 아무개올시다."

하고 송길년은 딴 이름을 대고 나서 무릎을 꿇고 앉았다.

"무슨 일로 예까지 오셨나요?"

"도를 배우려고 선생님을 찾아 왔습니다."

"먼 길을 참 수고하셨소."

하는 선생의 말소리는 부드럽고도 화기가 돌았다.

송길년은 좌중을 자세히 살펴보았다. 5, 60명 제자들이 의관을 정제하고 아무 잡담도 없이 조용히 앉은 것을 보고 송길년은 속으로 군자란 저런 사람들을 두고 이르는 말이거니 하고 생각했다. 저런 사람들을 무슨 까닭으로 잡으라고 하는지 의심이 났다. 제자 한 사람이 앞에 나앉으며

"선생님, 주문을 현송으로 외워야 합니까, 아니면 묵송으로 외워야 합니까?"

하고 묻는다. 선생은

"묵송도 좋지마는 현송을 해야 효과가 더 있는 법이지."

하고 대답한다.

"현송으로 외우면 외인(外人)이 도인인 줄 쉽게 알고 지목을 할 터인데 어찌 하올는지요?"

"지목이 무서우면 도를 고만 두어야지."

하는 선생의 말에는 범할 수 없는 위엄이 있었다.

제자들은 조용히 무슨 글을 지어 가지고 선생에게 고쳐 달라고 바친다.

선생은 일일이 보고 나서 그중에서 한 장을 뽑아 들고

"다 외제(外製)로 지었네 그려. 이 글 한 장이나 쓸 만할까?"

하고 나서 다시 말을 이어

"자네들 글은 다 글을 짓기 위해서 지은 글이고 도를 말한 글은 아닐세! 우리 도는 글과 말로 되는 도가 아니고 오직 마음으로 닦는 도인 것을 알아야 하네. 마음으로 닦는 도는 무엇보다도 한울님을 지극히 위하는 정성이 있어야 하네. 한울님을 잊어버리고 마음을 찾지 못하는 도는 다 선천의 물건이니까 그리 알고 도를 닦게."

하고 설명하셨다. 그리고 선생은 송길년을 돌아보면서

"그래! 마음이 있거든 지금이라도 입도하시오."

하는 말에 송길년은 무슨 핑계를 할까 하다가 얼른 한 가지 생각을 하고

"이런 좋은 도에 들자면 우선 며칠 재계를 해야 옳지 않습니까?

저는 어제도 개고기를 먹고 오늘도 개고기를 먹고 와서 몸이 아주 불결합니다. 그러니 조용한 처소에서 한 2, 3일간 재계한 뒤에 입도하겠습니다."

송길년은 동학군들이 개고기를 꺼린다는 말을 들었으므로 이렇게 말했다.

"좋을 대로 하지. 주인은 어디다 정했소?"

"아직 정한 데가 없습니다. 읍에 주인이 있지요마는…."

"읍에도 제자 되는 사람이 있으니까 그리로 가서 한 이삼 일간 재계하는 게 어떻소?"

"감사합니다."

송길년은 핑계가 좋아서 읍에 있는 제자의 이름을 알아 가지고 그날로 돌아왔다.

송길년은 영문에 돌아와 수운 선생을 만났던 전말을 이야기하고

"최수운은 조금도 숨기는 일이 없습디다. 잡으러 왔다 해서 도망칠 사람도 아닙니다. 모든 것을 다 내놓고 하니까 칙명(勅命)이라고 하면 두말없이 따라 갈 것 같습니다."

이렇게 자기 의견을 덧붙였다.

정구룡은 다음 날 밤에 용담에 가서 수운 선생을 잡기로 하고 부하에게 순서를 자세히 지시했다.

때는 계해년 섣달 초승이다. 이날도 용담정엔 제자들이 많이 모

였다. 선생은 여전히 평화스럽고 위엄 있는 얼굴로 제자들을 대하고 있었다. 다만 이상한 것은 다른 날보다 도담(道談)이 더 많았다. 그것도 평소에 하던 말이 아니고 절반은 뜻도 알 수 없는 어려운 것이었다. 도를 닦으면 장생불사한다는 이야기, 우리 도는 오만년을 내려가리라는 이야기, 세상은 장차 우리 도로 말미암아 지상신선이 된다는 이야기, 우리나라 운수가 매우 험악하니 함지사지(陷地死地)한 후에 출생하리라는 이야기, 사람은 죽을 때에는 죽어야 장생한다는 이야기 등등 아침부터 저녁까지 끊이지 않았다. 그리고 나서 선생은 비창(悲愴)한 음성으로

"자! 오늘로 작별들 하세. 제군은 지금 이 시간으로 이 자리를 떠나야 하네. 먼 데 있는 사람은 오늘 저녁으로 30리 밖에 나가서 자고 곧 고향으로 돌아가고, 가까운 데 있는 사람은 집에 가서 있되 내일 모레까지 용담정에 오지 말아야 하네. 자! 어서 이 길로 헤어지게들."

하고 말을 끊었다.

제자들은 까닭을 알 수 없어 이유를 물어보려고 했으나 선생은 그런 기회를 주지 않고 즉석으로 떠나라고 분부하는 바람에 제자들은 할 수 없이 모두 일어나 두세 번 절하고 눈물을 흘리며 용담정을 나왔다. 제자들은 무슨 까닭인지 몰랐다. 그러나 어딘지 모르게 무슨 변이 있을 것만 같았다. 다리를 건너고 산모퉁이를 돌아설 때 그

들은 다시 한 번 용담정을 쳐다보았다.

선생은 다리 가운데 혼자 서서 제자들이 가는 것을 바라보고 있었다. 제자들은 다시 한 번 눈물을 흘리면서 떨어지지 않는 발길을 옮겼다. 구미산 중턱에는 까마귀떼가 석양빛을 등에 지고 날아갈 뿐, 천지는 죽은 듯이 적막하다.

선생은 제자들을 보내고 부인 박씨를 보고,

"오늘밤 손님이 올 듯 하니 잊지 말고 밤참 서른 상을 미리 마련해 두오."

하고 용담정에 나와 새로 목욕하고, 새 옷을 갈아입고 쓰고 있던 연화관을 벗어 백지에 싸서 장롱에 넣고 망건과 갓을 새로 쓰고 무슨 손님 오기를 기다리는 듯하였다.

밤은 깊었다. 안방에서는 벌써 아이들이 코를 골고 있다. 다만 부인과 열여섯 살 되는 수양딸이 밤참을 준비해 놓고 있었다.

용담정은 본래 다른 인가가 없는 곳이라 밤이면 두견이나 부엉이 우는 소리가 들릴 뿐이고, 사람 소리는 들을 수 없는 곳이다. 그런데 어디선지 인기척이 나는 듯하고 집 앞뒤에서 중얼중얼하는 말소리가 들리더니 문밖에서

"주인 안에 있소?"

하는 소리가 났다. 선생은 얼른 일어나서 문을 열고 나서면서

"누구신지 들어오시오."

하고 손님을 맞는데

"당신이 수운 선생입니까?"

"네, 그렇습니다."

"어명이 내렸소."

손님은 손에 받쳐 들었던 큰 봉투를 보인다.

선생은 공손히 봉투를 받아 미리 준비하였던 상 위에다 올려놓고 북향사배(北向四拜)를 하였다. 이것은 어명을 받은 데 대한 의식이었다. 손님은

"나는 어명을 모시고 서울서 내려온 선전관 정구룡입니다."

하고 선생의 동정을 살핀다. 선생은 역시 천연한 태도로

"네, 그렇습니까? 이 불충한 백성 한 놈 때문에 천리원에 얼마나 고생되었습니까?"

선생의 풍채와 이 말에 정구룡은 속으로 과연 비범한 사람이로구나 하고 생각했다. 정구룡은 기왕 작정한 대로 우선 사정해 보기로 하고 무슨 말을 어떻게 꺼낼까 하고 망설이는데

"하인들이 같이 왔을 터인데 들어들 와서 밤참이나 잡숫도록 하시지요."

"예, 나 혼자 와도 무방하겠지요만 그래도 격식대로 하느라고 한 서른 명 데리고 왔습니다. 뜰에 들어오는 것이 무례해서 다리 위에 앉아들 있습니다."

정구룡은 선생의 동정을 살펴 가면서 말을 계속하였다.

"선생님, 죄송합니다. 오면서 들은즉 선생께서는 도술이 높으시고 제자들이 많아서 자진해 가면 몰라도 압송해 가기는 어려울 것이라고 합디다. 그러나 나는 도덕이 높으신 선생이 어명을 거역할 리 없다고 생각해서 하인들을 데리고는 왔으나 들어오지 못하게 하고 혼자서 왔습니다."

하고 정구룡은 선생의 눈치를 슬쩍 살펴본다. 선생은 태연히 앉은 대로

"천만에…. 백성이 되어 어명을 어길 리 있소. 그런 염려는 조금도 하지 마시오. 세상 사람들이 모르고 떠드는 말과 같이 내가 설령 술법이 있다 해도 서울 장안 만조백관 앞에서 조화를 부릴지언정 구구하게 당신네 앞에서 요술쟁이 노릇할 사람이 아니오."

하면서 허허 웃는다.

정구룡은 선생이 자기 할 말까지 다하는 것을 보고 그제야 안심이 되었다. 그리고 나졸들을 뜰 앞으로 불러왔다. 그리고 일절 떠들지 말라고 명령했다.

선생은 일어나서 수양딸 순복을 불러

"어서 밤참 내 오너라."

하는 말이 떨어지자 밥상이 이어 들어오는 것을 본 정구룡은 놀라지 않을 수 없다.

"웬 밤참이 벌써 되었습니까?"

"오늘 생각나는 일이 있어 밤참을 미리 지어 두라고 시켰소."

선생은 이렇게 말하면서 빙그레 웃었다. 정구룡은 다시 놀랐다. 이 어른이 자기가 잡으러 올 것을 미리 알고 밤참까지 준비하고 기다렸구나 하고 생각하니 나졸을 거느리고 밤중에 잡으러 온 자신이 한없이 옹졸했다. 그리고 무척 부끄러웠다. 밤참을 먹으면서도 밥이 잘 넘어 들어가지 않고 생각은 착잡했다. 선생은 밥 한 그릇을 다 잡숫고 나서

"어서들 떠나기로 합시다. 밤으로 삼십 리 밖을 나가야 하오."

"달도 없는 그믐밤에 선생께서 괴로우시지 않겠소? 조금 있으면 날이 밝을 터이니 아침에 일찍 떠나기로 하시지요."

"아니오. 아침에 떠나면 자연 동네 사람들이 알게 되고, 이 근처만 하여도 제자들이 수백 명이 있소. 제자들이 알고 보면 거저 놓아보낼 리 없으니 어서 떠나야 합니다."

정구룡도 그런 생각을 하였지만, 선생의 뜻을 알아보기 위해서 일부러 아침에 떠나자고 했던 것이다. 정구룡은 선생의 말을 듣고 당황해서 나졸들에게 떠날 채비를 시켰다.

나졸들이 앞서고 선생과 정구룡은 말을 타고 뒤에 따랐다.

선생은 울면서 따라오는 가족들에게 아무쪼록 수도를 잘 하라고 당부하고 동구를 나갔다. 경주읍을 지나 영천 지경에 이르니 먼동

이 훤히 터 온다.

여기서 정구룡은 앞서고 선생은 소변을 보느라고 뒤에 떨어졌다. 이때에 나졸 한 놈이 불공한 말로

"어서 와, 죄인이 주제넘게……."

하고 채찍으로 말을 후려 갈겼다. 그러나 말은 꿈쩍도 안 한다. 나졸은 화가 나서 다시 채찍질한다. 말은 역시 눈만 끔벅끔벅할 뿐 움직이질 않는다. 앞에 가던 정구룡이 급히 와서 나졸을 채찍으로 갈기고 땅에 엎드려서

"선생님, 무식한 나졸 놈이 알지 못하고 죄를 지었습니다. 용서해 주십시오."

말은 그제야 천천히 걷기 시작한다. 정구룡은 다시 나졸들에게

"이놈들! 누구든지 어명 죄인에 대해서 불공한 말을 하면 당장 목을 자를 터이다."

하고 호령하였다. 그 후로는 나졸들의 호의로 별일 없이 문경까지 왔다.

문경에서 새재를 넘지 않고 속리산 사잇길에 들어섰다. 새재는 본래가 험한 곳이라 동학군들이 모였다가 선생을 빼앗을 염려가 있으니까 선생이 자진해서 그렇게 한 것이다.

일행은 십여 일 만에 과천읍에 들어섰다. 과천읍은 서울서 삼십 리 되는 곳이다. 과천읍 뒷산에 올라서면 서울 장안이 눈앞에 보인

다. 정구룡은 안도의 한숨이 나왔다. 인제 됐구나! 만약 중간에서 무슨 일이라도 생겨서 어명 죄인을 잃어버리는 일이라도 있으면 모가지가 세 개라도 모자랄 판이다. 이제는 아무 염려 없다 생각하고 과천읍에서 노끈을 풀어 가지고 문안에 들어가리라 작정했다.

첫날은 늦게 들어온 터라 그대로 자고 다음 날은 돼지 몇 마리를 잡아서 나졸들을 먹이고 진탕 놀게 했다.

그 다음 날 떠나려고 하니까 과천 현감이 기어이 하루만 더 묵으라는 바람에 하루를 더 쉬게 되었다. 이날 아침 수운 선생은 세수하고 의관을 정제하더니 뜰에 나가서 북향사배하고 통곡하는 것이 아닌가? 정구룡은 의아한 생각에

"선생님, 무슨 일로 그러십니까?"

하고 물은즉 선생은 천연한 태도로

"아니오. 내 자신에 대한 일이 아니오. 좌우간 오정 때쯤 되면 알아볼 일이 있을 겁니다."

하고 방으로 들어간다. 과연 그날 오정이 되기 바쁘게 서울서 선전관 한 사람이 정구룡을 찾아왔다. 정구룡이 공문을 받아 보니 「금상께서 붕어(崩御)하셨으니 동학 괴수 최수운은 대구에 환수시킨 후 심문하여 보고하라.」는 내용이다.

"황공무지한 일입니다. 공문대로 하오리다."

정구룡은 이제야 선생이 아침에 통곡하던 이유를 알았다. 그리

고 속으로 '과연 앞일을 아는구나!' 하고 생각했다.

철종 대왕은 즉위한 지 십사년 만에 공교롭게도 수운 선생 일행이 과천읍에 들어서던 날 승하하셨다. 그래서 조정에서는 일부러 선전관을 파송해서 수운 선생을 다시 대구로 환송시켜 대구 감사로 하여금 심문하여 보고하라는 명령을 내렸던 것이다.

그런데 그 이유를 알 수 없다. 아무리 국상이 났다고 해도 서울까지 다 올라온 어명 죄인을 대구로 도로 환송해야 할 이유가 무엇일까? 국상 때문에 일이 바쁘다면 가둬 두었다가 국장이 끝난 다음에 처리하면 될 것이 아닌가? 여기에 대해서 민간에서는 별의별 말이 다 떠돌았다. '도술이 높은 동학 두목을 잡은 까닭에 국상이 났다, 수운 선생이 서울로 들어오면 장안에 큰 변이 생긴다.'는 등 말은 꼬리를 물고 퍼져 갔다.

그때부터 정구룡은 임금이 승하하신 것보다도 자신에 대한 일이 더 걱정이었다. 대구까지 칠, 팔백 리를 도로 내려갈 노고도 크거니와 그보다도 도중에 동학군들이 선생을 빼앗지나 않을까 하는 게 더 큰 걱정이었다.

잡아올 때는 동학군들이 미처 몰랐으니까 무사했지만 지금쯤은 선생이 잡혀간 소식을 다 들었을 게고, 따라서 무슨 꿍꿍이를 꾸미고 있을 터인데 이판에 대구로 도로 내려간다는 것은 여간 위험한 일이 아니라 생각했다.

정구룡은 이런 걱정을 하면서 과천을 떠나 대구로 향해 길을 떠났다. 정구룡은 충주에서 새재를 넘을까, 간로(間路)로 갈까 망설였다. 어디어디 해도 문경 목이 제일 위험하다. 그러나 간로는 길이 몹시 험하다. 정구룡은 길이 좋은 새재를 넘을까, 아니면 안전한 간로를 택할까, 궁리하다가 결국 새재를 넘기로 결정했다. 올 때에 간로로 왔으니까 동학군들이 이번에도 간로를 지키고 있으리라 판단했던 것이다.

정구룡 일행은 삼남대로를 들어서 새재 밑에 이르렀다. 해는 오정쯤이다. 일행은 주막에서 점심을 시켜 먹고 고갯길로 접어들었다. 그런데 무슨 까닭인지 고개로 올라가는 사람은 있어도 내려오는 사람은 하나도 없다. 눈치 빠른 정구룡은 이 점을 의심했지만 기왕 들어선 길을 도로 내려갈 수도 없고 하여 나졸들을 앞세우고 고갯마루에 올라섰다.

아니나 다를까, 거기에는 수천 명이 모여 있었다. 화적떼가 아니면 동학군이 틀림없다. 그들은 다 의관을 정히 쓰고 손을 앞에 읍하고 줄을 지어 길가에 늘어섰다. 그 가운데서 한 사람이 나졸 올라오는 것을 보고

"이놈들, 꼼짝 말고 게 섰거라!"

하고 나섰다. 이때 정구룡과 수운 선생도 여기 당도했다. 그러자 키가 구척이나 되는 거한이 긴 칼을 들고 나서면서 정구룡을 향해 비

호같이 달려든다. 수운 선생은 얼른 말에서 내리면서

"이필이 잠깐 참게. 이게 무슨 짓인가."

하고 말하자 칼 든 이필이라는 자가 땅에 엎드려 절을 한다. 길 양편에 갈라섰던 수천 명이나 되는 사람들도 일제히 선생께 절을 한다.

원래 이필은 시월 달에 서울 소식을 듣고 장천달을 시켜서 선생께 기별한 일이 있었다. 그 후 장천달이 돌아와서 전하는 말을 듣고 선생이 피신하시지 않는 것은 도술이 있는 까닭이거니 하고 안심하고 있었다. 그런데 선생이 잡혀갔다는 소문이 나자 이필은 김돌쇠를 시켜 서울까지 따라가 보라고 하였다. 돌쇠는 과천까지 남몰래 따라가다가 보고 와서 자초지종을 이야기했다. 이필은 즉시로 도인들에게 알려서 새재에서 선생을 빼앗을 계획을 세우고 기다리고 있었던 것이다.

이필은 일어서서 선생께 읍하고 나서

"저 무도한 놈들을 다 죽여 버리고 선생님을 모시고 가려고 왔습니다."

이 말을 들은 정구룡과 나졸들은 선생을 둘러싸고,

"선생님, 사람 살려 주십시오. 저희들이야 무슨 죄가 있습니까? 어명이니 할 수 없이 하는 일이지요."

하고 손을 비비며 애걸한다. 선생은

"염려 말우."

하고, 이번에는 이필을 보면서

"그게 무슨 말인가? 도를 닦는 사람이 사람을 함부로 죽이다니…. 천벌을 받을 일이야! 저 사람들이 무슨 죄가 있나 어명으로 잡은 것이지."

그리고 제자들을 한데 모여 오게 하고 바위에 올라서서 일장 설법을 하였다.

"나는 어명으로 잡혀 가는 것이 아니오. 천명을 받아 가는 길이오. 먼젓번에 이필이가 내게 서울 소식을 전했을 때 피신하지 않은 것도 천명이기 때문에 자진해서 서울로 간 것이오. 내가 잡힐 것을 미리 알면서도 피하지 않은 걸 봐도 여러분은 내가 천명을 받아 가는 것인 줄 잘 알아야 하오. 여러분은 내 육신을 소중히 생각지 말고 내 마음을 잘 믿어야 하오. 나는 죽지 않는 사람인 것을 믿어야 하오. 나는 오만년을 두고 죽지 않을 것이오. 죽지 않을 사람이 무엇이 무서울 게 있으며 염려될 게 있겠소?"

"선생님, 천명이 어째서 선생님을 괴롭게 합니까? 착한 사람을 괴롭게 하는 것이 천명이라면 그런 천명을 믿어서 무얼 합니까?"

하고 이필이가 눈물을 흘리며 말한다. 선생은 다시 입을 열어

"이 세상은 악한 세상이오. 악한 세상을 건지기 위해서 우리 도가 생긴 거요. 그러니까 우리 도는 이 세상과 서로 싸우는 시대라는 말

이오. 그런데 선은 천명이요 악은 비(非) 천명이니까 비 천명을 없애기 위해서 우리 도를 내게 한 것이오. 나를 잡아가는 것은 물론 비 천명이 그렇게 만든 것이오. 비 천명이 천명을 잡아간단 말이오. 그러나 천명이 비 천명에 복종하는 것은 아니오. 비 천명이 천명에 복종되게 하기 위해서 내가 자진해서 가는 것이오. 이것이 곧 천명이란 말이오. 죽고 사는 것은 본래 문제가 아니오. 비 천명에 대항하기 위해서 천명대로 하는 것이오. 그러니까 여러분은 아무 염려 말고 집에 돌아가서 수도를 잘 하고 있으시오. 천운이 둘러 있으니 불원간에 비 천명이 천명에 복종할 날이 있을 걸 믿고들 있으시오."

제자들은 이 말의 깊은 뜻을 다 알아듣지 못했다. 다만 선생은 조화가 무궁하니까 죽지 않을 것이라고 믿었다. 그리고 선생은 천명을 받아 가지고 비 천명을 없애기 위해서 일부러 잡혀 가는 것이라고 믿었다.

선생이 말을 마치고 다시 말에 올라 길을 떠날 때 제자들은 길 양편에 갈라섰다가 땅에 엎드려 절을 하였다. 선생은 거듭 아무 염려 말라고 당부하고 한 사람도 나를 따라 대구에 오지 말라고 일렀다. 제자들은 선생의 말씀이면 천명으로 아는 까닭에 한 사람도 뒤를 따르지 않고 그 길로 헤어져 집을 돌아갔다.

이날부터 사흘 만에 일행은 대구에 들어섰다. 그날이 갑자년 정월 6일이었다.

대구감사 서헌순은 어명 죄인 동학 괴수 최제우를 대구에 환수시킨다는 공문을 받고 심문 절차를 정하였다. 형조(刑曹)로부터 내려온 공문에 상주목사 조영화, 지례현감 정기화, 산청현감 이기재를 배석으로 정하라는 명문이 있었으므로 감사는 즉시로 공문을 띄워서 세 사람을 급히 대구 감영으로 올라오도록 하였다.

재판이 처음 열린 것은 1월 21일이었다. 선화당에는 감사가 주석으로 앉고 그 옆에 배석 세 사람이 차례로 앉았다. 명사관 김만오가 선화당 문 앞에 자리 잡은 다음 동학 괴수 최제우를 잡아 올리라는 소리와 사령들의 "예─이!" 하는 대답이 나더니 80명 나졸이 쭉 늘어선 가운데로 수운 선생이 나타났다.

선생은 목에 사형수가 쓰는 큰 칼을 쓰고 뜰에 들어서면서 한번 머리를 들어 선화당을 쳐다보는 것이었다. 감사 서헌순이

"네가 일개 백성으로 동학이라는 이단지도를 만들어 가지고 도당을 모아 민심을 소란시킨다 하니 이는 국법을 어기는 일이라. 장차 무엇을 할 작정이냐?"

하고 호령하자 형리가 그 말을 다시 받아 높은 소리로 뜰을 향해서 외친다. 80명의 나졸들이 한꺼번에

"바로 아뢰어라!"

하고 소리를 지른다. 감사와 명사관, 그리고 배석한 세 사람은 모두 뜰에 앉은 수운 선생을 내려다보면서 말이 나오기를 기다린다.

선생은 잠시 동안 말없이 선화당을 쳐다보더니 엄숙한 말로

"나는 이단지도로 사람을 가르치는 것이 아니요, 천도로 사람을 가르칩니다. 사람을 가르치는 본의를 말하면 어지러운 세상을 건지고 기울어져 가는 나라를 붙들고자 하는 것입니다. 천도는 사람이 거짓 생각으로 낸 도가 아니고 한울님의 천명으로 나온 것이며, 따라서 천도의 교화는 사람의 천성을 회복케 하여 백성을 다 요순 때 백성이 되게 하고, 세상을 지상신선이 되게 하는 도입니다. 나는 천명을 받은 몸이라 죽고 사는 것을 다 천명에 맡겼으니 이 이상 더할 말이 없습니다."

하고 말을 끊었다. 이날은 이렇게 간단한 심문으로 그쳤다.

수운 선생은 옥에 들어가고, 배석한 이들은 각기 숙소로 돌아간 뒤에 감사 서헌순은 방에 홀로 앉아 무슨 생각에 잠겼다. 동학 괴수 최제우는 듣던 말보다 더 비범한 인물이라고 생각했다. 그의 온몸은 생기가 있고 그의 용모는 부드러우면서도 위엄이 있고 눈에는 광채가 있어 그 풍채와 그 말에 감탄했다.

서헌순은 '참! 아까운 일이다.' 하고 몇 번이고 혼자 중얼거렸다. 게다가 경상도에 이름 있는 최 삼림의 아들이라니 지체와 내력으로 보더라도 그렇게 괄시할 터는 못된다고 생각했다. 그러나 국법을 범한 어명 죄인이니 일개 감사의 힘으로 어쩔 수 없는 일이라고 생각했다. 감사는 저녁밥도 달갑지 않았다. 다만 무엇을 잃은 것처럼

서운했다. 그래서 선화당 다락에서 담배를 피워 물고 이리저리 거
닐면서 착잡한 심정을 달래고 있을 때 형리 한 사람이 들어와 난간
아래서 허리를 굽실하고

"소인 아뢰오."

하고 나지막하게 말한다. 감사는 조용히

"누구냐?"

고 물었다.

"형리 박창심이 올시다."

"오, 너냐. 무슨 일이냐?"

"황송하오나 조용히 아뢸 말씀이 있사옵니다."

"조용히? 그럼 이리로 올라오너라."

"황송합니다."

박창심은 다락에 올라가 마루 끝에 읍하고 섰다.

"무슨 일이냐?"

"다름이 아니오라 대구 인심이 매우 소연(騷然)합니다."

"민심이 소연해? 어째서?"

감사는 놀라는 얼굴로 이방의 대답을 기다린다.

"저 동학 괴수 최제우 말씀이올시다."

"그래서…… 최제우가 어쨌다는 거냐?"

"최제우가 어쨌다는 말씀이 아니오라, 최제우를 죽이는 날이면

대구가 연못이 되리라는 풍설이 돕니다."

"어째서 그런 풍설이 도나?"

"최복술이라면 경상도 사람은 모르는 사람이 없습니다. 그가 그처럼 소문난 것은 그가 풍운조화를 가졌다는 소문이 돈 까닭입니다. 민간에서는 그가 용도 되고 호랑이도 되는 술법이 있고, 밤이면 하늘에 올라가 옥황상제와 만나고 낮이면 독수리가 돼서 공중을 날아다닌다는 소문이 있습니다. 그런 것은 다 어리석은 풍설이라 치더라도 그가 비범한 사람인 것만은 사실입니다."

"비범한 일을 네가 직접 보았더냐?"

"소인이 직접 본 일은 없사오나 믿을 만한 사람들의 말을 얼마든지 들었습니다."

"들어보자. 어디 이야기해 봐라."

"우선 선전관 정구룡의 이야기부터 하겠습니다. 정구룡이가 최수운을 잡으려고 밤중에 집에 들어갔는데 그는 벌써 밤참을 삼십 상을 준비해 두었더랍니다. 그뿐 아니라 제자들을 그날 낮에 다 고향으로 보내고 의관을 벗지 않고 손님이 온다고 하면서 기다렸다는 것입니다. 잡아오는 도중에서 나졸 한 놈이 불공한 말을 했더니 말이 걸음을 멈추고 걷지 않더랍니다. 그래서 정구룡이 사죄하니까 그제야 말이 걸어가더랍니다. 또 과천에서는 상감님이 돌아가신 것을 미리 알고 북향사배하고 통곡하더라고 합니다. 문경 새재에서는 제자들이 선생을 빼앗아 가려고 할 때에 그가 자진해서 제자들을 달래어 돌려보냈답니다. 이건 정구룡이 직접 본 일이니까 조금도 틀림없는 말입니다. 이것만 보아도 그가 잡힌 것은 할 수 없이 잡힌 것이 아니라 자진해서 온 것이 분명합니다. 잡혀 오면 죽을 줄을 뻔히 알면서 일부러 여기까지 온 것을 보면 그는 확실히 무슨 조화를 믿는 게 아니겠습니까? 그것뿐 아니라 상감이 돌아간 것이 더욱 민심을 소란하게 만들었습니다. 그가 바로 과천에 다다른 날 상감이 붕어하신 걸 민간에서는 역시 그의 조화에서 나온 것이라는 무엄한 풍설까지 있습니다. 그를 서울로 잡아가지 않고 서울까지 다 간 죄인을 대구로 환수한 것은 조정에서도 그를 무서워서 그렇게 한 일이라고 떠들고 있습니다. 아닌 게 아니오라 소인도 거기 대해서는 매우 의심이 납니다. 서울까지 다 올라간 죄인을 무엇 때문에 대구로 환수시켰습니까? 이러한 일들로 보아서 민간에서 떠드는 것도 그리 무리는 아닌 것 같습니다. 경주 부윤도 어저께 대구 와서 그는 이상한 술법을 가진 사람이라고 말한 일이 있습니다."

형리 박창심은 다시 말을 계속한다. 감사 서헌순은 복잡한 표정으로 더 이상 형리 박창심의 말을 듣고 싶지 않다는 표정으로 담뱃대에 불을 붙여 빨며 큰기침을 한다. 주춤했던 형리 박창심은 잠시 감사의 눈치를 살피다가 아무래도 자기 생각을 실토할 수밖에 없다고 결심하고 다시 말문을 연다.

"백성들의 말을 다 곧이듣지 않더라도 담당 관인들의 말로 미루어 보아도 그가 범인(凡人) 같지 않다는 것은 사실이오며, 무식한 소인의 생각에도 그러하옵니다."

감사는 짜증이 섞인 난처한 말투로 형리를 힐책하듯이,

"그럼 어떻게 하면 좋겠단 말이냐?"

하고 영리의 표정을 살핀다. 형리는 주저 없이

"우리 대구 감영이 화를 면하려면 그 수운 선생을 살려야 합니다."

감사는 지금 형리가 말한 것같이 대구 감영이 무서운 화를 입게 된다는 말에 은근한 두려움을 품고 있었던 것이다.

"살리다니…, 어명 죄인을 내 임의대로 어떻게 살린단 말이냐?"

형리는 감사의 다시 누그러지는 표정에 용기를 얻고 주저 없이

"장계를 잘 올려 보면 살릴 수 있지 않겠습니까?"

"아니, 그럼 거짓 장계를 만들어 올리란 말이냐?"

"사실대로 하는데, 다만 오늘 심문한 사실만은 빼놓고 내일부터 새로 심문을 하면 되지 않겠습니까?"

"내일 다시 심문해도 그자의 말은 같을 게 아닌가?"

"도리가 있습니다. 소인이 오늘 밤에 옥에 가서 그분을 만나 그렇게 안 되도록 하겠습니다."

감사는 아무 말도 않고 그렇게 해 보라는 듯이 머리만 끄덕인다.

눈치 빠른 형리는 감사의 뜻을 알아차리고 선화당에서 나오는 길로 곧 옥 안의 수운대신사님을 만나러 갔다.

형리 박창심이가 이와 같이 대신사님을 살려야 한다고 주장한 것은 박창심의 뜻이라기보다는 대구 여론을 대표해서 이야기한 것만은 사실이다. 그런데 이와 같이 대구 여론이 대신사님을 살려야 한다고 비등하게 된 것은 다만 대신사님의 높은 인격이나 동학에 동정하여 그런 것보다는 박창심이가 한 말같이 대신사님은 풍운조화를 임의로 부리는 도인이니까 그런 도통한 분을 죽이면 대구 감영이 곤경에 빠진다는 것 때문이었다.

대신사님이 조화가 무궁하다는 소문은 그때 비로소 생긴 말이 아니었고, 양산 천성산 적멸굴에서 수도하실 때부터 떠도는 말이었으며, 그 소문은 삼천리 방방곡곡에 신화처럼 내려오는 말이었다. 하지만 대신사님은 이 풍설을 나도 모르는 일이라고 하셨으니까 풍설은 풍설로 그치고 말겠지만, 백성들은 대신사님을 '조화'라는 한마디로써 그의 인격을 대신하여 말했던 것이었다. 이것은 백성들이 우매하여 아직 도를 모르는 까닭이었으며, 대신사님은 이와 같은 풍설을 들을 때마다 고소(苦笑)를 지으실 뿐이었다.

이럴 때 대신사님께서 서울로 압송되었다는 소문을 들은 백성들은 대신사님께서 서울로 조화를 부리러 올라가신 게 틀림없다고

들 수군거렸다. 대신사님께서 피신도 않고 자진해서 잡힌 것과, 나라 임금이 돌아가신 것, 새재에서 구원하러 온 제자들을 일부러 물리치신 것 같은 것은 다 대신사님의 도술 때문이었다는 풍설이 돌았던 것이다. 그런 까닭에 이번 대구에서 대신사님을 잘못 대접하다가는 대구 감영이 연못이 되리라는 풍설이 나돌았다. 감사 서헌순도 이와 같은 풍설을 듣고 두려운 맘이 생겼으며, 또한 이방이 아뢰는 말이 그럴듯하다고 생각하게 되어 될 수만 있으면 무사주의로 나갈 방침으로 형리를 옥에까지 보낸 것이다.

헌데 그 밤으로 옥에 가서 대신사님을 만나고 나온 박창심은 선화당에 와서 감사에게 대신사님을 만나고 나온 자초지종을 설명하였다. '우리 감사님이 당신을 용서할 뜻이 있어 보이니 다음 심문당할 땐 다시 동학을 하지 않겠다고 맹세만 하시우. 그렇게만 하면 우리 감사님이 배석 원님들과 잘 의논해서 장계를 잘 올려 당신이 살 수 있도록 주선하겠소.'라는 뜻으로 말하였더니 그 말에 대해서 대신사님께서 아무 대답도 없었다는 것이다. 그러니까 이와 같은 대신사님의 태도로 보아 승낙한 것이 틀림없다고 감사와 형리는 결론을 내렸던 것이다.

그로부터 사흘 만에 제2차 심문이 열렸다. 감사는 먼저 심문 때와 같이 동학이라는 것은 혹세무민하는 이단이라는 점을 추궁한 다음

"네가 무리를 모아 장차 무엇을 할 작정이었느냐?"

하고 물었다.

이에 대하여 대신사님께서는 엄숙한 표정으로 다음과 같이 추호의 양보도 없이 말씀하시는 것이었다.

"이 세상은 앞으로 크게 번복되는 세상이오. 낡은 도덕은 없어지고 새 도덕이 나와야 하고, 이 신진대사(新陳代謝)의 원리는 한울님의 정하신 법이요, 이것이 말하자면 천운이란 거요. 낡은 세상의 도덕은 이미 그 운이 쇠해졌고, 새 도덕이 나서 새 세상을 건질 때가 지금 운수란 말이오. 나는 이 운수를 대표해서 한울님께 무극대도를 받았소. 지금 세상 사람들이 군불군(君不君)하고 신불신(臣不臣)하며, 부불부(父不父) 자부자(子不子)하는 것은(임금이 임금답지 못하고, 신하는 신하답지 못하며, 아버지가 아버지답지 못하고, 자식이 자식답지 못하다) 무엇보다 인간 자체가 나쁜 까닭이 아니라 낡은 도덕이 썩었고 이 썩고 낡은 도덕이 사람의 마음을 거느리는 것 때문이오. 내가 동학이라는 새 도덕을 임의로 이루어 놓은 것이 아니라 이 세상 운수가 그렇게 기울어진 것이며, 이것이 곧 천명이란 말입니다. 역천자(逆天者)는 망하고 순천자(順天者)는 흥한다는 말이 있는 것같이 천명을 대표해서 하는 내 말을 이단시하고 혹세무민이라 하면 그 어찌 한심스러운 일이 아니겠소. 앞으로 두고 보면 알겠지만 사또의 손자들까지도 내 도를 믿을 날이 올 것이오."

라고 대신사님은 조금도 굴함이 없이 말을 끝맺었다.

감사는 대신사님의 너무도 강경한 태도에 깜짝 놀랐다. 물론 대신사님의 말씀이 너무도 과격한 까닭이기 때문이었다. 더구나 형리가 대신사님을 뵙고 돌아왔을 때 눈치로는 모든 게 잘 되어 가는 줄 알았는데……. 감사의 생각으로 대신사님의 말씀이 화약을 지고 불속에 뛰어 들어가는 것같이 여겨졌다. 감사는 신음하듯 한숨을 크게 쉰 후 그대로 대신사님을 다시 하옥시키라 하였다.

하긴 누가 생각하든지 대신사님의 답변은 참으로 위험한 것이었다. 무죄한 사람이라도 그런 말을 할 것 같으면 죽지 않을 수 없는 그때 형편이었던 것이다.

대신사님께선 물론 그런 점을 모르는 바 아니었지만, 그러나 대신사님의 맘속에는 생사를 초월한 대도가 있었기 때문이다. 말하자면 생명을 위해 진리를 저버리는 것은 곧 생명마저 잃은 것과 다름없겠지만, 진리를 위해 생명을 버린다는 것은 곧 생명을 버리는 것이 아니라 할 수 있지 않을까 말이다. 그러니까 대신사님께서는 그 형리의 말을 귓등으로도 듣지 않았음이 분명하다.

심문은 날마다 계속되었지만 대신사님의 답변은 추호의 양보도 없었으며, 또한 숨기거나 거짓된 말은 아예 입에 담지 않는 그였기에 한두 번 심문에 더 이상 심문할 말이 없었지만, 대구 인심이 너무도 소란하고 또한 감사 자신도 어떤 알지 못할 두려움에 휘말리어 혹시 대신사님께서 항복하는 말이나 없을까 해서 수십 회 심문을 거듭했던 것이며, 한편으론 형리 박창심이가 다시 옥 안으로 대신사님을 찾아뵙고 항복을 권유했을 것은 물론이다. 하지만 아무리 고심하여도 대신사님의 그 굳은 의지는 조금도 흔들리지 않았던 것이다.

그런데 어떤 날 밤 야심해서 대구 옥거리에 사는 옥졸의 집 앞에 어떤 낯선 손님이 찾아왔다. 옥졸이 손님을 방으로 인도하고 찾아온 내력을 물었다. 손님은 허리에 찬 돈 오십 냥을 옥졸 앞에 풀어 놓고 그 돈을 옥졸에게 넘겨주며 부탁할 말이 있으니 들어 달라고 말하는 것이었다. 옥졸은 눈앞에 오십 냥이라는 큰돈에 놀랍고 반가웠지만 내색하지 못하고 먼저 손님의 부탁부터 들어보자는 것이었다. 그제야 손님은 은근하게 말을 풀었다.

"나는 울산 사는 박 서방이오. 내가 노형을 찾아온 것은 다름 아니라 지금 옥에 갇혀 있는 동학 당수 최수운 선생님을 잠시만 만나봤으면 하는 것이오."

옥졸은 깜짝 놀라 그 울산 박 서방을 쳐다보며

"아니 그럼 당신도 동학군이구려. 그러지 않아도 지금 감영에선 동학군이 대구 시내로 많이 들어왔다고들 여간 설레지 않는데 여기가 어디라고 찾아 왔단 말요?"

하지만 울산 손님은 태연하게 다시 말을 잇는다.

"나는 동학군이 아니오. 만약 내가 동학군 같으면 대구를 어떻게 들어왔겠으며, 더구나 노형 같은 분을 찾을 용기가 나겠소?"

"그러면 동학 괴수를 만나 무얼 하려는 거요?"

"그건 다름 아니라 우리 집에는 대대로 내려오는 못된 문질(門疾)이 있는데 소문에 들은즉 그 동학 괴수가 숙병(宿病)을 잘 고친다 하오며, 더욱이 그 어른을 한번 보기만 해도 병이 떨어진다기에 여태까지 동학 괴수를 찾아다니다가 이제야 대구 감영에 갇혔다는 소문을 듣고 불원천리 마다 않고 찾아온 것이오."

옥졸은 그제야 한편으론 안심하고 또 한편으론 난처한 표정을 지으며

"그것 참 어려운 부탁이오. 그는 어명 죄인이므로 그 감방 안엔 잡인 출입이 일절 금지되었을 뿐 아니라 우리들도 일 없이는 함부로 그 옥 안에 들어갈 수 없소이다."

라고 옥졸은 극히 어렵다고 말하면서도, 또 한편으론 돈 오십 냥에 미련을 두고 무슨 좋은 수가 없을까 궁리하는 것이었다.

"그래도 노형 수단이면 그만한 일쯤이야 어렵지 않을 텐데. 더구나 나는 그 괴수의 얼굴만 잠시 보면 그대로 약이 되어 병이 완쾌할 테니 말이오. 제발 노형 내 평생 은인이 되어 주시면 여북이나 고맙겠소."

옥졸은 오십 냥이라는 거액의 돈에 한편으론 구미가 당기지만 또

한편으로 생각하면 만약 일이 탄로될 경우 옥졸이라는 밥 바가지가 떨어진다기보다도 자칫하면 사형 아니면 귀양을 갈 것이니, 참으로 진퇴양난의 심정인 것이었다.

옥졸은 한참 동안 말없이 이리 궁리 저리 궁리 끝에 무슨 묘책이 생각난 듯 무릎을 탁 치며

"수가 있긴 있겠소. 자, 그럼 내말대로 하면 될 수 있지만 아주 조심해야 되오. 만약 발각이 되면 당신하고 나하곤 볼일 다 보는 것이니까."

"나는 기왕에 병으로 죽을 몸이오. 기왕 죽을 몸인데 무슨 짓인들 못하겠소."

"다름이 아니라 내가 하루 두 번씩 동학 괴수의 밥을 들고 옥 안으로 들어가는데, 당신이 나로 변장을 하고 식사 때 밥을 들고 옥 안으로 들어가면 될 게 아니오. 그런데, 동학 괴수의 얼굴을 모르니 누구 앞에다 밥상을 놓겠소?"

"그것은 염려할 것 없소. 동학 당수의 얼굴이 누가 봐도 첫 눈에 알 수 있게 잘 생겼다고 들었소."

"그러면 되겠군. 그는 우선 눈에 광채가 서려 있고 풍채가 그야말로 선풍도골이니까…."

두 사람의 밀약은 쉽게 맺어지고, 울산 손님은 내일 밤 옥졸로 가장하고 저녁밥을 들고 들어가기로 했다.

헌데 옥졸의 집을 찾아간 손님은 사실 울산 사는 박서방이 아니라 대신사님께 심법(心法)을 전수받은 바로 최해월 신사님이었다. 해월은 대신사님이 잡혀간 직후 도인 두 사람과 함께 대신사님의 뒤를 따라 서울로 올라가다가 중로에서 대신사님께서 대구로 환수되었다는 소식을 듣고 이곳 대구 감영에 내려와 구석진 곳에 주인을 정하고 대신사님의 안부를 정탐하다가 대신사님을 뵙고자 옥졸을 매수하였던 것이다.

이튿날 해월신사님은 약속한 시각에 옥졸의 집에 가서 옥졸의 옷으로 변장한 다음에 소반에 밥과 찬을 담아 가지고 우선 옥졸의 안내로 출발했다. 옥은 돌과 흙을 섞어 쌓은 둥근 원형의 집이었다. 먼저 옥졸이 옥문을 열면서 어서 들어가라고 눈치를 하자, 해월은 서슴지 않고 옥 안으로 들어가서 첫눈에 대신사님을 찾았다. 옥 안은 전체가 둥글게 생긴 방 하나뿐이지만 칸 수로 말하면 4, 50칸이 넘는 것이었으며, 바닥에는 멍석을 깔았는데 구멍이 뚫어져서 흙바닥같이 보였었다. 하지만 대신사님이 앉으신 자리는 새 멍석이었으며 요강, 재떨이, 담뱃대가 그대로 놓인 것이 보였다.

해월은 밥상을 들어 대신사님 앞에 놓고 에헴 하며 기침을 하였다. 대신사님은 힐끔 쳐다보더니 아무 말 없이 밥상을 당겨 놓고 밥을 드시었다. 해월은 눈물이 나오고 터져 나오는 슬픔 때문에 어찌할 바를 모르고 서 있었지만, 대신사님은 어둡거나 괴로운 기색도 없이 조용하고 화기 있는 모습으로 있었다. 전에 용담정에서 대신사님을 모실 때와 추호도 다름이 없었다. 해월은 하마터면 여기가 옥 안이라는 것도 잊고 "선생님!" 하고 말을 건네고 싶을 때가 한두 번이 아니었다. 이윽고 대신사님은 식사를 끝내고 물을 마신 뒤에 담뱃대를 들어 밥상 위에 놓더니 해월을 보고

"밥상 내려가."

라고 한마디 말뿐이었다.

해월은 발길이 떨어지지 않는 것을 억지로 돌아서 옥문 밖에까지 나와서는 통곡하고 말았다. 그저 대신사님의 말씀이라도 듣고 나왔으면 이렇게까지 슬프지 않을 것만 같았다. 한참 통곡하다가 마음을 가라앉히고 옥졸의 집 앞에 왔을 때 그제야 밥상 위에 놓인 대신사님의 담뱃대를 생각하고 담뱃대만 들곤 옥졸의 집을 나왔다. 옥졸 역시 해월이 무사히 다녀온 것이 반가워서

"저 울산 박 서방님, 이젠 병이 떨어지겠구려."

하고 너털웃음을 터뜨리는 것이었다.

해월신사님은 주인 집으로 돌아오면서 혼자 곰곰이 생각해 보는 것이었다.

'이 담뱃대를 무슨 까닭으로 밥상 위에 올려놓았을까? 피차에 말을 할 수 없으니까 나 본 듯이 보라구 준 것이란 말인가……'

이렇게도 생각하고 저렇게도 생각해 보았지만 개운하게 풀리지

않는 것이었다.

이때 해월이 돌아오는 걸 기다리던 여러 도인들은 황급히 해월을 맞아서 옥중 형편을 듣고, 또한 기념으로 받은 것 같은 담뱃대 말을 하자 여러 도인들은 제각기 손을 내밀면서 대신사님의 담뱃대를 구경하는 것이었다. 여러 도인들은 그저 대신사님의 물건이니까 소중하게 여기는 것뿐이지, 다른 뜻은 없었다.

이때 해월 옆에 앉았던 김경필이라는 사람이 담뱃대를 들고 한참 무엇을 생각하더니 물주리를 입에다 대고 빨아 보았다. 하지만 아무리 빨아도 담뱃대는 속이 꽉 메여 있었던 것이다.

"이것은 바로 이렇게 담뱃대가 속이 꽉 메여 있으니 선생님께서 새 담뱃대를 사들여 보내라고 이것을 내보낸 것이 아니겠소?"
하고 아는 체 말문을 열었다. 이때 해월은 담뱃대를 받아 한번 물뿌리를 빨아본 다음 잠시 눈을 감고 무슨 생각에 잠겼더니 무언가 깨닫는 바가 있는 것 같은 표정으로

"아니오. 우리 선생님은 본시 그런 변변치 않은 일을 관심하는 어른이 아니시니까, 이것이 필연 무슨 까닭이 있는 일이라고 믿어지오……. 자 이 담뱃대를 한번 쪼개 봅시다. 이 속에 필연코 무슨 사연이 들어 있을 것 같소."
하고 해월은 주머니에서 칼을 꺼내 손수 담뱃대를 반으로 쪼갰던 것이다. 헌데 그 담뱃대 안에서 똘똘 만 심지가 나타났다. 그 심지

를 풀어보니까 글이 쓰여 있는데

"등명수상무혐극(燈明水上無嫌隙)이오, 주사고형 역유여(柱似枯形力 有餘)라. 고비원주(高飛遠走)하라."

라는 글 열여덟 자가 있다. 여럿은 그 글을 읽고 모두 놀랐다. 대신 사님께서 해월이 찾아올 것을 미리 알고 이 글을 담뱃대 속에 감추 었던 것이 아닌가. 대신사님의 명경만리(明鏡萬里)하는 영통력(靈通 力)을 제자들은 모두 탄복했던 것이다. 다음은 여럿이 그 글 뜻풀이 를 하느라고 여러 말이 오고갔는데, 이때 해월은 김덕원을 보고,

"여보 접장님, 그 글을 한번 풀이해 보구려."

본시 해월은 글을 모르는 까닭에 이렇게 글 뜻을 풀이하라고 김 덕원에게 일렀던 것이다. 이때 김덕원은 해월의 말씀을 받들어 다 음과 같이 풀이하였다.

"'등불을 물 위에 밝히니 동학의 혐의를 밝힐 틈이 없고, 기둥이 마른 형상 같으나 힘은 남음이 있더라' 하였소."

해월은 그 해석을 듣고 한참 있더니,

"글 뜻을 알았소?"

라고 말한다.

"무슨 뜻입니까?"

"말하자면 등불은 심법(心法)에 비한 것이며, 물은 유형이니까 살 아 있는 우리 제자들에게 비한 것이고, 틈이 없다는 것은 합일이 되

었다는 뜻이니 결론적으로 말하면 '오심즉여심(吾心卽汝心)'이라는 뜻인데, 선생님의 심법은 무형한 선생의 정신인 동시에 유형한 우리의 마음과 합일되었다는 뜻인 것 같소. 다시 말하면 너희들 마음이 곧 나의 마음이 되었으니, 나의 육신을 믿지 말고 나의 심법을 믿으라는 것이오. 그리고 기둥이 마른 것 같으나 힘이 남음이 있다는 뜻은 나무는 죽은 후에야 고대광실의 기둥이 되지 않소? 그와 같은 이치로 사람은 죽을 때 죽어야 힘이 남아진다는 것이니, 즉 선생님의 육신은 죽어도 선생님의 도력은 죽지 않는 것이며, 또한 선생님이 죽음으로써 무극대도가 잘 되리라는 뜻이 아니겠소? 그리고 끝에 '고비원주(高飛遠走)'라는 네 자는 나에게 멀리 피신하라는 부탁이 분명하오."

라고 글 뜻을 여러 도인에게 설명해 주었으며, 여러 도인들은 해월의 명견에 모두 탄복하였다.

또한 해월은 그 글에서 대신사께서 육신으로는 영결종천(永結終天)이 되는 것이라는 점도 짐작했지만, 여러 도인들에게 이 뜻은 밝혀서 일러주지는 않았었다.

대신사님의 심문은 계속하여서 이십일 회까지 이르렀었다. 별로 물을 말이 없으면서도 이렇게 끈질긴 심문을 계속한 것은 다름 아니라 감사의 뜻으로는 혹시 대신사님께서 항복하지나 않을까 하는 기대에서 나온 것이지만 대신사님의 끝까지 항복할 뜻이 없는 것을 짐작하자 감사의 분노는 날로 더해 갔다.

'에라, 조화를 부려 나부터 죽는 한이 있어도 더 참을 수 없다.'

이렇게 생각한 감사는 21회 때 최종 심문에는 독심(毒心)을 품고 심문을 시작하였다. 선화당에 앉은 감사와 배석한 이들도 다 노기가 등등했을 뿐 아니라 뜰에 둘러선 나졸들까지도 독기를 품고 있었다. 이와 같은 살기등등한 가운데서도 태연자약하게 큰칼을 쓰고 뜰에 들어선 대신사님을 보자, 감사는 독기를 품고,

"형틀 들여라."

라고 호령을 쳤다. 이어 '예이!' 하는 나졸들의 긴 대답 소리와 아울러 형틀을 가져다 앞에 놓는다. 이어 대신사님을 형틀에 묶이었으며, 나졸이 힘차게 매 채를 높이 들어 성문(省問)하려는 순간 선화당이 '꽝!' 하고 무너지는 소리가 천지를 진동했다.

감사 이하 팔십 명 나졸들까지 깜짝 놀라서 공중을 쳐다보고 자리에서 일어섰다. 감사는 다시 호령할 기운을 잃고 창백해진 표정으로 다시 대신사님을 하옥시키고 말았다. 이윽고 정신을 가다듬은 감사는 배석한 이들과 의논한 끝에, 즉시로 장계(狀啓)를 꾸며 서울로 올려 보냈다.

"동학 괴수 최제우를 3월 10일 참형에 처하여라."

이와 같은 형조판서의 훈령이 대구에 도착되기는 바로 3월 8일 아침이었다. 이 훈령을 받은 감사는 새삼스럽게 불안을 금치 못하

였다.

참형하는 장소는 관덕정 앞에 있는 장대라는 곳이다. 이날은 감사 서헌순과 배석 세 사람 그리고 아전, 통인, 장교, 나졸 등 여러 관속들과 일반 백성들까지도 그 유명한 동학 괴수를 죽인다 해서 장대 넓은 마당은 인산인해를 이루었다.

시각이 되자 죄수 대신사님은 수십 명 나졸들의 호위를 받으며 천천히 장대 마당에 들어섰다. 감사 이하 관속들은 극히 긴장한 모습으로 불안스럽게 지켜보고 있었으며, 장대를 둘러싼 일반 백성들은 이 구석 저 구석에 서서 천하의 도인 대신사님의 죽음을 애석하게 생각했다.

장대 마당 한복판에는 긴 장대가 서 있고, 장대 아래는 칠성판 같은 널쪽이 있다. 널쪽 한 끝에는 목침 같은 큰 나무 토막을 가로놓았는데, 이것이 곧 사형을 집행하는 기구들이다.

사형수를 널판 위에 엎드려 눕히고 머리를 나무토막 위에 걸치게 한 뒤에 히광이(목 베는 자)가 큰 칼을 들어 매어 두었던 줄에 상투를 묶어서 당기게 되면 머리만 숫궁대로 올라가게 되는 것이다.

대신사님은 나졸들이 시키는 대로 천천히 걸어서 널판 위에 조용히 엎드려 눕는다. 이때에 어디서 총소리가 났다. 총 세 방이면 히광이가 곧 사형을 집행하기로 된 것이었다.

총소리를 들은 히광이는 큰칼을 들고 춤추는 모양으로 돌아가기 시작한다. 그러자 총 한방이 또 났다. 이제 마지막 한방이 울리면 히광이는 칼로 대신사님의 목을 자를 것이다.

마지막 세 번째 총소리를 들은 히광이는 칼을 들어 힘껏 수운의 목을 겨냥하고 내려쳤다. 그리고 두 번 세 번까지 내려쳤다. 허나 이게 웬일인가. 머리가 장대 위로 올라가는 것이 보이지 않는다.

감사 이하 일반 관속과 구경꾼들은 극도로 놀랐다. 이제야말로 대신사님의 조화가 일어나는 것이라고.

감사는 곧 나졸을 불러 물었다.

"웬일이냐? 죄수의 머리가 장대 위로 올라가지 않으니."

"황송하오나 히광이가 아무리 칼로 쳐도 죄수의 목이 베어지지 않습니다."

하고 땀을 흘리며 눈이 둥그레져서 말을 한다. 이때 대신사님의 입으로 무슨 말을 하는 것을 감사가 발견하고

"야, 저 죄수가 무슨 말을 하는 모양이니 자세히 듣고 오너라."

하였다. 나졸은 줄달음질 쳐서 대신사님 옆에 가서 대신사님 말씀을 듣고 다시 돌아와서는,

"죄수가 잠깐만 일어나 앉아 있게 해 달라는 부탁입니다."

감사는 대신사님의 목이 떨어지지 않아 걱정하던 때라 서슴지 않고 대신사님의 말을 들어주도록 일렀다.

나졸이 감사의 명에 의해 대신사님을 묶은 오랏줄을 풀고 일어나

앉게 하였다. 대신사님은 조금도 평상시와 다름없는 안색으로 나졸을 보고

"청수 한 그릇을 상에 받쳐 오너라."

이 말을 들은 나졸은 곧 상에다 청수를 떠다 받쳤다. 대신사님은 청수를 앞에 놓고 한참 동안 묵도를 하더니 머리를 들고

"이제 내 일은 다 끝났으니 무서워하지 말고 내 목을 베어라. 이젠 내 목이 네 칼에 잘리울 것이니라."

라고 히광이에게 말씀하신 후 조용히 널판 위에 누우셨다.

대신사님의 육신은 여기서 끝나시었다. 하지만 어찌 한울님인들 원통하지 않았겠는가. 갑자기 광풍이 크게 일어나고 폭우가 쏟아지기 시작하였다. 구경 온 대구 백성들은 대신사님의 죽음을 다 가슴 아프게 생각하며 폭우 속을 뿔뿔이 흩어져 갔다.

2. 아버지를 죽인 원수[殺父之讐]

안동읍에서 동편으로 80리 가량 들어가면 소백산 서맥이 안동읍 주산을 이루고, 또다시 줄기차게 용같이 뻗어 나가 욱금동(郁錦洞)이라는 크고 깊은 골짜기를 이루었다.

욱금동은 수석 좋기로도 유명한 곳이지마는 그보다도 산곡이 심수(深秀)한 점에서 더욱 특색이 있다. 그곳 사람들은 옛날 귀곡선생(鬼谷先生; 전국시대 종횡가의 사상가로 소진과 장의의 스승)이 살던 곳과 같다 해서 욱금동의 별명을 귀곡이라고도 불러 왔다. 그러나 동네 사람들은 그곳에서 귀신이 난다고 귀곡이라고 부르는 줄로만 알았다. 그만큼 욱금동은 인가도 없고 행인도 없는 깊은 산골이다. 봄이면 나물 캐는 여자들의 봄노래, 가을이면 나무 찍는 나무꾼의 도끼질 소리가 간혹 들릴 뿐이었다.

이렇듯 호젓한 산길에 석양을 받아 가며 욱금동을 찾아드는 젊은 행인 하나가 나타났다. 짚새기 감발에 등에는 커다란 봇짐을 지고, 손에는 굵다란 지팡이를 짚고 머리에는 베 감투 위에다 누런 패랭이를 썼다. 베 감투 위에 패랭이를 쓴 것으로 보아 젊은 행인은 상제(喪制)임이 분명하다. 이 젊은 행인은 석양에 비친 귀곡의 절경도 모르는 듯, 머리를 숙인 채 길도 분명치 아니한 개천 바닥으로 이 돌에서 저 돌을 골라 디뎌 가며 성큼성큼 올라가고 있었다.

때마침 위로부터 내려오는 나무꾼과 마주쳤다. 젊은이는 나무꾼을 만난 것이 다행이라는 듯이 가던 걸음을 멈추고

"여기서 박달나무골이 몇 리나 되겠소?"

하고 물었다. 나무꾼은 지게 작대기를 지게에 받쳐 대고 서서 이런 산곡에 행인이 온다는 것이 이상하다는 듯이 젊은이의 아래 위를 유심히 보면서

"여기서 십 리는 넉넉히 되겠지요."

"이 길로 바로 가면 욋길 데는 없겠소?"

"여기서 한 오 리 가량 올라가다가 왼쪽 편으로 뚫린 큰 골짜기가 있지요. 그 골짜기가 바로 박달나무골인데요. 어디까지 가시는지는 몰라도 박달나무골 중품까지가 십 리가 넉넉합죠."

"박달나무골에는 인가가 몇 집이나 있나요?"

"인가 말이요?"

"네."

"딱 한 집 있지요. 이포수라고."

젊은이는 이포수라는 말을 듣고 친척집이나 되는 듯이 반가웠

다.

"이포수 어른이 오늘 집에 있을까요?"

"글쎄요. 날마다 사냥 다니는 포수니까, 집에 없을는지도 모르지요."

젊은이는 나무꾼과 헤어진 후 거의 달음질하다시피 산길을 더듬어 박달나무골에 들어섰다. 골 어귀에서 한 삼 마장 가량 올라간즉 조금 헤죽한 터가 있고 그 터 뒤에 절벽이 둘러 있다. 그쪽으로부터 개 짖는 소리가 들려왔다. 묻지 않아도 이포수네 집인 것을 짐작할 수 있었다.

젊은이는 대문 앞까지 가서 집 모양을 살펴보았다. 대문이라야 싸리나무로 엮은 살문이요, 집은 전체가 토막나무로 담 쌓듯 쌓아 놓은 틀목집(귀틀집)이다. 대문에서 안방까지는 훤히 들여다보이고 헛청(헛간)에는 노루가죽, 곰가죽을 달아 맨 것이 보인다. 개 짖는 소리에 안방 문이 열리며 서른은 훨씬 넘어 보이는 부인이 밖을 내다본다. 그 부인은 세 살 가량 난 애기를 안고 있었으며, 다섯 살쯤 되어 보이는 사내아이는 아랫도리는 벗고 제 어머니의 치맛자락을 잡고 섰다. 젊은이는 그 부인이 이포수의 부인인 줄 짐작하고

"주인 양반 안에 계십니까?"

하고 물었다. 어린 것들은 눈이 휘둥그레져서 젊은이를 쳐다보는데, 부인은 짖는 개를 연방 쫓으면서

"안 계십니다. 어디서 오셨습니까?"

"언제나 돌아오십니까?"

"아침에 산으로 사냥을 올라갔으니까, 좀 있으면 올 것 같습니다."

"주인 양반을 꼭 만나 볼 일이 있는데, 그러면 여기서 기다리겠습니다."

"방에 들어오시지요. 좀 늦을는지도 모르니까요."

하고 부인은 웃방으로 올라가더니 일변 비로 방을 쓸고 흩어진 의복들을 살강에 올려놓고 기저귀를 움켜서 아랫방으로 내려놓는다. 젊은이는 방으로 들어왔다.

부인은 뜰에서 나뭇단을 안고 부엌으로 들어가더니 나무 꺾는 소리가 우적우적 들리고, 부엌 아궁이에서 불 때는 소리까지 들린다. 젊은이는 시장하던 차에 저녁 짓는 소리가 무엇보다도 반가웠다.

산골 해는 늦게 뜨고 일찍 지는 법이다. 벌에는 아직도 햇빛이 남아 있으련마는 박달나무골에는 황혼의 기별이 산그늘을 따라 뜰에까지 들어왔다. 집 뒤에서 들리는 까막까치 소리가 문밖까지 가까이 들리더니 대문 밖에서 기침 소리와 아울러 사람의 발자국 소리가 나자 뜰에 누웠던 삽살개는 꼬리를 흔들고 대문으로 뛰어가고, 부엌에서 불 때던 부인은 섶을 손에다 든 채로 문을 열고 나서면서

"지금 오세요? 오늘은 왜 늦었소? 집에 손님이 왔는데."

"손님? 어디서?"

하면서 사립문으로 들어서는 사람은 키가 칠척 장신이나 되고 등에 메대(망태기)를 지고 어깨에 죽은 노루를 멘 채로 뜰에 들어서면서 방안을 힐끗 쳐다본다.

젊은이는 주인 이포수가 들어오는 것을 보고 뜰에 나와 허리를 굽혀 반절을 하였다. 이포수는 절을 받으면서

"뉘시오? 처음 뵙는 듯한데……."

하고 젊은이의 얼굴을 눈이 뚫어지도록 쳐다보고 섰다.

"물론 처음 뵈옵니다. 그러나 저는 주인 어른의 높으신 선성을 듣고 찾아온 길입니다. 저는 문경 사는 이필이라 합니다."

"문경 계시오? 먼데서 오셨구만. 선성은 무슨 선성이오. 일자포수(一字砲手)라는 그 놀라운 선성 말이오? 문경 가서도 호랑이를 두 마리나 잡아서 관가에 바친 덕에 그런 소문이 났나 보오. 하아! 어서 방으로 들어갑시다."

하고 두 사람은 웃방으로 들어가 앉았다.

이포수가 자기의 말로 일자포수라고 자처할 만치 그는 과연 경상도에 이름난 포수였다. 일자포수라는 말은 물론 명포수라는 말이겠으나, 일자라는 말에는 이러한 뜻이 포함된 것이다. 첫째는 단한 방에 맹수를 쏘아 잡는다는 것이요, 둘째는 맹수를 만나기만 하면 한 번도 놓치는 실수가 없었다는 것이다. 이렇듯 이포수가 일자

포수가 되게 된 것은 그가 선천적으로 타고난 재질도 재질이려니와 그 외에 그에게는 중대한 정신적 원인이 있었던 것이다.

이포수는 본래 봉화 사람이다. 그가 열다섯 살 되는 해 봄이었다. 이포수 아버지가 불행히 호환(虎患)으로 죽게 되었다. 그때 이포수는 아버지 원수를 갚는 셈으로 범의 종자를 전멸시킨다고 결심하고 포수를 배운 것이다.

그는 포수가 된 지 한 해 만에 호랑이 세 마리를 잡았고, 그 뒤부터 인근 읍은 물론 조선팔도를 돌아다니면서 호랑이 사냥을 하였다. 남으로 지리산, 금강산, 설악산, 북으로 백두산까지 안 가 본 데가 없다. 그는 총만 일자포수가 아니라 검술에도 능하였다. 그가 검술을 어디서 배웠는지 모르지마는 그의 말에 의하면 그가 백두산에 다녀올 때 갑산 땅에서 의인을 만나 검술을 배웠노라고 장담같이 말하였다. 어쨌든 그는 총과 검에 대한 천재였다. 이포수는 맹수 사냥 갈 때에는 언제나 총과 검을 가지고 가는 것이었다. 그랬다가 맹수를 만나 총을 미처 쏘지 못할 때는 검으로 호랑이 목을 찔러 잡는 때도 몇 번 있었다. 그는 금년 마흔다섯이나 얼핏 보면 서른이 갓 넘은 청년과 같이 건장해 보인다. 그는 성질이 산에 살기를 좋아하는 까닭에 어디를 가든지 무인산곡(無人山谷)에 집을 짓고 사냥하는 것이 유일의 낙이었다.

그가 욱금동 박달나무골에 온 지도 벌써 3년째 접어든다. 3년 동안 해마다 몇 마리씩 호랑이를 잡아 안동 원님에게 바친 탓으로 관가에서도 알아보고, 인근 읍에서도 이포수를 모르는 이가 없었다. 지금 이필이가 이포수를 찾아온 것도 이포수가 총 잘 쏘고 검 잘 쓴다는 소문을 듣고 온 것이었다. 총 쏘는 법과 칼 쓰는 법을 배우러 온 것이었다. 이필이가 무슨 까닭으로 총 쏘는 법과 검 쓰는 법을 배우고자 하는지는 이필 자신 이외에는 아는 이가 없을 것이다. 이필은 자신의 비밀을 아직 이포수에게도 알릴 시기가 아니라 하여 그저 포수 노릇을 하고 싶어 찾아왔노라고만 말하였을 뿐이다.

"저는 그저 포수가 되고 싶어서 선생님을 찾아왔습니다."

라고 말할 때마다 이포수는 텁석부리 수염을 턱으로부터 올려 쓸면서 '하아!' 하고 큰웃음을 한 번 웃는 것이었다. 이것은 이포수의 한 버릇이기도 하다.

"젊은이가, 그리고 글자나 배웠음직한 이가 그런 생각을 할 수 있나? 나 같은 놈은 본래가 포수될 만한 사연이 있어 되었지만, 자네 같은 젊은 사람이면 글공부를 더 힘써 가지고 서울 가서 과거나 보고 좋은 벼슬을 할 것이지 구태여 호랑이 잡고 볼기나 맞는 노릇을 할 필요가 무언가?"

"글공부를 해서 과거를 보아요? 서울 놈들이 시골 상놈에게 벼슬 준답니까?"

"그러면 농사를 짓든 장사를 해서 부자가 되든 해 보지."

"농사 지어서 똥 묻은 송아지 짝이나 먹이고 보면 시골 원 놈이 다 뺏어먹고 남은 것이 적으면 볼기 맞고 크면 목숨이 없어지는 판에 선생님은 산골에만 살아서 세상 돌아가는 형편을 잘 모르십니다 그려!"

하는 이필의 어조에는 무슨 원한이 섞인 듯하였다. 이포수는 이필의 눈에서 불이 날 듯하고 주먹을 부르쥐고 힘 있게 나오는 말소리를 그렇다는 듯이 들으면서

"그야 그렇지. 사람을 알아보는 것 같으면 나 같은 놈도 노루궁둥이나 따라다닐 사람은 아니야. 자, 그것은 그렇다 하고 기왕 포수가 되고 싶다니 좌우간 나와 함께 있어 보세. 배우기는 배울 것이나 있나. 석 달이면 넉넉할 걸! 내 집에 총도 서너 자루 있고 칼도 두 개나 있으니까 우선 그것으로 연습해 보게!"

하고 이포수는 뒷골방에 걸어 두었던 총 한 자루를 내어 이필을 주었다. 이필과 이포수는 일견여구(一見如舊)로 친하여졌을 뿐만 아니라, 둘이 다 경주 이가에 동성동본이요, 족보를 따져 보니 항렬도 같은지라 이포수는 이필을 동생이라 부르게까지 되었다.

이필의 재주도 이포수에 못지 아니하여 같이 있은 지 반 년 만에 이필은 이포수와 서로 재간을 비교할 만치 되었다. 비록 아직까지 이필이 호랑이를 잡지 못하였을 뿐이지 노루, 멧돼지 같은 것은 물론이요 곰까지 두어 마리 잡았던 것이다.

어떤 날 밤이다. 초가을 보름달이 욱금동 깊은 골에도 희미하게 비쳤다. 이포수는 별안간 흥이 나서 마누라를 불러 술상을 차리라고 하였다. 포수네 집이라 술안주는 언제나 좋은 수육이 많이 있었다. 노루, 꿩, 돼지고기, 곰의 웅담까지도 상에 올랐다. 술은 안동읍에서 어제 일부러 사람을 시켜 받아온 약주까지 있었다. 이포수는 멍석을 마당에 펴고 손수 술상을 들고 나가면서

"자, 동생 달이 좋으니 오늘밤 술이나 한 잔 먹어 보세!"

하고 두 사람이 마주앉았다. 일배 일배 부일배(復一杯), 이필은 술이 얼근히 취하였다. 이필은 술을 따라 이포수에게 권하고 이포수가 주는 술잔을 다시 받으면서 가장 은근하고 엄숙한 말로

"형님 내가 몇 해를 있든지, 가는 날 말씀을 드리고 가려고 하였더니 오늘 저녁 술 한 잔 먹고 나니 설운 생각도 나고 또는 생사동거(生死同居)하는 처지에 가는 날까지 참고 있는 것도 아우 된 도리가 아닐 것 같아서 여쭈어 보는 것입니다."

하고 받은 술잔을 단숨에 들이마신다. 이포수는 이필이 하는 말이 심상치 않은 것 같아서

"형제간 처지에 못할 말이 뭐 있겠나? 내가 보는 바로는 동생에게 무슨 말 못할 사연이 있는 것 같은데, 내가 먼저 묻기도 뭣해서 그럭저럭 지내왔네. 자, 어서 이야기하게. 내게 절대로 말해서는 안 될 일은 없을 것일세!"

하고 다시 술을 부어 이필에게 권하면서 말 나오기를 기다린다. 이필은 술을 받아 마신 후 천천히 입을 열었다.

"형님 제가 본래 문경 사람이 아니오. 상주 높은터(高垈) 이문입니다. 우리 집은 우리 아버지께서 자수성가로 볏 백이나 추수하고 소도 수십 짝 남을 주어 길렀습니다. 산골 동네이니만치 부자 명칭을 듣고 살았지요. 그런데 원통한 일이 있었소. 벌써 반 년이 넘은 일입니다. 그때 나는 우리 작은 누나를 데리고 전라도 순창을 가고 없던 때입니다. 상주 원 놈이 우리 아버지를 무단히 잡아갔더랍니다." 하고 이필은 한숨을 내어 쉬면서 곰방대에 담배를 붙인다. 이포수는 이필이가 말할 때마다 '원 놈, 원 놈!' 하고 놈 자를 붙이는 것이 필유곡절(必有曲折)하다 생각하면서

"죄는 무슨 죄인데."
하고 물었다. 이필은 거의 얼굴에 상혈이 되면서 어조를 높여 가지고

"죄가 무슨 죕니까. 시골 백성 된 죄지요. 볏 백이나 하는 것이 죄지요. 소 마리나 있는 죄지요."

"그래도 무슨 명목을 붙이고서야 잡아 갔을 터이지."

"명목이야 없겠소? 글쎄 이놈을 보아요. 우리 아버지 같은 촌 농군에게 무슨 죄가 있겠소? 잡아서 하는 말이 처음에는 불충불효한 놈이라고 명목을 붙이더랍니다. 그래서 아버지 대답이 '부모는 일

찍 돌아가셨고, 나라에는 세납 잘 바치고, 원님의 명령을 거역한 일이 없는데 무엇이 불충불효합니까.' 하고 대꾸를 한즉 원 놈은 할 말이 없던지 말을 고쳐가지고 '천주학 하는 놈이 불충불효가 아니면 무엇이 불충불효란 말이냐?' 하고 을러대더랍니다. 그래서 아버지는 '소인은 천주학이 있다는 소문은 들었으나 천주학을 하지 않았습니다.' 한즉 '네 육촌 이동삼이 천주학으로 잡혀 죽을 때에 너까지 천주학쟁이라고 토설한 일이 있었다.' 하고 불문곡절하고 때리더랍니다. 아닌 게 아니라 우리 칠촌 숙부는 천주학을 배웠지요. 그래서 우리 아버지께 와서도 몇 번 천주학을 같이 하자고 권한 일은 있었으나 아버지는 내내 거절하였을 뿐 아니라, 서로 말다툼까지 하고 불상견(不相見) 지경까지 갔지요. 그런데 이 일을 새로 온 원 놈이야 귀신이 아닐 바에 어떻게 알겠소? 같은 동네에 김진사라는 못된 놈이 있어 가지고 원을 끼고 불쌍한 백성의 돈을 뺏어 먹는 놈이 있지요. 그놈이 새로 도임한 상주 원 김상현을 부동해서 아버지를 천주학쟁이로 몰아 가지고 볏 백이나 하는 논을 집어 삼키자는 계획이었더랍니다. 글쎄 이런 놈의 나쁜 세상이 있소?"

"그래 결말이 어떻게 났나."

이포수의 묻는 말에 이필은 눈에서 눈물이 떨어지더니 설움에 북받친 말로

"아버지는 잡혀간 지 사흘 만에 옥중에서 죽었습니다. 장독(杖毒)

이 올라 죽었습니다."

"그러고도 원이 무사했나?"

"원이 이름도 없는 백성 하나쯤 죽인 것이 유사할 일이 무엇이겠소? 그러면 제법 법이 있는 세상이게요. 아버지가 옥중에서 죽자, 곧 내게 전인(傳人)이 왔습니다. 그래서 밤을 도와서 집에 와서 본즉 벌써 시체를 집에 옮겨온 지 사흘이나 됩니다. 나는 그 길로 읍에 들어가 원 놈의 목을 자르고 싶었으나 어머니께서 아버지 죽은 일이 너무도 원통해서 기절을 몇 번이나 하고 나더니 그만 병에 걸려 한 달 만에 돌아가고 말았습니다. 어머니 장사까지 치른 뒤에 나는 김진사 놈과 원 놈을 죽이려고 칼을 차고 나선즉 문경 남양촌 사는 우리 매부 박달삼이 기어코 말리면서 하는 말이 '네가 지금 읍에 가면 원수도 갚지 못하고 너까지 죽을 터이니 그러지 말고 참고 참았다가 기회를 보아 원수를 갚는 것이 만전지책(萬全之策)이라.' 하기에 듣고 본즉 말이 옳기로, 나는 그날로 내 가족과 가장집물을 매부에게 부탁하고 길을 나섰습니다. 집을 떠나기는 하였지마는 어떻게 하면 아버지 원수를 갚을까 하고 생각하면 생각할수록 앞일이 막연하던 차에 하루는 안동 지경을 잡아들어 촌가에서 하룻밤을 지내게 되었는데, 농부들이 형님 말을 하겠지요. 나는 자다가 귓결에 형님이 일자포수라는 말을 듣고 나도 모르게 벌떡 일어나집디다. 그리고 혼잣말로 '됐다. 아버지 원수 갚을 방도를 알았다.' 하고 중얼거렸습니다. 그리하여 내가 형님을 찾아오게 된 것입니다."

이 말을 다 들은 이포수는 이필의 손을 잡고

"내가 아버지 원수를 갚기 위해서 포수가 된 것이나, 동생이 아버지 원수를 갚으려고 포수된 것이나 피차 경우는 다를지라도 뜻은 같은 일일세. 나는 짐승 호랑이를 잡아 원수를 갚고, 자네는 사람 호랑이를 잡아 원수를 갚고자 하는 것이니 피차 인연이 있는 것일세. 자, 어서 술 한 잔 더 들게."

하고 술을 잔에 가득 따라 이필을 주면서

"사람 호랑이를 잡으려면 먼저 짐승 호랑이를 잡아야 하네. 지금 자네 재주야 그만치 되었지마는 아직도 호랑이를 잡아 보지 못했으니, 무관 벼슬에 대고 보면 초시 선달이나 한 셈일세. 내일부터 호랑이 사냥을 떠나서 먼저 우리 아버지 원수부터 갚아 주게. 그러면 나도 자네 아버지 원수 갚는데 한 팔 힘을 도와주지. 하하하."

"아닌 게 아니라 호랑이를 잡아 보아야겠소. 호랑이를 잡고 보면 범 잡는 놈이 사람 따위 못 잡겠소? 내일이라도 곧 떠납시다. 그리고 호랑이 목일랑 내가 도맡아 두고 보겠습니다."

이날 밤은 술과 이야기로 밤을 밝혔다. 이튿날 늦게야 두 사람은 일어나 세수하고 조반을 먹었다. 이필은 호랑이 사냥을 갈 일에 너무도 흥분하여 지난밤에는 호랑이 사냥하는 꿈을 꾸었다.

"형님 오늘 호랑이 사냥 갈랍니까?"

하고 물었다. 이포수는 빙그레 웃으면서

"이 사람. 호랑이를 노루사냥 하듯 하는 줄 아나? 호랑이 있는 곳을 알고야 떠나는 게지."

"범의 굴에 가야 범의 새끼를 본다는 옛말이 있지 않아요. 하여튼 산에 가 보아야 호랑이를 찾을 게 아닙니까?"

"그야 그렇지! 그러나 호랑이는 사슴의 자국 밟듯이 자국을 따라 잡는 것이 아니니까, 나무꾼이나 혹은 인근 사람들에게 발 넓이 알아 보면 호랑이란 놈이 어디 있는 줄 아는 법일세. 만사가 다 이력이 있는 법이야. 오늘은 잔말 말고 낮잠이나 실컷 자게."

이포수는 여러 날을 두고 인근 각지를 돌아다니며 호랑이 나타나는 곳을 탐지해 보았으나 웬일인지 요즘은 호랑이 우는 소리도 들었다는 사람이 없었다. 인근 사람들은 호랑이도 이포수가 박달나무골 사는 줄 알고 벌써 먼 데로 도망쳤다는 말까지 나게 되었다.

그럭저럭 또 한 달이나 지났다. 이필은 이포수에게 인근에 없는 호랑이를 찾을 것 없이 태백산으로 가자고 졸라대었다. 이포수도 하는 수 없이 허락하고 떠나기로 하였다.

내일은 태백산으로 떠나는 날이다. 저녁부터 사냥 준비를 하게 되었다. 화약도 닦고 총도 수선하고 칼도 갈고 메대, 감발, 짐까지 완전히 준비는 끝났다. 이필은 어린애같이 밤에 잠조차 자지 못하고 날 밝기만 기다렸다.

그러나 호사다마라 할까 새벽부터 내리던 비가 아침이 되자 점점 굵어지기 시작하였다. 이필은 어린애같이 시무룩해져서 조반도 먹지 않고 행여나 비가 그칠까 하여 창문만 바라보고 있었다. 비는 점심때쯤 되어 보슬비로 변하더니 언제 비가 왔느냐 하는 듯이 맑게 개었다. 이필은 좋아라고 이포수를 졸라대어 곧 떠나자고 하였다.

이포수도 하는 수 없이 점심이나 먹고 떠나기로 하고 점심상을 받고 앉았을 때 문밖에서

"이포수 있소?"

하고 찾는 소리에 이포수는 문을 열고 밖을 내다보면서

"누구요?"

하고 물었다. 밖에서 들어오던 손은 방문 앞까지 들어서면서

"나요!"

하고 비 맞은 옷을 툭툭 털고 섰다.

"어, 김서방 아니오. 비 오는데 가깝지도 않은 데서 웬일이오? 어디 갔다 오는 길이오? 어서 들어오시오."

"아니오. 일부러 여기까지 왔소. 허허, 이포수 또 볼기 맞을 일 생겼소."

"어디서 호환이 난 게로군. 사람이나 상치 않았소?"

"사람이 죽지 않았으면 이 비 오는 날 여기까지 왔겠소? 지난밤에 쉿돌골에서 호환이 나서 사람을 물어갔다우. 그래서 존위님이 이포

수를 모셔 오라고 해서 비를 맞아 가며 온 길이오."

호환이란 말을 들은 이필은 먹던 점심상을 돌려놓으며

"형님 떠납시다. 어서 감발을 해요. 쇳돌골이 여기서 몇 리나 됩니까?"

하고 쇳돌골 김서방에게 물었다. 김서방은 방에 들어오지 않고 문지방에 앉은 채로

"한 오십 리 되지요. 지금 떠나면 그곳 가서 푹 쉬고 아침 사냥하기에 꼭 맞겠소."

두 사람은 김서방을 앞세우고 저녁때쯤 해서 쇳돌골에 들어섰다. 바로 호환 만난 집은 쇳돌골 중품에 사는 이첨지네 집이었다. 이첨지 막내딸이 지난 밤 뒷간에 갔다가 호랑이에게 물려간 것이다. 이 근방에서는 호환이 나기만 하면 의례히 이포수를 청하여 원수를 갚아 달라는 것이었다.

이튿날 이포수는 호랑이 잡을 작전 계획을 하였다. 우선 동네 장정들을 뽑아 몰이꾼으로 세우고 이포수와 이필은 총을 메고 꽁무니에 큼직한 장도를 차고 쇳돌골 막바지에 들어섰다. 여기까지 와서 이포수는 몰이꾼들을 보고

"자, 여기가 호랑이 붙는 곳이오. 당신네는 여기 있다가 우리가 목을 잡거든 호랑이를 몰아 올려 보내시오."

하고 몰이에 대한 주의를 자세히 일러 주고 이필을 데리고 산등을 쫓

아 산턱까지 거의 올라섰다. 이포수는 이필을 보고

"자네 첫 번으로 원목을 잡아 보겠나?"

"잡고 말고요. 어디가 원목이 되겠소?"

"저기 큰 바위가 보이지 않나. 바위와 바위 사이에 훤한 골목이 있지 않은가. 호랑이란 놈이 그리로 넘어 갈 걸세. 나는 저 전나무 백이 느진목을 잡고 있겠네. 호랑이가 그리로도 다니는 목일세."

이 말을 들은 이필은 말도 미처 끝나기 전에 산등으로 올라선다. 이포수는

"이 사람, 그렇게 덤비지 말게. 내 말 좀 더 듣고 가게. 호랑이 잡는 사람이 그렇게 덤벼 가지고는 십중팔구 실패하기 쉬운 걸세. 호랑이를 잡는 데는 첫째, 대담해야 하고, 둘째, 침착해야 하고, 셋째, 호랑이에게 먼 불질을 해서는 못 쓰네. 호랑이가 십간 이내에 들어설 때까지도 그냥 참았다가 오간 통쯤 가까이 올 때에 쏘아야 하네. 이 사람 자세히 들었나?"

"글쎄, 그것은 형님이 포수 공부 첫날부터 오늘까지 몇백 번 가르쳐 준 말씀 아닙니까? 누가 그걸 잊으려구요. 염려 마시오. 호랑이를 만나기만 하면 갈 데 있겠소?"

이필은 이포수가 지시한 대로 두 바위 틈까지 올라갔다 몸을 가둑나무(떡갈나무) 속에 파묻고 있었다. 이포수가 느진목에 가서 나무 끝에 수건을 매어 가지고 몰이꾼들에게 몰이하라는 신호를 하자 아

래서는 징소리, 꽹매기(꽹가리) 소리와 몰이꾼들의 아우성 소리가 일어났다. 원목을 잡은 이필은 극도로 긴장해졌다. 이제나 저제나 하고 기다린 지 한 시간 가량은 되었다. 아래서 호랑이 올라간다는 소리가 들리자 이필은 목을 빼어 들고 참나무 밭 속으로 한 수십 간 내려다보았다. 그때 여산대호(如山大虎) 대가리가 가둑나무 포기 속에서 나타났다. 이필이는 얼핏 몸을 숨겨 땅에 엎드려 나무 사이로 총구멍을 대고 십 간 밖을 내려다보았다.

　호랑이는 어느덧 십 간 안에 들어섰다. 이필은 아직도 참았다. 호랑이가 거의 총구멍과 일직선이 될 때에 방아쇠를 당겼다. 총소리와 아울러 호랑이는 큰 비명을 지르고 쓰러졌다. 이때 앞을 바라보니 또 한 마리 호랑이가 달려들었다. 이필은 얼핏 바위를 안고 돌면서 재빨리 총을 다시 재었다. 호랑이는 벌써 바로 턱까지 올라왔다. 이필은 날쌔게 또 한 방 놓았다. 호랑이는 또 비명을 지르며 쓰러졌다. 이필이 이제 안심하고 총부리를 볼에서 떼려 하는 순간 또 한 마리 호랑이가 이필의 옆으로 달려들었다. 위기일발의 순간이다. 이필은 총을 다시 잴 틈도 없었다. 이필은 입을 벌리고 달려드는 호랑이 아가리에 손을 넣어 호랑이 헷목을 틀어쥐었다. 이필에게 헷목을 잡힌 호랑이는 죽을힘을 다하여 사람을 물려고 하였으나 목이 꼿꼿해지고 입을 놀릴 수 없어서 앞발을 들고 서서 있을 뿐이다. 이필은 왼편 주먹으로 호랑이 눈통을 후려 갈겼으나 호랑이는 한 번 눈을 끔뻑할 뿐이다.

느진목에서 목을 지키고 있던 이포수는 총소리가 두 방 나는 것을 듣고 아차 이 사람이 실수하였구나 하고 원목으로 건너오다가 멀리서 이필이가 호랑이와 마주 서서 싸우는 모양을 보고 '장도를 빼서 목을 찔러라.' 하고 외쳤다. 이필은 그제야 꽁무니에 장도 찬 생각이 났다. 왼손으로 얼핏 장도를 빼서 호랑이 목을 찔렀다. 이포수가 현장에 갔을 때는 호랑이는 쓰러져 있고 이필은 아직도 호랑이 헷목을 단단히 잡은 채 큰 눈을 부릅뜨고 있었다. 이포수는 이필이 손을 호랑이 입에서 빼어 내면서 앞을 보니 다섯 간 사이를 두고 또 두 마리 호랑이가 쓰러져 있는 것을 발견하였다.

"이게 웬일인가? 호랑이가 세 마리씩. 응, 하마터면 큰일 날 뻔했군."

하면서 이필을 보고

"이 사람 정신 차리게, 호랑이는 죽었네."

이필은 그제야 겨우 정신을 차려가지고

"형님 나 물 좀 주우."

한다. 이포수는 물병을 내어 물을 먹여 주고

"장사로군, 장사야. 수고했네. 어서 담배나 한 대 피우게."

몰이꾼들은 얼마 뒤에야 올라와서 이필이가 호랑이 세 마리를 한꺼번에 잡은 것을 보고, 또 이포수에게서 자세한 이야기를 듣고 모두 놀랐다.

몰이꾼들이 잡은 호랑이 세 마리를 메고 동네에 내려갔을 때에는 벌써 날이 저물어 황혼이 깃들었다. 동네 박존위는 돼지를 잡고 크게 잔치를 베풀어 이필과 이포수를 대접하였으며, 이 소문은 그날 밤으로 이웃 동네에까지 퍼졌다. 다음 날은 구경 오는 사람으로 때 아닌 장마당을 이루었다.

쇳돌골은 여천 땅이므로 박존위는 즉시 여천 군수에게 이 사실을 보고하는 동시에 여천 군수 김상화는 사령을 시켜 범 세 마리와 범 잡은 포수를 읍으로 대령하라 하였다. 이포수는 이필을 보고

"범 잡은 사람은 자네니까 갔다 오게."

하고 범 잡은 포수가 원님에게 가서 고하는 절차를 일러 주었다.

"나는 싫소. 형님이나 가서 범 잡은 덕으로 볼기나 맞고 오세요. 어떤 놈이 호랑이 잡고 볼기까지 맞는담."

"죄가 있어 맞는 것이 아니라, 범은 산군(山君)이라 해서 체면으로 시늉하는 매 세 개를 건성으로 맞는 것일세. 그리고 상이 왜 없나? 후한 원님은 돈 백 냥이나 내주는 일도 있으니까 한번 가 보게."

"돈 1백 냥 아니라 돈 1천 냥이라도 나는 싫소. 형님이나 타 오슈."

하고 굳이 거절하는 탓으로 이포수가 호랑이를 동리 사람들에게 지 워가지고 여천읍에 가서 원님에게.바치고, 겨우 돈 50냥과 쌀 두 섬

과 백목 세 필을 받아가지고 돌아왔다.

여천 군수는 상주 목사 김상현과 육촌 형제간인 터이므로 큰 호랑이 한 마리를 상주 원에게 보내면서 이포수와 이필은 천하 명포수라는 말까지 편지 사연에 써서 자랑 겸 보내었다. 이때부터 이필은 이포수와 아울러 명성이 인근 각 읍에 퍼지게 되었다.

이필은 사냥꾼 스승 이포수의 곁을 떠나 세상으로 나왔다. 이필은 집으로 돌아갈 생각이 나기도 했지만, 아직 뜻을 이루지 못했으니 때가 아니라고 생각했다. 이필이의 발걸음은 상주 쪽으로 향하여, 상주 고을 초입 주막에 머물러 누이와 맡겨 둔 가족 소식을 들었다. 다행히 모두 잘 살고 있다는 것이다.

그러던 어느 날이다. 이필은 마침내 아버지 원수인 상주 원 김상현이 10만 냥을 상납하여 나주 목사로 부임 받아 간다는 말을 듣게되었다. 거기다 아버지를 천주학쟁이로 고자질한 원수 김진사도 충복된 개같이 나주 행차에 동행한다는 것이다.

드디어 몽매(夢寐)에도 그리던 날이 온 것이다. 이필이 문경 새재에 잠복해 있을 때, 과연 나주 목사로 갈려 가는 김상현의 가마가 눈앞에 나타났다. 이필이 가마 앞을 떡 막아 섰다.

"웬놈이 감히 목사 나리 행차를 막느냐?"

호위 사령이 칼을 뽑아들고 썩 나섰다. 이필이 불문곡직(不問曲直) 칼 든 사령을 단주먹에 물리치니 사령 가마꾼들이 달아나고 김상현과 김진사가 부들부들 떨고 서 있다.

"나는 모년 모월 모일에 천주학쟁이로 몰려 원혼이 된 아무개의 아들 이필이다!"

하고 외치자 이번에는 김진사가 삼림으로 달아나려 한다. 이필의 칼이 김진사의 목을 치고 나서, 부들부들 떨고 선 김상현의 목을 연이어 베었다. 원수 갚음을 한 이필은 하늘을 우르러 아버지의 원혼에 고하니 눈물이 소낙비처럼 쏟아졌다.

이필은 낮에는 바위굴에서 잠을 자고 밤에는 걸었다. 며칠째 되던 날, 남원에 당도하여 어느 주막에 들어갔는데 풍채가 훤한 선비 한 사람이 단정하게 앉았다. 차마 누구에게 말을 걸기가 두려워 묵묵히 밥을 먹고 밥상을 물리고 나서 목침을 찾아 베고 누우려는데, 선비가 눈을 뜨고 사리고 앉았던 몸을 풀었다. 이필은 자신도 모르게 자리에서 일어나 절을 했는데, 선비가 일어나 마주 절을 한다.

"허, 저는 산에서 짐승이나 쫓는 미천한 포수인데 어찌 절을 하십니까?"

"세상에는 애초에 미천한 자가 없을 뿐만 아니라, 누구나 한울님이라오."

이필은 선비의 말을 듣는 순간 마음이 마치 천둥같이 흔들렸다.

"선생의 존함은 어떻게 되시며, 선생의 지엄한 말씀을 듣고자 청합니다."

하고 목마른 자가 물을 갈구하듯 청하였다.

수운 선생이 동학의 도의 말씀을 풀어내는데, 한나절이 지나는데도 전하는 사람이나 듣는 사람이 모두 뭔가에 홀린 것 같았다. 자신이 동학 창도주 최수운이며, 동학이 무엇인지, 왜 동학이 필요한 세상인지 말을 했다. 말은 여울처럼 잔잔하게, 때로는 거친 여울목 같이 탕탕하게 흘러갔다. 그리고 이필이에게 당부하듯

"도를 믿어 내 몸을 수양하는 것도 좋지마는 도를 천하에 포덕해야 합니다."

하고 말을 하였다. 이필은 수운 선생을 처음 만나 도를 받았으나 너무 벅차 마치 꿈만 같았다.

"저는 아직 아는 것이 없는데, 어찌 포덕을 할 수 있습니까?"

하고 이필이 물었지만, 수운은 더 대답 아니하고 봇짐을 지고 일어나 횡하니 길을 떠나는 것이다.

"선생님!"

이필이 외치며 몇 발 따라나섰으나, 갑자기 온몸이 굳은 듯 꼼짝없이 서 있었다. 마침 밥상을 내려고 나온 주인이 보고 사람 좋이 웃으며 말하였다.

"손님, 밥 잘 자시고 왜 장승 같이 멀쩡하니 서 계십니까?"

이필은 그제야 꿈에서 깨어난 듯 몸도 움직여졌다. 이필은 이게 정말 생시인가 싶어서 주인에게 물었다.

"저 선비가 누구시오니까?"

"허허허. 한나절이나 도담을 나누시고도 모르신단 말씀이오? 동학 창도주 수운 선생님 아니시오? 남원 은적암에 수도하러 오셨다가 다시 경주로 돌아가시는 길이라오."

하여서 이필은 꿈이 아닌 생시인 줄 알았다.

이필이가 수운 선생으로부터 도를 받고 돌아오는 길은 몸도 발걸음도 가벼웠다. 다시 산을 넘고 물을 건너 하염없이 길을 걸었다. 이필은 길을 걷는 동안에 저도 모르게 '시천주 조화정 영세불망 만사지' 열세 자 동학 주문을 현송하고 있었다.

이필이 한밤중에 어느 깊은 산속 바위굴에 이르렀다. 그날은 이필이 너무 피곤하여 굴에서 잠을 청하리라 마음먹고 들어가려는데 어귀에서 시커먼 곰 한 마리가 '으형!' 하고 튀어 나온다. 이필이 엉겁결에 달려드는 놈에게 주먹을 내질렀는데, 곰이 비명을 지르며 나뒹군다.

이필이 굴에 들어가 잠을 자고 일어나니 굴 밖에서 인기척이 났다. 이필이 밖으로 나가 보니 여러 사람들이 웅성거리다가 갑자기 무릎을 꿇으며 한입으로 '두령님!' 하고 소리치며 엎드린다. 지금껏 산채 활빈당 당수로 있었던 맹감역이라는 사람이 썩 나서서

"저는 맹감역이라는 사람이온데, 저와 작박뿔이 두 사람이 서로 두령이 되고자 다투는 중에 있었습니다. 두 사람은 먼저 곰을 때려

잡는 완력으로 두목을 정하기로 하여 곰굴 앞에 당도했는데, 마침 먼저 도착한 어느 장사가 굴 밖으로 나오는 곰을 한주먹에 쓰러뜨리는 모습을 보았지요. 우리가 상의한 끝에 '필시 활빈당의 두령감이다.' 하여 두령으로 모시기로 했고, 잠에서 깨어나시기를 기다렸습니다."

하였다. 이필이 듣기에 너무 어처구니없어서 한바탕 허청나게 웃은 끝에 말했다.

"여러분들 말씀은 고맙지마는, 나는 할 일 명백하게 있는 사람이오. 그것은 내 배를 채우기 위해 남의 재물을 빼앗을 것이 아니라, 세상 사람들을 위해 동학의 높은 가르침을 두루 펼치는 일이오."

이필이 처음에는 동학에 대해서 말할 엄두가 나지 않았으나, 말이 이어지면서 전날 들었던 수운 선생의 말씀이 입에서 술술 나왔다. 눈이 퉁방울 같은 사내 장천달이 썩 나서서 물었다.

"저도 산채로 들어오기 전에 세상에 동학이 널리 퍼졌다는 말은 들었으나, 대체 무슨 요상한 도술이오?"

"동학은 사람을 홀리는 요상한 도술이 아니오."

산적들은 모두 뭔가에 홀린 듯 이필의 말에 몰입하였다.

이필이의 한나절 말끝에 모든 산채 사람들이 동학에 들었지만은 이필이를 따라 나선 사람은 퉁방울 장천달이를 비롯한 열 남짓이고, 작박뿔이와 맹감역을 비롯하여 이런저런 사정 때문에 산채에 남은 사람 역시 열 남짓이었다.

이렇게 두 패로 나뉘어 작별할 즈음에 남은 산적들은 작박뿔이와 맹감역 두 사람이 다시 머리 싸움을 할 것이 걱정이었는데, 이필이 앞에서는 서로 양보를 하여 다시 난감해질 수밖에 없었다. 이에 이필이

"두 사람이 서로 두령이 되려는 것보다 양보하니 이는 더없이 보기 좋은 일이오. 내가 보기에는 맹감역이 먼저 두령 노릇을 하다가 힘이 부치면 작박뿔이가 이어서 하면 좋겠소이다."
하고 이필이 말하여서 맹감역이 활빈당 두목을 맡게 되었다.

이필은 산적을 면하고 양민이 되기로 한 장천달이와 산적들을 데리고 산을 내려오게 되었다.

이필은 어느덧 제자가 되어 따르는 사람들을 보자 마음이 뿌듯하고, 한편으로는 아직 부족한 것이 너무 많아서 도담을 듣기 위해 곧 경주 용담정을 찾아가야겠다는 작정을 하게 되었다.

3. 스승의 원수

대신사님의 육신은 대구 장대의 이슬로 사라졌고 분명히 여러 사람들 앞에서 대신사님이 돌아가셨으니까 감사도 안심이 되었다. 물론 나라 조정에서도 한 근심 놓았을 것이다. 자기들 생각에는 최수운의 도가 도술로 인해 동학이란 것이 생겼었지만 최수운을 목까지 잘라 죽였으니 다시는 동학이 일어날 리 만무라고 생각하였던 것이다.

이러한 추측은 일반 사람들뿐만 아니라 서울 조정에서까지 그렇게 생각하였던 것이었다. 허지만 진리라는 것은 그렇게 쉽사리 사라지는 게 아니었다. 더욱 힘차게 퍼져 오르는 것이다. 희생을 당하면 당할수록 더욱 그 세가 커지는 것이 진리의 힘인 것이다. 비유해서 말한다면 진리를 곡식과 같다고 한다면 희생은 거름과 같기 때문에 진리를 발전시키는 데는 적당한 희생이 따라야 하는 것이니만큼 대신사님의 죽음은 곧 대신사님 자신으로는 큰 희생이겠지만 동학이란 진리의 편으로 봐선 그는 아주 큰 거름이 되었다 하겠다.

대신사님이 죽은 뒤에 동학이 쇠퇴했느냐 하면 그렇지 않다. 세상 사람들이 생각한 것과는 정반대로 더욱 그 세는 커져 가는 것이었다. 물론 어떤 동학인들은 대신사님이 죽은 것을 보고 낙심하여 동학을 그만둔 사람도 태반이지만, 새로 입도하는 사람은 도리어 그 배나 되는 것은 곧 진리의 힘은 어찌할 수 없다는 것을 입증하는 것이며, 한편 대신사님이 말씀하신 '기둥이 말랐으나 힘은 고대광실을 버티고 있다.'와 같이 대신사님이 돌아가신 뒤에 동학은 일시 중심을 잃은 까닭으로 각패 각패로 가닥을 지어 발전하는 길을 취하지 않을 수 없었다.

지금은 확실히 국금(國禁)이 된 동학인지라 내어 놓고 하지 못하게 된 관계로 그들은 방향을 돌려 지하운동으로 들어가 비밀 결사가 이루어졌던 것이다. 동학의 비밀 결사는 여러 패가 있는데, 그중에도 가장 힘 있고 방대한 조직이 대신사님에게서 직접 도통을 이어 받은 신사님(최해월)과 문경 이필이었으며, 신사님에 관해서는 후에 다시 이야기할 셈치고 우선 이필의 조직부터 먼저 말하기로 한다.

이필은 대신사님이 대구 장내에서 목이 베어져 돌아가셨다는 소문을 듣고 반신반의했지만 뒤에 사실 전말을 다 알아본 후에는 극도로 분함을 금치 못하여

"우리 스승과 같은 성인을 죽이는 국법을 우리가 어떻게 믿고 따를 수 있겠는가. 아 이 세상은 과연 대신사님의 말씀대로 비천명(非

天命)이 가득 찬 세상이로구나. 비천명으로 된 이 세상을 나의 주먹으로 때려잡지 않고는 참을 수 없다."

이렇게 생각한 이필은 그날 즉석으로 장검을 들고 서울로 올라가 조정에 가득 찬 탐관오리와 간신배들의 목을 모조리 자르고 싶었다. 하지만 이렇게 만사를 분함과 혈기로만 해결할 게 아니라고 생각하고, 우선 분을 참고 기회를 기다리기 위해 만반의 준비를 갖추어서 대신사님의 원수를 갚아야 한다고 마음에 다짐하는 것이었다.

"원수 갚을 생각보다 먼저 준비할 생각을 하자."
라고 이필은 결심하였으며 매일 심고할 때마다

"한울님과 우리 스승님의 혼령이시여, 준비가 잘 되게 해 주옵소서. 그리고 선생님의 원수를 갚게 해 주옵소서."

이필은 매일 하는 심고 이외에 이 한마디를 더 보태어 맹세하였던 것이다.

이필이 맹세한 준비란 것은 무엇을 의미함일까? 그것은 말할 것도 없이 동지를 모아야 한다는 것이다. 동학으로 말하면 포덕(布德)을 하여야 한다는 것이다.

이필이가 입도한 뒤에 포덕한 수효도 몇백 명이 되지만 그것만 가지고는 너무도 힘이 모자란다는 것이다. 그래서 이필은 우선 각지에 있는 자기의 부하를 모아놓고 이런 설명을 하였다.

"스승이 대구에서 돌아가셨다는 것은 세상 사람이 스승을 모르는 데서 나오는 말이요, 그 실은 우리 스승님은 돌아가시지 않고 도술로써 일시 피신해서 계신다. 그러니까 여러분은 아무 염려도 말고 포덕할 생각들만 잘하시오. 스승님이 돌아오는 날이면 포덕 잘한 사람에게는 무슨 좋은 상이 있을 것이오."

라고 말하여 동학인들의 사기를 북돋워 주었다. 이것은 이필이가 동학인을 속이기 위해서가 아니라 그때 형편상 포덕을 위해 어쩔 수 없이 나온 말이었다. 만약 대신사님이 정말로 죽었다 할 것 같으면 도인들이 그 자리에서 낙심될 게 뻔한 사실이니까 말이다. 하지만 이필이 자신도 아주 무언가 의심을 가지고 있었던 것만은 사실이다.

"정말로 대신사님께서 돌아가셨을까…. 그렇게 쉽사리 죽을 리는 만무한데……. 혹은 도술로 피신하여 바다 가운데 섬으로 가 계시는 것은 아닐까?"

하는 생각으로 한편으로는 스스로를 위안도 하고 때로는 낙망도 해 보는 것이었다.

이필이의 설명을 들은 부하들은 대신사님이 경주에 계신다 하는 때보다도 백 배나 기운과 신심이 더욱 우러났다. 그래서 그들을 제각기 포덕에 전심전력을 기울였다.

이필의 뜻과 같이 포덕은 잘되어 갔다. 1년, 2년, 3년째 접어드는 해에는 수천 명의 새 동학군이 생겼다. 그래서 이필은 이것을 통제하는 방법으로 대신사님이 지시한 바 있는 것같이 접주제를 시행하였다. 1백 명 이상 거느린 사람을 해접주(該接主)라고 하고, 5백 명 이상 거느린 사람을 수접주(首接主)라 하고, 1천 명 이상 거느린 사람을 대접주(大接主)라 하였다. 그리하여 4년째 되는 해에는 대접주 되는 사람만 해도 10여 명이나 되었다.

문경 남양촌에는 박달영이라는 대접주가 있었다. 그는 바로 이필이의 처남 박달심의 아우인 박달영인 것은 누구나 잘 아는 일이다. 박달영의 앞 도인인 김상근이란 사람은 박달영이 사는 마을 남양촌에서 2, 30리를 격한 회막동이라는 곳에 살았다. 그는 사람됨이 순직하고 근검해서 그 마을에서는 존경을 받고 아울러 살림이 넉넉하였다. 그는 일 년 전에 비로소 동학에 입도하였으나 독신자였고, 동학의 계율을 잘 지키는 사람이었다. 그러나 동학군이라면 관가에서 잡아다 죽이는 판이므로 비밀한 속에 가족만이 모여서 믿어 오는 것이었다.

회막동 동네에서는 일 년에 두 번씩 동네 전체가 모여 거행하는 동네 제사가 있었다. 그 제사에는 여럿이 살찐 개를 잡아 놓고 제사 지내는 것이 예로부터 내려오는 동네의 풍속이라, 해마다 제사 때면 김상근이가 집사라는 소임으로서 그 제사를 거행해 왔으므로, 금년에도 동네 사람들이 모여 김상근을 제사 지내는 집사로 뽑았지만 김상근은 그것을 굳이 사양하였다. 동네 사람들은 웬 까닭인가를 몰라 그저 이상한 일이라고만 생각했다. 제사를 다 지낸 뒤에는 개고기를 집집이 분배하는 법인데, 김상근은 개고기도 먹지 않고 집 뒤에다 파묻어 버렸다. 이 소문이 그 집 머슴의 입에서부터 퍼져 나와 동네 사람 전체가 알게 되었다. 그리하여 동네 사람들이 수군거리길

"김상근이가 제사 집사도 사양하고, 개고기도 먹지 않았다니 참 이상한 일일세……. 제사라면 누구보다 정성을 다하는 그 사람이 집사도 안 할 뿐 아니라 제사 터에도 보이지 않았고, 전에도 개고기를 소고기보다 더 좋아했는데 이게 대체 무슨 까닭이람."

하는 세평(世評)이 동네 사람들 입에서 오르내리게 되었다. 원래 동학군은 귀신을 섬기지 않는 까닭으로 동학 이외에는 무슨 제사든지 하지 않는 것이며, 음식에는 개고기를 먹지 않는 것은 스승 때부터 동학군이 지켜온 계명이었다. 그러므로 김상근은 이 동학군으로서 개고기를 먹지 않았고, 또한 제사 때 집사를 맡지 않았다는 것은 동학의 계명을 지킨 것이다. 그로 인해 김상근이가 동학군인 것이 동네에 알려졌다.

어느 날 밤이다. 김상근네 집에 한 동네에 사는 김호방이라는 사람이 찾아왔다. 김호방은 문경읍에서 아전으로 있었던 사람이다. 그는 연전에 어떤 잘못을 범한 까닭에 아전에서 떨어져 생활이 구

차함에 따라 슬그머니 회막동 산골로 이사와 화전(火田)을 얻어 붙이고 지내는 사람이다. 그는 사람됨이 영리한 탓으로 동네에서 인심을 잃지 않고 살아왔다. 그의 사촌형은 아직도 읍에서 이방으로 있으며 그의 처남은 장교로 있었다.

김상근은 김호방이 밤중에 찾아온 것을 별로 이상히 생각할 까닭이 없었던 관계였으니까 예사로 그를 맞이하였다.

"김호방 밤중에 웬일입니까? 어서 좀 편히 앉으시오."

하고 담배지갑에서 엽초를 내놓고 담뱃대에 담배를 담아 불까지 피워주었다. 김호방은 담배를 피우면서

"그런데 자당께서 병환이 좀 어떠하시오?"

하고 먼저 김상근의 어머니 병문안부터 하였다. 김호방은 김상근의 어머니가 습중(濕症)을 앓는다는 소문을 먼저 들어서 알고 있기 때문이다.

"아직도 차도가 없습니다."

"무슨 약을 써 보셨나요?"

"약이라야 초약을 써봤습니다마는 약효가 없습니다."

"초약 가지고 되겠소? 노환이시라 특별한 약을 쓰시도록 해야 합니다."

이렇게 말하는 김호방의 말에는 무슨 묘방이 있는 것 같이 들렸다.

"무슨 묘방이라도 있습니까? 허긴 김호방께서는 안목이 넓은 어

른이시니까 묘방도 많이 알고 계실 텐데······."

"묘방이 있기는 있으나 상근 씨가 들어줄 것 같지 않아서 말하기
가 어렵군요."

"천만에 말씀입니다. 내가 김호방님의 말을 언제 안 들은 적이 있
습니까? 무슨 일이든 시키는 대로 할 테니 어서 알려나 주십시오."

"그럼 말하리다. 다름이 아니라 묘방이란 것은 약을 말함이 아니
라 말하자면 선약을 이름인데, 그러니까 김상근 씨가 곧이듣지 않
을 것 같다는 말입니다."

"허! 참 딱두하시군. 내가 방금 무엇이라고 말했습니까? 김호방
님의 말을 듣겠다고 하지 않았습니까?"

하고 김상근은 다시 담배를 담아 김호방에게 권하면서 다음 말이
나오기를 기다린다. 김호방은 잠시 무엇을 생각하다가 침묵을 깨뜨
리고

"여보 상근 씨. 나는 원전에 별일을 보지 않았겠소? 동학군들이
부작을 가지고 병 고치는 구경을 하였답니다."

라고 말하며 김상근을 쳐다보는데, 상근은 일면으로 놀라면서

"어디서 무슨 구경을 하셨소? 어디 이야기나 한번 들어 봅시다."

김호방은 다시 빙그레 웃으면서 말을 계속한다.

"우리 매부 되는 송영화가 상주읍 높은터에 살고 있는데, 내가 몇
달 전 매부를 찾아 높은터에 갔더니 매부 되는 사람이 바로 동학을

하고 있더군. 그래서 내가 매부에게 동학하는 방법을 물었더니 매부가 동학하는 방법을 내 놓으면서 나에게 동학을 하라고 권하더군요. 그래서 나도 원래 동학에 맘이 있어 오던 터여서 거기서 도를 받았답니다. 그리고 병 고치는 구경까지 직접 두 눈으로 보았답니다."

"나도 동학군들이 병 고친다는 말은 들었건마는 직접 보진 못했소. 그런데 무슨 약으로 고친답니까?"

"병을 약으로 고치면 이상할 것이 아니지요. 부작을 써서 병을 고치니 신기한 일이지요. 글씨 부작 한 장에 병이 낫는 것을 내 눈으로 똑똑히 봤답니다."

라고 하며 김호방은 주머니를 풀더니 백지에 소중히 싸 두었던 영부(靈符) 한 장을 내서 김상근에게 보이면서

"이것 보시오. 이것이 동학군 두목 어른이 그린 부작이오. 이것만 쓰면 무슨 병이든지 영락없이 고친답니다."

김상근은 부작을 받아 들고 자세히 보았다. 과연 동학군이 쓴 영부가 분명하였다. 우선 글로만 봐도 심화기화(心和氣化; 마음이 화하고 기운이 화하면 하늘과 더불어 같이 화하리라.)라 한 것이 대신사님이 제자들을 가르치는 글씨로, 동학군들이 항용 쓰는 필법이었다. 김상근은 맘으로 반가운 생각이 났다. 김호방 같은 사람이 동학에 입도한 것이 더욱 반가웠다.

"김호방도 동학에 입도하셨군요. 그래 그 교리가 어떻습니까?"

"도라는 것은 자기가 해 보지 않고는 알 수 없는 것이오. 남의 말만 듣고 어떻게 좋고 나쁜 것을 판단하겠소. 어떻습니까? 김상근 씨 우리와 같이 동학에 입도하는 게."

하고 김호방은 김상근에게 입도하기를 간절히 권하였다. 김상근은 더 의심할 여지가 없었다. 김호방이 확실히 동학군인 것을 믿게 되었으니 그는 자기 역시 도인이라는 것을 자백하지 않을 수 없었다.

"김호방님 참으로 반갑습니다. 사실은 나도 도인이오. 벌써 일 년 전에 입도하였답니다."

이 말을 들은 김호방은 놀랍고 한편 반가운 기색을 띠면서

"아니, 그게 정말이요?"

"아니 그럼 내가 거짓말만 하는 사람으로 보입니까?"

"그러면 아직까지 내게 그런 말을 안 했소? 정말 곧이 듣기지 않는군……."

"말을 하자니 동학이라면 나라에서 국법으로 금하는데 부자간인들 어떻게 그런 말을 함부로 하겠소?"

"그것은 나를 잘못 보고 하는 생각이오. 그리고 설사 김상근 씨를 잡으려 할지라도 읍내 관속부치가 다 내 친척이 아니면 친구간이니까 잡혀 갈 리도 만무고, 설사 잡혀 가더라도 무사해질 수 있습니다. 여하튼 같은 도인을 만났으니 참으로 반갑구려."

이렇게 말하는 김호방은 호기가 당당하였다. 김상근이도 물론 김호방의 말을 믿지 않을 수 없었다. 김호방이 지금 말한 것같이 그의 친척이나 친지들이 다 관속부치라는 것을 잘 알고 있기 때문이다. 김상근은 김호방이가 동학에 입도했다는 것은 천사(天師)의 감화라고 생각하였다.

두 사람은 밤이 깊도록 서로 도담을 나누며 밤참까지 차려 먹었다. 그 후로 김호방은 김상근의 집을 내집같이 출입하였다. 김상근은 김호방에게 무엇이고 숨기는 일 없이 털어놓고 친근했던 것이다.

어느 날 일이다. 김상근이가 장터에 갔다가 늦게 돌아온즉 남양촌에 사는 도인 한 사람이 일부러 김상근을 찾아왔다. 찾아온 사연인즉 대두목 되는 이필이 순회 차로 이달 21일 대접주 박달영의 집에 오는데, 그날을 어기지 말고 두목님을 만나 보라는 기별이었다. 이 소식을 들은 김상근은 무척 기뻤다. 한울같이 생각하는 대두목 이필이 온다는데 어찌 기쁘지 않겠는가. 그래서 김상근은 사실을 김호방에게 이야기하고는 이날 동행하기로 약속해 두었던 것이다.

동학군의 대두목 이필이 순회 차로 남양촌에 온다는 말을 들은 김호방은 자기의 재주 피우는 것이 제격에 들어맞는 것을 보고 은근히 기뻐하며 이제부터는 자기 자신에게 대운이 돌아온다고 손뼉을 치면서

"이젠 내가 다시 호방이 될 것이요, 돈도 벌 것이요, 원님 등에 업혀 세도도 부릴 것이다."

라고 희망에 넘쳐 있었다.

사실은, 김호방이 영부를 가지고 김상근을 찾아본 것은 진정이 아니요, 음흉한 연극이었다. 김호방은 원래 읍에서 죄를 짓고 이 산촌 회막동까지 쫓겨 나왔으나 어떻게 하면 원님에게 잘 보여 다시 아전으로 돌아갈 수 있을까 하는 생각이 항시 맘 가운데서 떠나지 않았던 것이다. 그래서 원님에게 잘 보이려면 원님이 좋아하는 뇌물을 받쳐야 할 터인데, 그 돈이 없기 때문에 다른 계교를 생각하다가 이 김상근에게 무슨 올가미를 씌워 죄를 주고 돈을 울궈내 그 돈을 바치면 될 것이라고 생각하였다.

마침 이 동네에서 돈푼이 있다는 김상근이가 동학을 한다는 소문을 듣고 상주읍에서 관가 장교로 있는 자기 매부 송상화를 찾아가 영부 한 장을 얻어왔던 것이다.

송상화는 몇 달 전에 상주서 동학군 몇 사람을 잡아 취조하다가 영부를 압수한 중에서 마침 한 장을 걸어 둔 것이 있어서 김호방에게 주게 된 것이다.

김호방은 처음에는 김상근 하나만 잡아 가면 족하다고 생각했는데, 뜻밖에 동학군 대두목 이필이까지 자기가 만든 함정에 떨어질 것을 생각하니 도시 놀랍고, 한편으로는 기쁘기 그지없었던 것이다. 그리하여 김호방은 즉시로 읍내에 들어가 자기 사촌 김이방을 찾아가 원님에게 할 말이 있으니 조용히 보게 해 달라고 청하였다. 김호방은 문경 원을 만나게 되었다.

문경 원 서진상은 김호방을 불러서

"그래, 무슨 할 말이 있단 말이냐? 어서 용건을 말하여라."

서진상은 죄를 지고 쫓겨났던 김호방이가 찾아 왔을 땐 필시 무슨 좋은 소식이라도 있을 거라는 짐작을 하고 있었다.

"황송하오나 사또님께 아뢰올 말씀은 다름 아니오라, 소인 사는 동네에 김상근이란 자가 있사온데, 그자가 국법으로 금하는 동학을 하기에 원님한테 아뢰올까 하고 찾아왔습니다."

이 말을 듣자 서진상은 쾌심(快心)의 미소를 지으며

"그것 참 고연 놈이로군…. 그래 그자가 돈냥이나 있는 자더냐?"

서진상에게는 돈밖에는 보이는 게 없었으니까, 이렇게 먼저 가세가 어떤가를 묻는 것이었다.

김호방은 맘속으로 회심의 미소를 지으며

"가세가 넉넉합니다. 수천 냥은 문제없을 겁니다."

"그렇다면 그자가 동학한다는 근거를 틀림없이 알고 있느냐?"

"알다뿐이겠습니까?"

하고 말한 뒤에 김호방은 김상근이가 동학하는 내력을 알게 된 까닭과 겹쳐서 자기의 공이 크다는 것을 빼지 않고 말한 뒤 다시 머리

를 숙이면서

"그보다도 더 큰 사건이 있습니다."

"아니 더 큰 사건이라니? 그럼 그놈보다도 더 큰 부자 동학군이 있단 말이냐?"

"네, 그렇습니다. 이필이라면 동학군 중에서 제일가는데, 두목이요 부자올시다. 그 사람만 잡을 것 같으면 몇천 명의 동학군을 잡을 수 있사온데, 그 몇천 명인 동학군 중에는 큰부자도 많이 있을 것은 명백한 일입니다."

이 말을 들은 원은 귀가 번쩍 열렸다. 여태까지 심심찮게 빨던 담배통을 재떨이에 놓으며 바싹 목을 앞으로 내밀고는 김호방에게 은근하게 말을 건다.

"암! 그것 참 잘된 일이로군! 그런데 이필이를 어떻게 잡을 수 있단 말이냐?"

"그자가 이달 21일 남양촌 대접주 박달영의 집으로 온다고 기별이 왔습니다."

"그래? 그럼 그 소식은 어떻게 알았느냐?"

"소인이 동학군이라고 속였더니 그자들이 대소사를 빼놓지 않고 저에게 털어놓지 않겠어요?"

하고 김상근에게서 들었던 말을 자세히 일러바치는 것이었다.

원은 시종 머리를 끄덕이면서 김호방의 말을 듣다가

"그럼 이필이라는 자를 잡으려면 장교가 몇 명이나 있어야 되겠느냐?"

"한 삼십 명 가량이면 족할 것입니다."

"아니, 무엇 하는데 장교가 삼십 명이나 있어야 된단 말이냐?"

"아니올시다. 삼십 명이 가더라도 거저 가서는 안 되옵니다. 왜냐하면 이필이나 그 부하 가운데도 천부부당지용(千夫不當之勇)을 가진 역사(力士)가 많습니다. 우선 이필이만 해도 한 손으로 호랑이 세 마리를 잡았고, 상주 목사를 죽였으며, 화적 괴수 노릇을 하는 만큼 여간 장사가 아닙니다."

"흠…. 대단한 장사로군. 여하튼 잡고만 보면 너도 올라서고, 나도 올라서는 날이다."

원은 앞에 놓인 탁자를 치며 좋아했고, 김호방도 역시 득의만만해서 원 앞을 물러나왔다.

김호방이가 꾸민 계교는 과연 어떻게 될 것인가…….

원은 김호방이 나간 다음 곰곰이 생각해 보는 것이었다. 과연 그 소문이 나 있는 동학 두목인 이필이만 잡는 날이면 조정에서 큰 공이 내릴 것이 분명하다고 생각하니 안절부절못할 지경으로 마음이 설레었다. 원은 마음에 조바심이 생겨서 대청마루를 하릴 없이 오락가락하며 꼭 이필이를 꼭 잡아야겠다고 벼르는 것이었다.

사흘 후 문경 원 서진상은 장교 나졸 수십 명을 불러놓고 총과 칼을 주어 동학 두목 이필을 잡아들일 것을 명령했다.

　이들 장교 나졸들이 이필이를 잡으러 호기 있게 떠나려 할 때 원은 수교(首校) 마홍섭을 불러놓고,

　"네가 이번 일에 잘 성공만 하면 중상(重賞)이 있을 테니 각별히 명심하렷다. 그리고 이필이만은 어떻게 하든지 생포해 와야 한다. 만약 잘못돼서 죽어 버리는 날에는 다른 동학군들을 잡을 수가 없을 터니 그리 알아 하렷다."

하고 재삼 부탁했다. 수교 마홍섭은 문경 원 서진상의 분부를 듣고 원 앞을 물러나와 나졸들에게 이필을 잡을 방략을 지원한 다음에 남양촌을 향해 길을 떠났다.

　동학 두목 이필이는 각지에 기별한 대로 날짜를 어기지 않고 영해, 영덕, 홍양, 영양, 상주 등지를 순회한 다음 21일 저문 때 남양촌 대접주 박달영의 집에 들어 있었다. 미리부터 기다리고 있던 수십 명 접주들은 문밖에까지 나가 이필이를 맞아 들였다. 첫날 저녁은 접주 되는 두목들만 모이게 한 까닭에 사람 수는 그리 많지 않았다. 접주 이외에 개인 도인 수는 많지 않았는데 개인 도인으로는 박달영의 집에서 심부름꾼으로 있는 이정길이란 사람뿐이었다.

　이정길은 본래가 문경 사람이 아니요 영양군 일월산 밑에 사는

사람이다. 그는 연전에 박달영의 집일을 거들다가 그 후 박달영의 지도를 받아 가지고 입도하였으며, 박달영의 집일을 일체 맡아 가지고 관리하고 있는데, 그는 키가 칠척장신이요 거기다 얼굴 생김새까지 이필이와 비슷하게 생기었다. 그래서 마을 도인들은 농담으로 이필이와 닮았다고 해서 '작은 이필'이라고 불러 왔다.

이필이가 방에 들어가 좌정하고 도인들의 인사를 받은 뒤에 맨 뒤에 이정길이가 들어오면서

"두목님 인사드립니다."

하고 정중하게 머릴 방바닥에다 대고 절한다.

이필이는 놀라는 표정으로 이정길을 바라보며

"뉘신지 처음 뵙겠습니다."

"네……. 저는 이정길이올시다."

이때 옆에 있던 박달영이가 이필에게 이정길을 손으로 가리키며,

"바로 저의 집에 같이 있는 도인입니다. 사람됨이 정직하고 부지런하며 더구나 수도에 여간 열심히 아니랍니다."

하고 소개하는데, 이필이는 이정길의 풍채가 늠름하고 성질이 순직한 것을 보고 맘속으로 퍽 사랑스러운 생각이 들었다. 이필은 이정길을 가리켜,

"한울님은 말 잘하고 글 잘하는 사람보다는 맘이 정직하고 순박한 사람을 도와줍니다. 그러니까 도통은 저 이정길 씨 같은 분이 빨

리하게 됩니다. 그러니까 이정길 씨는 수도를 잘 하시오. 그러하면 꼭 좋은 인간의 격을 가질 뿐만 아니라 앞으로 좋은 세상을 만나게 되오."

라고 이정길에게 권장의 말을 한 뒤에 여러 도인을 돌아보고,

"오늘 저녁은 접주들만 모이는 좌석이지만 이정길 씨도 나가지 말고 같이 도담을 듣게 합시다."

하고 말을 이어 도담을 계속하였다. 도인들은 이필의 도담에 취해서 그럭저럭 밤도 깊어갔다. 아랫방에서 밤참이 들어오고, 밤참을 마치자 다시 도담이 계속되려 할 때 밖에서 총소리 한 방이 꽝! 하고 울려왔다. 총소리에 놀란 도인들은 무슨 연고인가 서로 얼굴을 마주 쳐다본다.

박달영은 근심스럽게 일어서서,

"밤중에 무슨 총소릴까?"

하고 방문을 열고 밖을 내다본다. 밖은 스무하룻 밤 달이 동천에 떠서 훤하게 밝았었다. 그러자 밖에서 고함소리가 들리더니 바로 대문 밖에서 총소리 한 방이 또 꽝 하고 울려온다. 이어

"네놈들, 꼼짝 마라! 나오면 모두 총으로 쏴아 죽일 테다!"

하는 고함소리가 들렸다. 이때 문 바로 옆에 앉았던 이정길이 얼른 일어서서,

"웬 양반들이오? 무슨 곡절인지 모르겠지만 하라는 대로 할 테니

속히 용건을 말하시오."

라고 소리쳤다.

"우리는 문경읍에서 온 장교들이다. 동학군을 잡으러 왔으니 한 놈이라도 밖으로 나오면 총으로 쏘아 잡을 테다. 그리고 너희가 자수하는 마음으로 온순히 잡힌다면 몰라도 그렇지 않을 땐 모조리 총으로 쏘아 죽일 테다…. 자 보아라. 우리 수효가 얼마나 많은가를."

하더니 과연 총소리가 집 앞 집 뒤 할 것 없이 콩 볶듯이 들려온다. 이것은 문경서 온 장교들이 위협하는 총소리였다.

그런데 그들이 곧 방문 안으로 들어서지 못하고 총을 수십 발이나 발사하면서도 문밖에서 울려대는 까닭은 이필이를 생금(生擒)해 보자는 뜻이었다. 그렇지 않고 섣불리 집안에 들어섰다가는 호랑이 같은 이필의 손에 도리어 낭패를 볼지도 모르기 때문이다. 그러나 낭패를 안 보려고 함부로 총질을 하고 보면 이필의 송장이나 치웠지 생금할 수 없기 때문이다. 그러니까 우선 밖에서 이렇게 공포를 놓으면 이필이가 자진해서 잡힐 것이라는 막연한 기대 때문이다.

이때 장교들의 총소리와 말소리를 들은 도인들은 어쩔 줄 몰라 이필의 얼굴만 쳐다보고 있는데, 이필이 역시 창졸간의 일이라 무슨 계교가 나지 않아서 어쩔 줄 모르고 있을 때에 이정길은 밖을 향해 소리쳤다.

"일이 이렇게 된 바에는 우리가 조용히 잡일 터이니 염려마라. 만일 우리들을 조용히 잡히게 하지 않고 한 놈이라도 문 안에 들어서기만 하면 싸울 터이다. 싸우기만 하면 너희도 죽고 우리도 같이 죽을 터이니 잘 알아서, 우리가 자진해서 잡힐 터이니 잠깐만 참아 달라."

하고 이정길은 밖을 향해 소리를 크게 질러 말한 뒤에 이필을 향해,

"두목님, 어서 저와 의복을 바꿔 입읍시다. 내가 두목님 행세를 할 터이니 두목님은 내 의복을 입고 머슴 행세를 하시우. 우리가 다 잡혀 가더라도 두목님만 살아남으면 뒷날 파옥을 시켜서라도 우리를 살릴 도리가 있지 않겠습니까?"

하고 의복을 벗어 이필이를 주었다. 이필이는 순간의 일이었지만, 이정길의 말을 듣고 미처 생각하지 못한 좋은 계교라는 생각이 들어 부리나케 서로 의복을 바꾸어 입었다.

"자 이제는 들어들 오시오…. 얘, 머슴 있느냐? 어서 나가서 대문 열어드려라."

하고 이정길은 이필에게 눈짓을 하였다. 이필은 머슴의 의복을 입고 머리에 수건을 동이고 대문 안에서 바삐 걸어서는 대문을 열었다. 이때 문밖에 섰던 장교 중에 수교 마홍섭이가 나서더니

"일이 이쯤 된 바에는 순순히 잡혀야 하느니라. 만약 조금이라도 반항할 것 같으면 쏘아 죽이라는 사또의 분부시다."

하고 나졸들을 앞세우고 문안으로 들어서려다가

"애 머슴아! 횃불을 뜰에 밝혀라. 그러기 전에는 우리가 안 들어설 테다."

그들은 문 안에 혹시 복병이나 있지 않을까 염려한 까닭이다.

"머슴아. 어서 횃불을 밝혀라!"

하고 이정길이가 이필을 보고 말하는데, 이필은 마당에 있는 싸리나무에다 불을 켜서 놓았다. 이정길은 문을 활짝 열어 놓고 들어오는 장교들을 보고

"놀라지들 마시오! 우리는 다 빈손으로 있는 사람이니까 싸울래야 싸울 수가 없는 판국이오."

하고 문밖에 나서면서

"자 내가 동학 두목 이필이오! 나부터 묶으시오."

하고 앞으로 나섰다.

장교들은 이정길의 장부다운 태도에 마음속으로 감복되는 바 없지 않았다. 수교 마홍섭은 이정길을 보고

"국법이 그러니까 묶을 수밖에 없소."

하고 오라를 풀어 이정길을 묶었다. 그러자 나졸들이 달려들어 수십 명 도인을 빠짐없이 묶은 뒤에

"저기 서 있는 놈은 웬놈이냐?"

하고 어두컴컴한 뜰에 우두커니 서 있는 이필이를 보고 나졸 한 사

람이 물었다.

"네, 저로 말하면 이댁 머슴이올시다."

하고 이필이가 대답하는데, 묶여 있던 주인 박달영이가 덧붙였다.

"바로 내가 이 집 주인이오. 그런데 저자는 사흘 전에 들어온 우리 집 머슴이 틀림없소."

하고 말하니까 장교들은 감쪽같이 속아 넘어가 버렸다. 이어 박달영은 이필을 향해

"머슴아! 어서 이 앞거리에 나가 술 몇 동이에다 돼지다리 좀 사다가 밤참을 짓도록 해라."

말한다. 이 말은 들은 마홍섭은

"아니다, 그만두어라. 우리는 곧 떠날 테다."

하고 나졸들에게 어서들 차비를 하여 밤중으로 읍내로 들어가자고 호령한다.

평상시에도 보통 죄인을 잡을 때 같으면 으레 밤참과 술과 고기를 토색해서 먹는 것은 말할 것도 없거니와, 차사례(差使禮)라는 빙자로 수백 냥의 돈을 토색해 가지는 법이지만 이번만은 형편이 그럴 수 없었던 것이다. 여기서 더 어물거리다가는 밤중에 무슨 변괴나 나지 않을까 염려도 있고, 또한 죄인을 잡는 길로 밤중에 곧 돌아서라는 원님의 분부를 받은 까닭이다.

그래서 그들은 이정길을 선두에 세우고, 나졸들은 총에 불을 재

운 채 남양촌을 떠나 읍으로 내려왔다. 다만 장교 한 사람과 나졸 4, 5명이 뒤에 떨어져 박달영의 가택을 수색해서 동학문서와 궤 속에 있는 돈냥 간을 압수해 가지고 돌아왔다.

동학 두목 이필을 잡았다는 보고를 받은 서상진은 그 이튿날 아침으로 곧 동학 두목 이필(이정길)과 박달영, 김상근 등의 동학 접주를 잡아들여 엄형으로 문초했다.

이정길은 천연스럽게 이필의 행세를 하면서 동학 두목 노릇을 하는 것이었다. 이날 취조는 간단히 하고 내일 계속 취조할 양으로 죄인은 도로 옥에 내려 가두었다.

이튿날 아침이다. 원은 조반을 먹고 동학군을 계속 취조할 양으로 통인을 불렀을 때 통인 하나가 지급히 들어오더니 말하기를,

"경동 사는 김생원님이 시급히 사또를 뵈옵고 아뢰올 말이 있다고 합니다."

"그럼 어서 들어오라고 말해라."

통인의 인도로 동헌에 들어온 김생원은 영창문 밖에서 원님에게 인사하고 한쪽 무릎을 꿇고 말한다.

"무슨 조용히 할 말이 있거든 방으로 들어오시오."

하고 말한즉 김생원은 그제야 방에 들어가서 원님과 마주 앉아서 말하기를

"성주님. 들은즉 동학 괴수를 잡았다지요?"

"그렇소. 그 소문은 어떻게 들었소?"

"벌써 그 소문은 민간에 확 퍼졌습니다. 저도 그 말을 오늘 아침에 들었습니다마는……."

"일부러 그 일 때문에 이렇게 일찍 들어올 까닭이야 없을 텐데….”

"백성된 도리에 성주께서 큰 공을 세우시고 또 그 일로 뇌심(惱心)도 하실 터인데 하례 겸 문안 겸 들어오지 않을 수 있습니까? 그뿐만이 아니라 특별히 성주께 감사한 말씀을 드릴 일이 있습니다. 다름 아니오라 동학 괴수 이필이란 놈은 나라의 죄인도 죄인이려니와 저에게는 살부지수(殺父之讐)올시다. 그러하오니 성주께옵서는 저의 원수를 잡아 주신 은인이 아니십니까?"

이 말을 들은 원은 새로이 놀랬다.

"살부지수라니, 그럼 이필이가 김생원의 아버지를 죽였단 말이요?"

"사또님은 아직 자세한 내용을 모르실 겁니다마는, 이필이란 놈이 십 년 전에 문경 새재서 상주 목사하고 저의 아버님인 김진사를 죽인 놈입니다."

"옳지……. 나도 그 소문은 들었지, 그럼 문경 새재서 상주 목사만 죽인 것이 아니라 동행했던 김진사도 죽였다는데, 그게 바로 김생원의 아버지였군요."

하며 원은 다시금 놀라는 것이었다.

본래 김생원이란 자의 이름은 김명학이다. 그는 과연 이필에게 죽음을 당한 김진사의 맏아들이다. 그는 김 진사가 죽은 뒤에 아버지의 원수를 갚기 위해서 장교 나졸들을 데리고 사방으로 이필을 잡으려 했었다. 허지만 여태껏 이필의 소식을 좀처럼 알 수 없이 세월만 흘려 보내다가 드디어 자신이 점점 쇠퇴하게 됨에 따라 문경 처갓집 근처로 이사를 왔다.

그는 그의 아버지 성격과 흡사하여 관속 나부랭이를 끼고 백성의 재물을 토색해 먹는 수단이 비상하였다. 역시 문경 와서도 그 솜씨가 능란한 탓으로 문경 원을 끼고 무죄한 사람에게 죄를 씌워 밀고하여 재물을 토색질했다. 그러므로 원은 김생원이라 하면 거의 자기 수족같이 일러 주었던 것이다. 김생원은 아버지가 이필에게 무단히 죽음을 당했다는 말을 다한 후 '휘유―' 하고 한숨을 짓더니

"성주께 말씀드리기는 황송하오나 이필이란 놈을 저에게 맡겨 주십시오. 제가 그놈의 간을 칼로 베어서 아버지의 혼령을 위로하겠습니다."

문경 원은 이 말을 듣더니 좀 난색을 띠면서

"그것은 내 임의대로 할 수 없는 것이오. 먼저 감사께 보고해서, 감사의 명을 기다려야 할 일이니까, 내 임의대로 할 수 없구려……. 그러나 감사께서도 아버지의 원수를 갚는다는 데는 딴 말씀이 없을

것 같구려."

"오늘도 동학군 놈들의 취조가 있습니까? 있다면 황송하오나 저도 이 자리에 있다가 이필이란 놈의 상판이나 보고 나가야 우선 맘이 시원하겠습니다."

"지금 막 취조를 할 참이니 그대로 앉았다가 이필의 얼굴이 어떻게 생겼는지나 보구 가시구려."

"이필이란 놈의 얼굴은 제가 잘 압니다. 상주읍 높은터에 있을 때 한 동네에서 자라난 놈이니까 지금도 얼굴을 보면 알 수 있습니다."

"어허! 그것 참 반갑구려. 그렇다면 증인으로 우정 모셔올 만도 할 일인데."

하고 원은 통인을 불렀다. 통인이 대령하자 원은 사령을 부르게 하였다. 통인이 선영 줄을 잡아당기자 문간에서 사령이

"네이ㅡ."

대령한다.

"동학 괴수 이필을 잡아 올려라."

하고 사또가 분부하자, 사령은 곧 이필이를 끌고 동원 뜰에 들어선다. 이필이로 가장된 이정길은 뜰에 엎드려 대죄하는 것이 보였다.

성주가 위엄 있게 호령한다.

"그 이필이란 놈의 머리를 번쩍 쳐들라고 해라."

하고 원이 호령을 하자 좌우에 늘어섰던 수십 명의 나졸들 줄에 선

우두머리가

"머리를 쳐들어라--."

하고 굵은 몽둥이로 이정길이의 엉덩이를 내리치는 것이었다.

성주는 의기양양해서 김생원을 향해

"자 보시오! 저놈이 이필이오."

하고 김생원을 향해 호기 있게 말하는 것이었다. 그런데 웬 까닭일까, 김생원은 그 가짜 이필인 이정길을 보고 다시 보며 머리를 갸우뚱거리다가

"십년 남짓한데 얼굴이 저렇게 달라졌을 리가 없을 텐데……."

하고 또 한 번 눈여겨 이정길을 훑어보는 것이었다. 이윽고 김생원은 문경 원을 향해

"좌우간 의심이 납니다. 저놈이 암만해도 이필이란 동학 괴수 같지 않으니 이게 무슨 까닭입니까? 황송하오나 사또님께서 제가 물어 달라는 대로 저놈에게 물어 주실 수 없겠습니까?"

하고 김생원은 문경 원의 귀에 입을 대고 한참 동안 무슨 말인지를 소곤소곤한다.

이윽고 원은 알아 들었다는 듯이 머리를 끄덕이고 나서 가짜 이필인 이정길을 향해 심문을 시작했다.

"네가 연전에 새재에서 상주 목사를 죽였다는 게 사실이냐?"

원의 말이 떨어지기가 바쁘게 가짜 이필인 이정길은

"네. 틀림없소."

"그렇다면 그 해가 어느 해 어느 달 어느 날이냐?"

이 말을 들은 이정길은 가슴이 섬뜩하였다. 이필이가 새재에서 상주 목사를 죽인 것은 알지마는, 어느 달 어느 날인 것은 본래 이정길이 알 수 있는 바가 아니었기 때문이다. 그렇다고 모른다고 할 수도 없고 해서 이정길은 되는 대로 우선 말을 꾸며 던져 보는 것이었다.

"네. 병진년 오월 스무날이올시다."

라고 생각나는 대로 대답했다.

"그러면 그때 사람을 몇이나 죽였느냐?"

"네. 김진사라는 사람과 나졸 몇 명을 죽였습니다."

"김진사라는 사람이 어느 고을 어느 동네에 사는 사람인지 너는 알고 있느냐?"

"상주읍 남문 밖 사는 사람입니다."

여기까지 말을 들은 김생원은 원을 쳐다보면서,

"저 사람은 이필이가 아닌 것 같소. 가짜 이필이가 분명합니다. 세 번 묻는 말에 세 번 다 대답이 틀렸습니다. 날짜도 틀리고 죽은 사람의 수효도 틀리지만, 또 한 가지 중대한 것은 주소가 틀립니다. 내 집과 이필의 집은 다 같이 상주 높은터 같은 마을이었는데 그것마저 틀리니 어찌 저 사람이 진짜 이필이겠습니까!"

이 말을 들은 원은 눈이 둥그레졌다. 무슨 일인지 곡절을 알 수가 없었다. 만약 진짜 이필이면 이필이가 아니라고 우길 텐데 하필 이필이 아닌 놈이 또한 이필이라고 우길 까닭도 없을 테니 말이다.

"아니 여보, 김생원. 이필이 아닌 놈이 이필이라고 자처할 리가 있겠소? 이필이라면 두 말 없이 죽을 줄 알면서 말이오."
하고 원은 의아스러운 눈초리로 김생원을 쳐다보는 것이었다.

"사또님, 그거야 알 수 없지 않습니까? 놈들이 무슨 흉계를 쓰기 위해서 다른 놈이 이필이라고 자처할는지 말입니다. 어쨌든 간에 한번 엄중하게 취조를 해 보면 알 게 아닙니까?"

원은 한편으론 의구심이 일고 또 한편으로는 실망과 분함을 금치 못하여 드디어는 갖은 형틀을 갖추어 놓고 악형을 시작하였다.

이정길은 모진 체형을 감당키 어렵다기보다는 이제는 실토하여도 이필이가 멀리 도망쳤을 것으로 생각되므로 그제야 사실을 실토하였다.

"나는 정말 이필이가 아니오. 박단영의 집에 있는 이정길이오."
하고 자백했다.

원은 다시 수교 박홍석과 부하 장교들을 불러서 물어본 뒤에야 비로소 이필이를 놓친 것을 알고 분심이 충천해서 장교와 나졸들을 뜰에 가득히 불러 세운다.

"네 이놈들! 국법을 범한 대역 죄인을 놓치다니…. 당장 너희들

목을 베일 것이로되, 특히 용서해서 한 달 말미를 주는 것이니, 그 안으로 꼭 이필이란 놈을 잡아 바쳐야 말이지, 만약 그렇지 못하면 이필의 죄까지 너희들이 둘러 질 줄 알아라."

하고 엄명을 내렸다.

장교와 나졸들은 먼젓번 실수한 것을 후회하면서 동헌을 물러나 오는 길로 사방으로 길을 갈라 이필의 종적을 탐지하였으나 이필의 행방이 전혀 묘연하였다.

이정길의 덕을 입어 구사일생으로 겨우 몸을 피한 이필은 그날 밤으로 남양촌을 떠나 여천 수동리 박 대접주 집에까지 갔다. 그리고 이필은 이정길의 그 의기와 용기를 맘 깊이 숭모하면서 어떡하면 그들의 목숨을 구원해 낼까 생각해 보는 것이었다. 허나 별로 신통한 궁리가 나지 않았었다.

이필은 박 대접주 접에서 새로이 의복과 의관 등속을 장만해 입고 그 길로 바로 영양 일월산 돌문 안을 들어갔다. 돌문 안에 사는 도인들은 멀리 외지로 떠났던 두목님이 의외에 빨리 돌아온 것을 의심하면서 이필 대두목을 모시고 장천달 집 사랑으로 들어갔다. 장천달, 서정화, 이재숙 등 접주들이 뒤를 이어 인사를 마친 뒤에 장천달이가 먼저 이필을 향해

"두목님 무슨 까닭으로 이렇게 예정보다 빨리 돌아오셨습니까?"

하고 묻는 말에 이필은 담배를 한 대 피워 문 다음에 좌석을 휘둘러 보며

"내일 조용히 말할 테니 오늘 밤들은 다들 돌아가 자도록 하시오. 나도 며칠 여행에 몸이 몹시 피곤하니까……."

하고 말을 끊었다.

며칠 동안 피로와 심려에 지친 이필은 날이 밝도록 깊이 잠을 자고, 조반을 먹은 후에 장천달 외에 여러 접주들을 불러 놓고 남양촌에서 봉변당하였던 사실을 말하였다. 그리고 그들을 빨리 구출할 의견까지 좌중을 향해 물었다.

좌중은 이필의 말을 듣고 그제야 이필이가 일찍 돌아온 이유를 알게 되었으며, 모두 분개하여 서로 문경 동지들을 구하는 데 합심 단결하기로 하였다.

"그까짓 거 이번 바람에 아주 문경, 상주, 대구, 서울 할 것 없이 다 부서 버립시다."

하고 이재숙이 볼 부은 목소리로 종자없는 말을 하였다.

"이 사람 자네는 말 말고 좀 가만히 있게. 대구와 서울이 자네 집 같이 허술한 줄 아나?"

하고 장천달은 이재숙의 말을 막으면서, 이필에게 차근차근히 말을 물어 보았다.

"여기서 떠나신 후 며칠 만에 남양촌엘 가셨습니까?"

"닷새 만에 갔지."

"바로 그날이 어느 날입니까?"

"이달 초열흘날이지."

"며칠 만에 여기에 오셨습니까?"

"밤낮을 새워 가며 이틀 만에 온 셈일세."

"그러면 그들이 잡힌 지는 오늘까지 닷새밖에 안 됩니다. 그려."
하고 한참이나 무엇을 생각하더니 다시 말을 이어

"이재숙의 말은 너무 하지만 문경 한 골쯤 치기는 어려울 것 같지
않습니다. 그러니까 우리가 일제히 일어나 문경읍을 치고 원의 목
을 베고 도인들을 구해 내기로 합시다."

"그렇게 하려면 사람 수가 많아야 하지 않소? 그것도 몇 달을 두
고 할 일 같으면 그렇게까지 해 볼 생각이 있소마는 지금은 일이 급
해지지 않았소? 저 사람들이 열흘 안으로 대구 감영으로 이송할 계
획인지도 모르는데, 이 판에 오래 천연세월(遷延歲月)을 하고 크게
거사를 할 수는 없소. 적어도 수십 군에 널린 우리 도인을 모으려면
석 달은 걸릴 터이니, 갇힌 사람들은 다 죽게 되지 않겠소?"

"그러면 두목님은 무슨 딴 계교가 있습니까?"

"딴 계교가 없어 걱정이오. 있고도 이렇게 여러 말 하고 있겠소?
지금까지 생각한 것은 파옥해 볼 생각밖에 없소."

"파옥을 하려면 문경읍을 치는 수밖에 없지 않습니까?"

"아니… 문경읍 전체를 치는 것이 아니라 무슨 계교를 써서 파옥만 하고 도인들만 구해 볼 생각이오."

"파옥을 하자면 사람 수가 많을수록 좋지만 먼저 한 말과 같이 사람들을 하루 이틀 간에 많이 모으는 수도 없고, 많이 모여 봐야 암행으로 문경까지 가는 재주가 있겠소? 그러니까 내일이라도 장정을 삼십여 명 뽑아 가지고 삼삼오오로 문경읍에 들어갔다가 밤을 틈타서 파옥을 하는 수밖에 없지 않소?"

"저쪽 관속들은 무슨 준비가 없을까요?"

"없을 이유가 있나. 없더라도 대단한 경비가 취해지고 있다 치고 가야지. 그러니까 묘한 계교가 있어야 한다는 말이지요."

"미리 생각한 계교가 있으면 말해 주십시오. 여기 모인 누가 들어도 관계가 없지 않습니까?"

하고 장천달이가 연하여 말을 묻는데, 이필은 여전히 말 내기를 주저하면서 한참이나 있다가

"그렇게 시원치를 못해서 말을 못 했소. 하지만 내 궁리로는 그 이상 더 생각할 수 없으니까, 시원치 못한 계교라도 실행해 볼밖에 없지요. 사세가 급하니까 부득이 그렇게 할밖에 없지요. 다른 게 아니라 문경 동헌 뒤가 삼림인데 삼림에다 불을 놓으면 동헌까지 관속 백성 할 것 없이 그리로 밀려 갈 것이 아니오? 그 틈을 타서 우리는 옥문을 깨뜨리고 들어가 도인들을 구해 내자는 궁리요."

이 말을 들은 여러 사람들은 손뼉을 치면서 찬성하였다.

"꼭 되었습니다. 그 이상 좋은 생각은 없을 것 같습니다."

하고 여럿이 연해 되풀이하였다. 그래서 그날로부터 인근 각지에 사람을 보내서 도인 중 가장 건장하고 힘 있는 사람 30여 인을 뽑았다. 이필은 2, 30명을 세 부대로 나누고, 장천달, 이재숙, 서정화를 시켜 각각 열 명씩을 인솔하게 하였다. 문경읍으로 들어가는 방법으로는 한 패는 봇짐장사 모양으로 차리게 하고, 한 패는 지게를 지고 부상 행세를 하고, 한 패는 서울 가는 과거 유생처럼 차리되, 한데 뭉쳐 가지 말고 삼삼오오 헤어져 문경읍으로 들어가게 세세한 준비까지 끝냈다.

이필은 최후로 이런 명령을 내렸다.

"이달 초이렛날이 바로 문경읍 장날인즉 일찍 가든지 늦게 가든지 그날 자정 이전으로 문경읍에 들어서야 하오. 읍에 가서는 각기 눈치를 보아 관속의 눈에 이상하게 보이지 말도록 하고 있다가, 자정이 되어 동헌 뒤에서 '불이야!' 소리가 일어나거든 일제히 방에서 나와 '불이야!' 소리를 치며 동헌 쪽으로 달리는 체하며 옥거리로 들어와 바로 옥문 앞에서 서로 만나기로 합시다. 자세히들 알아들었소? 만일 이 약속을 어기는 날이면 혹 떼러 갔다가 혹 붙이고 온다는 말과 같이 큰일에다 더 큰일을 만들 것이오."

하고 말했다.

일동은 이필의 분부를 듣고, 그날로 곧 밤을 타서 문경을 향해서 떠났다. 일행을 떠나 보낸 뒤 이필은 영리한 도인 한 사람을 데리고 이튿날 새벽에 길을 떠났다.

이필은 아랫날 아침에 문경읍에서 한 삼십 리를 떨어져 있는 청석골 어떤 도인의 집까지 와서 밤들기를 기다리고 있었다. 이필은 저녁을 먹은 뒤에 보따리 속에 긴 칼을 넣었고, 바른손에는 굵은 지팡이를 든 뒤에 천천히 길을 걸어 문경읍 뒤 산속 숲으로 들어갔다.

때는 10월 초순이라, 밤이 든 지 오래지만 아직도 자정까지 가려면 서너 시간 가량을 기다려야 했다.

이필이 곰방대에 불을 붙여 담배를 피우려 할 때 후다닥 하고 불빛에 놀란 토끼가 뛰어 달아나 두 사람은 깜짝 놀라서 불을 끄고 소리 없이 자리를 옮겼다. 나무숲 사이로 트인 하늘에 매달린 별을 쳐다보고 앉아서 시간을 기다렸다. 시간이 흘렀다. 얼마 후 이필은 입을 떼었다.

"이제 거진 다 되었네 내려가세."

하고 봇짐에 든 칼을 꺼내어서 굳게 쥐고 동헌 뒷산으로 내려갔다. 동헌 안에서도 잠이 깊이든 모양이다. 어두움 속은 너무나 조용하였다. 데려온 도인에게 마른 잎을 긁어오게 하였다. 숲이 우거진 곳에 불을 질렀다 삽시에 불길이 퍼져 나갔다. 바로 동헌 뒤였다. 그리고는 동헌 앞으로 달려가면서

"불이야! 불이야!"

하고 소리를 질렀다. '불이야!' 소리는 사령청에서 먼저 들었다. 사령들이 일어나 '불이야!' 소리 지르며 밖으로 뛰어나오자 고을은 갑자기 떠들썩하고 혼잡해졌다. 관속 백성 모두 동헌 편으로 달려갔다. 이필은 이를 바라보면서 옥거리를 얼른 지나 옥문 앞에까지 갔다. 장천달, 이재숙, 서정화도 도인들을 거느리고 옥문을 향하여 들어서고 있었다. 이필은

"어서 옥문을 깨뜨려라!"

하고 명령하며 손수 장천달이 들고 있던 도끼를 받아 옥문을 부쉈다. 그리고 옥문 안으로 들어서자 도인들이 뒤를 따라 들어오면서

"어서들 이리로 나오시오!"

하고 박달영의 이름을 부르는 사람, 이정길의 이름을 부르는 사람 등 옥 안은 아수라장이 되었다.

그러던 판에 갑자기 사방에서 총소리가 들리고 고함소리가 들려왔다.

"바싹 둘러싸라! 나오는 놈이 있으면 모조리 쏘아 죽여라."

하는 소리가 요란히 들렸다. 옥 안에 들어갔던 이필은 갇혔던 도인을 데리고 옥문을 나서려 하는데 벌써 밖에서 파수를 보던 도인들은 관속 손에 잡힌 모양이었다.

"이놈들! 나오기만 하면 모조리 쏠 터이다!"

하는 소리가 사방에서 들리고, 총소리는 더 심해지고, 새빨간 총알이 캄캄한 방을 번쩍번쩍 밝히며 옥문 앞에 쌩쌩 하고 떨어진다.

이필은 그제야 그들의 계교에 빠진 줄을 알았다. 관속들이 미리 파옥할 것을 알고 복병을 하고 지키고 있다가 둘러싼 것을 알았다. 이제는 독안에 든 쥐다. 이 경우에는 아무리 승천입지하는 재주가 있다 할지라도 아무 소용이 없다는 것을 깨달은 이필은

"천명이다! 천명이다!"

하고 혼잣말로 중얼거렸다. 그래도 최후까지 싸워야 한다. 싸우다 죽을 작정을 하고 옥문에 붙어 서서 검을 들고 기회를 엿보고 섰다.

오늘밤 이 일이 이렇게 돌변하게 된 것은 김호방과 김생원 두 사람의 계략 때문이었다. 사령 장교들이 패를 나누어 이필의 종적을 탐지하러 떠날 때에 김생원과 김호방은 원에게 이런 말을 하였다.

"안 됩니다. 장교를 놓아서 이필을 잡고자 하는 것은 명월노화(明月蘆花)에 학(鶴)을 찾고자 하는 것보다 더 어려운 일입니다. 그러지 마시고 장계취계(將計就計)로써 이필을 잡는 편이 묘하게 되려면 아주 묘하게 이루어질 수 있습니다. 무엇이냐 하면 이필이가 한 달 안으로 읍으로 들어올 것입니다. 옥을 부수고 동학군을 빼앗아 갈 작정으로 반드시 들어올 것입니다. 어제 조사 받은 동학군이 제 입으로 이정길이가 이필을 대신하여 잡힌 것은 이필이가 밖에 있다가 기회를 보아 파옥을 시켜 동학군을 구출한다는 말까지 들은 일

이 있지 않습니까? 파옥을 하자면 별 수가 있습니까? 불을 지르고 관속이나 읍 안의 사람들이 불을 끄느라고 설렁할 때를 타서 파옥을 할 것이고, 그러니까 한 달 동안만 관속과 읍 안의 장정을 뽑아 옥거리에 복병을 하였다가 불시에 둘러싸면 틀림없이 잡힐 것입니다."

하는 말로 원을 달랬던 것이다. 원도 그 말을 옳게 듣고 밤마다 그 계획대로 준비를 하고 있었던 것이다. 이 계획이 말대로 들어맞아 원과 관속들은 호기가 충천해서 이제는 이필을 생포할 작정으로 총도 쏘지 않고 옥을 둘러싸고 날이 밝기를 기다렸다.

이러기를 한 시간 가량, 그때 별안간 읍 안에서 '불이야!' 소리가 다시 나며 동서남북 사방에서 불길이 솟아올랐다. 읍 안의 사람들은 갈팡질팡하고 관속들 한 부분은 불난 곳으로 뛰어갔다. 이어서 '악!' 하는 소리와 함께 총소리가 연달아 들리더니, 머리에 퍼런 수건을 쓴 화적떼가 옥을 둘러싸고 있는 관속을 향해 쳐들어오는 것이었다. 불의의 변을 당한 관속들은 안팎으로 대적을 만난 것이다. 어둠 속이지만 총알을 맞고 꺼꾸러지는 사람이 많았다.

"에코— 죽는다! 어이쿠 다리가 부러졌다!"

하는 소리가 이곳저곳에서 들렸다.

잠깐 사이에 관속과 장정들은 '걸음아 나 살려라!' 하고 어둠 속으로 다 달아나 버렸다. 화적들은 관속들이 달아나는 것을 따르는 체하다가 발길을 돌려 옥을 향하여 몰려든다. 이필은 어떤 영문인지 몰라 잠깐 더 기회를 살폈다. 옥문을 향하여 달려든 화적 중에서 괴수 같은 자가 앞으로 나섰다.

"얼른 옥문을 깨뜨려라."

하고 명한다. 화적 한 놈이 도끼를 메고 옥문 앞까지 와서

"옥문은 열렸는데, 옥 안에는 사람이 없는 모양 같은데…. 옥 안에 사람이 있었으면 도망가지 않았을 리가 없지 않습니까?"

하자 두목 같은 자가 옥문 앞까지 오더니

"우리 동생 이필이 옥 안에 있나? 우리는 자네를 구하러 온 화적일세. 아무 의심 말고 어서 나오게."

하고 소리 질렀다. 이필은 이포수의 목소리라고 생각했다. 틀림없이 이포수의 목소리다. 놀랍고 반가웠다.

"거기 누구요! 이포수 형님 아니시오."

하고 옥문을 나섰다. 이포수가 뛰어 들어와 이필의 손목을 붙잡고

"다른 도인들은 다 어떻게 되었소?"

"옥 안에 들어 있습니다."

하고 이필은 옥에다 대고 '어서들 나와 달아나야 한다.'고 고함을 치는데, 앞에서 한 사람이

"두목님 뵈옵니다."

하고 인사를 한다. 그들은 전날 산채에 남았던 작박뿔이 두목이었

다. 이필도 반가이 인사를 받으면서

"자! 여기서 이렇게 지체할 일이 못되니 어서들 나섭시다."

하고 화적들과 도인들을 데리고 총을 연방 쏘면서 읍을 빠져나와 한 십 리 밖까지 나왔다.

벌써 십 년 전 일이다. 이필이가 수운 선생으로부터 도를 받고 돌아오는 길에 산중에서 활빈당들을 만나 회유하여 그들을 해산시킨 일은 누구나가 다 아는 일이었다. 해산할 그 당시에 활빈당 두목이었던 맹감역은 이미 죽어 버렸고, 그 외 사람은 반 이상이 이필을 따라 도에 입도했는데, 그중 작박뿔이 두목만은 어디를 갔는지 정처를 몰랐다. 후에 들은즉 작박뿔이는 영동 추풍령 속 돌마당에서 다시 화적질을 했다. 그리고 이필의 형인 이포수는 이필에게 도를 받은 뒤에 새재 밑 역말에서 보행 객주를 해먹고 있다 하는 말을 들었다. 그렇게 소문으로만 들었던 이포수와 작박뿔이가 어떻게 우리가 옥에 갇힌 것을 알고 구하러 왔을까? 하고 생각한 이필은 무엇보다도 그 내력을 듣고 싶었다. 그래서 이필은 길을 걸으면서

"형님 이게 대체 웬일이요? 내가 옥에 갇힌 것을 어떻게 알았으며, 작박뿔이 두목은 어디서 만나서 같이 왔소?"

하고 물었다. 이포수는 '어험!' 하고 헛기침을 하고 나더니

"차츰 이야기하지, 그렇게 바쁜가?"

"아니 형님이 지금도 역말에서 객주업을 하지 않습니까?"

"그렇지."

"그런데 어떻게…. 활빈당은 지금 산채를 어디에 정하고 있나요."

"왜, 모르나? 소문을 들어서 알고 있음직한데, 영동 추풍령에 있지."

"내가 옥에 갇힌 줄은 어떻게 알고 활빈당들을 데리고 왔소?"

"먼저 장날이니까 벌써 이레가 되었네. 그날 우리 아이놈이 장에 들어갔다가 오더니 읍에서는 동학 괴수 이필이와 그 외 동학군을 많이 잡아들였다는 소문으로 가득 찼다더군. 그래서 우리 아이놈은 장도 다 보지 않고 곧장 집으로 돌아왔네. 나는 그 소문을 듣고 여간 놀라지 않았는데, 그러나 아무리 생각을 해봐도 신통한 생각이 나야 말이지. 생각다 못해서 추풍령에 있는 활빈당을 찾아갔네. 활빈당 두목 작박뿔이도 내 말을 듣고 여간 놀라지 않더군. 그래서 활빈당을 총동원하여 파옥하러 왔던 길일세."

"그러면, 나까지 잡힌 줄을 알았던가요?"

"처음에는 그렇게 알고 졸개들을 데리고 떠났지. 그랬는데 중도에서 김돌쇠를 먼저 보내서 읍의 소식을 정탐하면서 가던 판이라, 나중에 소식을 들은즉 동생은 잡히지 않고 박달영 외에 수십 명이 잡혔다는 말을 들었네. 이왕에 다 형제로 지내던 사람들이 잡혔으니까 파옥하여 도주시킬 수밖에 없다고 생각하고, 읍 근처에 가서 다시 탐문해 본즉 무슨 까닭인지 관속들이 이필을 잡았다구 하면서 옥을 둘러싸고 총을 쏘더라는 말을 듣고 시간을 지체하지 않고 쏜살 같이 달려왔네. 조금만 늦었더라도 큰일 날 뻔했네."

두 사람이 이렇게 이야기하는 동안에 벌써 한 삼십 리 가량은 걸은 듯하다. 훤히 동이 터 온다. 이필은 이포수의 이야기를 다 듣고 나서

"형님 여기서 잠깐 쉬어 갑시다."

하고 작박뿔이 두목과 기타 여러 사람을 불러 세웠다. 이필은 다시 작박뿔이 두목과 여러 졸개들에게까지 감사하다는 말을 거듭하여 한 후 다시 말을 이어

"여러분의 은혜는 백골난망이요. 이 자리에서 당장 여러분의 은혜를 갚지 못하게 된 것은 우리 경우와 사정이 그렇게 되지 못했기 때문이오. 허지만 이 사람의 마음은 대단히 섭섭하고, 더구나 지금 우리의 도세가 대단히 위급한 지경이라, 뒤에서 관군이 따를지 모르니 후일에 좋은 날 오리라 믿으며 여기서 작별을 합시다."

하고 말한즉 활빈당들은 오래간만에 이필을 만났으나 곧 헤어지는 것을 섭섭해하며 이필에게 산채까지 가서 며칠 쉬었다 가기를 간청하였으나, 이필은 감사의 뜻을 표하고 사세가 그렇지 못한 것을 누누이 말하였다. 그런 뒤에 도인은 도인대로 화적은 화적대로 길을

나누어 한 패는 남으로 한 패는 북으로 발길을 옮겼다.

영양 일월산으로 돌아온 이필은 도인들에게 스무하루 기도를 시킨 후 자기 자신도 특별히 조용한 곳을 택해서 정성 있게 기도를 드렸다. 원래 기도는 동학에서 때때로 있는 예서(禮書)이므로 별로 신기한 의미를 갖고 한 것은 아니다. 그러나 이필만은 어쩐지 무한한 세계에 부딪쳐 보고 싶은 생각을 가지고 한울님과 돌아가신 선생들의 영혼을 향해서 감응을 얻고자 한 것이다.

이번 기도를 마치는 날 밤에 그는 이상한 꿈 하나를 얻었다. 대신사님과 같이 학을 타고 하늘 위 옥경대에 올라가 본 꿈이었다. 이필은 기도를 마치고 곧 돌문 안으로 돌아와 도인들에게 꿈 이야기를 한즉 도인들은 그저 좋은 꿈이라고 칭찬을 하는데, 장천달만은 아무 말 없이 조용히 앉았다가 나중에 하는 말이

"꿈이, 심상치 않은 꿈 같아 보입니다. 두목님 앞으로는 더욱 지목이 심각하니 출입을 삼가서야 할 것 같습니다."

하고, 꿈을 흉몽으로 해석하였다. 원래 민간 속담에 꿈에 좋우 일을 보면 도리어 흉한 일이 생기고, 흉한 일을 보면 도리어 좋은 일이 생긴다는 말이 있으므로 장천달은 이것을 생각하고 꿈 해석을 반대로 한 것이다. 이필은 여러 사람이 꿈 해석 하는 이야기를 한참 듣고 있다가 좌중을 돌아보고

"내가 오늘, 선생님으로부터 들었던 말을 한마디 드리겠소. 선

생님께서 어느 날인가 제자들이 꿈을 꾸고 나서 길하다 흉하다 하는 말을 들으시고 하시는 말씀이 '도를 닦는 사람에게는 길흉이 없는 것이요, 어떤 일이든지 다 길한 것이오. 왜 그러냐 하면 도를 닦는 사람은 모든 것을 천명으로 여기는 까닭이요, 길한 것도 천명이고 흉한 것도 천명인 것이오. 인간의 생각으로는 길흉이 있지만 천명에는 길흉이 없는 것이요, 그저 선한 것뿐이니까 천명대로만 하면 길하지 않은 것이 없는 것이오.' 하셨소. 그러니까 그 꿈이 길하든지 선하든지 우리는 그것을 알 바가 아니요, 오직 무슨 일이든 천명대로 하여야 하오."

하는 이필의 말 속에는 깊은 비밀이 묻혀 있다.

원래 사람은 수양에 의지해서 선천적인 성격이 다소간 변화되는 것은 사실이다. 그러나 수양이 전체를 변혁시키는 힘은 절대로 없다. 하늘에서 같은 비가 왔지만 복숭아나무에는 복숭아가 열리고 살구나무에는 살구가 열리는 것은 각기 그 개성에는 개성의 특징이 있는 까닭이다. 같은 선생 앞에서 꼭 같은 도를 받았지만 이 사람은 이리 되고 저 사람은 저리 되는 것이 모두 개성이 있는 까닭이다. 이필도 동학의 도를 닦은 지 십년 동안에 모든 덕성과 모든 행위가 이전의 이필과는 천양지간 달라진 것은 사실이나 이필이가 이필이된 개성의 특징은 얼마쯤 그대로 남아 있다. 원수는 원수로 갚는다는 독한 마음은 이필의 특성인 동시에 그 특성은 도를 닦음으로 해서 없어진 것이 아니요, 일층 더 격렬해진 것이었다. 도에는 원수를 원수로 갚지 말고 원수를 은혜로 갚으라는 말을 했지만, 이필은 그 것을 자기의 특성에 맞도록 해석해 가지고 스스로 아버지의 원수를 갚는 것을 평생의 소원으로 삼을 것을 맹세하였던 것이다. 아버지 의 원수를 갚고 동학에 들어와 선생을 섬긴 뒤에는 선생의 원수를 갚는 것이 새로운 평생의 소원이 되었다.

그는 포덕을 해서 동지를 많이 얻고자 하는 것도 그 때문이요, 모 든 관리의 압박을 참아 가면서 인심을 수습하는 것도 그 때문이었 다. 그래서 그는 이번 기도를 마친 뒤에는 반드시 스승의 원수를 갚 아 보리라 결심하고 나선 것이었다. 그러나 한 가지 유감이 되는 것 은 자기가 포덕한 동학군의 수효가 그렇게 많지 못한 것과 또 한 가 지는 동학 두목 중에 제일 큰 두목인 최해월 패에서는 절대로 자기 말을 듣지 않을 것 같은 의심이었다. 그래서 그는 우선 최해월을 찾 아보고 같이 거사 하자는 말을 하여 보리라하는 생각을 정하였다. 그러나 이러한 내용을 아직 제자들에게 알릴 필요가 없다는 생각을 하고, 그는 제자들에게 한 일 개월간 북으로 순회를 간다고 말한 뒤 에 최해월을 찾아 길을 떠났다.

해월신사와 이필의 명성은 서로 알려져 있으나 직접 면대한 일은 없으므로 이필은 여러 날 만에 영월 지방에 들어서 이왕부터 친면 있 던 도인 권일원을 찾아 갔다. 권일원은 이필이가 최해월을 만나서

할 말이 있다는 말을 듣고 즉시 이필을 데리고 양양으로 향하였다.

이 꿈과 이필의 개성의 특성은 풍운을 데리고 최해월을 찾아가고 있는 것이다. 이필에게 주어진 천명은 무엇인지, 이필은 그저 입을 다문 채 묵묵히 걷고 있다.

그때에 최해월은 선생이 돌아가신 지 7, 8년 동안에 경주, 홍해, 영월, 양양 등지로 비밀히 돌아다니며 이왕 있던 도인을 수습하였으며, 새로 포덕도 해서 선생이 생존했던 때보다 도인 수를 많이 늘렸으며 신임도 더 크게 얻었다.

최해월이 양양으로 새로 오게 된 동기는 양양에도 동학 바람이 새로이 들어가 가장 전도가 유망하다는 교인의 간청에 의거해서 기사(己巳, 1869)년 3월 달에 이리로 온 것이었다. 최해월은 이필이란 도인이 찾아왔다는 권일원의 말을 듣고 어쩐지 맘이 달갑지 않게 생각이 들었다. 그 이유는 이필이란 사람이 본래 화적들과 섞여 다녔다는 소문을 들은 까닭도 있었고, 또는 풍문으로 들어도 이필이란 사람은 성격이 너무도 과격해서 도에 탈선하는 일을 자주 한다는 말을 들은 적이 있었던 까닭이다.

그러나 사인여천하는 도인의 행세로서 남을 비방하거나 또는 면회를 거절하거나 하는 일은 절대로 없으므로 해월은 곧 이필을 청해서 만나기로 하였다. 그래서 해월은 권일원을 보고

"남이 나를 보려고 먼데서 여기까지 온 바에야 내가 엄연히 앉아서 뵈올 수가 있나. 내가 이필 씨 계신 곳으로 가야지."

하고 곧 의관을 쓰고 문에 와서 이필이가 묵고 있는 이인언 도인의 집을 찾아갔다. 이필은 최해월이 친히 보러 온다는 말을 듣고 문밖까지 나아가 맞아 들였다. 그리고 공손히 합장 배례를 하였다. 이필은 예를 필하고 잠깐 눈을 들어 해월을 보았다. 이필은 해월의 늠름한 풍채를 보았다. 해월은 키가 크고 얼굴이 길쭉하고 채수염이 한 자나 되고 손이 길고 눈에 영롱한 광채가 났다. 그리고 방정히 앉은 풍채는 마치 용담정에서 수운 선생을 처음 뵈옵던 때와 흡사한 감상이 일어났다. 이필은 해월의 인격을 맘으로 감복하면서 천천히 입을 열었다.

"접장님 처음 뵈옵니다만 높으신 선생님을 들어 모신 지 오래였습니다. 소생도 일찍 용담정을 다녀온 일이 있으나 그때는 공교롭게도 접장님을 뵈옵지 못하고 오늘날에 이르렀습니다. 이렇게 뵙게 되오니 미안하고도 감사합니다."

하고 인사의 말을 꺼내었다. 해월은 말마다 네, 네 하면서 이필을 쳐다보고

"나 역시 접장님의 품성을 많이 들었지만 오늘 이 자리에서 만나게 된 것이 기뻐마지 않습니다. 그러나 만나게 된 것은 다 우리 선생님의 인연으로 된 만치 천사님의 감응인가 합니다."

하는 최해월의 말에는 은근한 동정과 다른 사람에게서 들어보지 못
하던 절친한 맛을 느꼈다.

이필은 맘속으로 '저만이나 하니까 저 어른에게 심법을 전한 것
이구나.' 하고 이필은 말을 다시 계속해서 자기의 경험담을 간단히
말한 뒤, 이번에 특별히 찾아온 이야기를 꺼냈다.

"접장님, 선생님께선 확실히 대구장대에서 목이 베여 돌아가셨
다구요."

"돌아가시고 말고요. 선생님이 돌아가신 것은 자진해서 돌아가
신 것이요, 선생님의 재주가 모자라 돌아가신 것이 아니지요."
하고 해월은 선생님이 옥중에서 하시던 말씀과 돌아가실 때 일을
대강 말한 뒤에, 선생님께서 주시던 옥중시(獄中詩)까지 내어 보였
다. 이필은 해월의 하는 말이 듣던 말과 같으므로 해월의 말을 바로
믿을 수밖에 없었다. 이필은 다시 묻는다.

"그러면, 선생님께서 돌아가신 것이 천명일까요?"

"천명이구 말구요. 천명이 아니면 선생님께서 돌아가실 리가 있
겠소?"

"비명(非命)에 죽은 것이 어찌해서 천명이란 말씀입니까?"
하고 이필은 조금 언성을 높였다. 해월은 빙그레 웃으면서 천천히
대답하였다.

"이 접장, 선생님께서 만약 와석종신(臥席終身; 제 명을 다하고 편안히

자리에 누워서 죽음을 맞이함) 하셨다면 그를 천명이라 하겠소?"

"천명이구 말구요. 와석종신은 천명이구, 비명횡사는 천명이 아
니라 하는 것은 옳은 말이오?"

"선생님과 같은 어른에게는 와석종신이나 비명횡사나 다 천명으
로 되는 것이오. 왜 그러냐 하면 선생님은 천명이 아니면 무슨 일이
든지 하시지 않는 성인이니까요."

"선생님이 와석종신을 하시면 동학이 되지 않을 이치는 무엇입
니까?"

"그런 것은 우리 같은 조그만 사람의 소견으로는 모르지요. 접장
님, 그런데 한 가지 생각할 일은 무엇이냐 하면 선생님께서 와석종신
을 하는 편보다 국명으로 잡혀 죽는 편이 동학에 유조(有助)하다면 접
장님은 어떻게 죽을 작정이오?"

하고 이필에게 물었다. 이필은 이 말에 귀가 번쩍 뜨이는 듯이 머리
를 들고

"그야 비명횡사할 수밖에 없지요. 아무 때 죽어도 죽는 것이니
까."

"그러니까 선생께서 천명에 죽었다는 말씀이에요. 선생께서 지
으신 옥중시를 보더라도 사람은 죽을 때에 죽어야 도가 잘 된다는
뜻을 볼 수 있지 않습니까?"

"그렇지요. 비천명이 선생님을 죽인 것이지요. 비천명이 천명을

밝히기 위해 선생을 죽인 것이 분명하지요. 악이 없으면 선이 커지지 않는 이치가 마치 비료(肥料)가 없으면 열매가 크지 못하는 것과 같은 일이오."

"그러면 선생의 원수를 갚으려면 비천명과 싸우는 것이 역시 천명이 아닐까요?"

"천명이구 말구요. 그러나 싸운다는 데는 방법이 여러 가지가 있지 않겠소."

하고 최해월이 이필을 쳐다보았다. 이필은 최해월의 답변을 다 듣고 나서 선생의 원수 갚는 방법을 말하는 것이었다.

"접장님. 제가 여기까지 와서 접장님을 뵈옵는 것은, 그 실은 선생의 원수를 갚기 위해서 접장님의 의견을 들어 보려고 온 것입니다."

"원수를 어떻게 갚는다는 말씀인가요?"

"접장님 말씀과 같이 비천명과 싸우는 것이지요. 우리 도인들이 일제히 일어나 탐관오리의 목을 베고 태평 세계를 만들어 놓는 것이 아니겠소?"

이 말을 들은 최해월은 아무 말 없이 한참이나 앉았다가 다시 말을 계속하였다.

"접장님의 뜻은 대단히 좋으나 일은 뜻과 같이 못될 것입니다. 왜 그러냐 하면 선생님께서 돌아가신 여풍으로 해서 우리 도가 아직도 세상에 공인을 얻지 못한데다가, 잘못하여 실패를 보면 다시 일어나기 여간 어려운 일이 아니오. 그뿐 아니라 우리 도인의 힘이 탐관오리를 대항할 만큼 세지 못하지 않소. 그러니까 좀 더 참고 때를 기다리는 편이 나을 것 같소."

"이제껏 참은 것만 해도 어디 참을 것을 참았소? 접장님 말씀과 같이 비천명과 싸우는 것이 역시 천명이라 하면 싸우다 죽는 것도 또한 도를 위하는 것이 아니겠소?"

"싸운다는 것은 어디 총검을 가지고 싸우는 것만 싸우는 것인가요? 선생님의 도를 펴서 온 세상 사람에게 도덕의 풍화를 입게 하는 것도 역시 싸우는 일이 아닌가요? 지금은 도로 싸울 때요, 총검으로 싸울 때가 아닌 줄로 생각하시오."

하고 해월은 이필의 오해를 풀게 하기 위해서 여러 번 간절히 말하였다. 이필은 해월의 말이 전부 옳은 줄 알면서도 자기의 의견 또한 틀린 것은 아니라고 주장하였다. 다만 원수 갚는 방법이 서로 다를 뿐이라고 해석하였다.

이필은 다른 말을 묻지 않고 하룻밤을 지난 뒤에 해월과 작별하고 일월산으로 돌아왔다.

일월산으로 돌아온 이필은 급히 각지에 비밀 통문을 돌렸다. 통문의 내용은 간단하다.

"우리 선생님이 한울님의 뜻을 받들어 무극대도를 이 세상에 창건한 지 4년 만에 비천명이 우리 선생님을 잡아 죽였습니다. 선생님이 돌아가신 지 어언 8년에 우리는 아직도 선생님의 원수를 갚지 못하고 슬픔에 잠겨 있습니다. 이것은 모두 우리 제자의 죄요, 제자의 제자 된 책임을 다하지 못한 것입니다. 이제는 천명이 돌아왔으니 대신사의 제자 된 사람은 3월 10일에 영해에 모여 선생님의 원을 풀어 천명을 봉행하시기를 바랍니다."

하는 내용이었다. 이 통문을 보고 비밀히 일월산을 찾아온 도인은 울진에 남상기 김동규, 영해에 박사현 권일원 박양언, 영덕에 이만조, 청화에 이국필, 홍해에 박황언, 경주에 이사인 김만춘, 영양에 장선진 등 수십 명의 대두목이었다. 그들은 다 동학의 대접주들이며, 수백 명 이상의 부하를 거느린 두목들이었다. 이필은 돌문안 도회청으로 두목들을 모아 놓고 선생님의 원수 갚을 일을 다시금 설명한 후에 3월 10일로서 영해를 치기로 작정하였다.

3월 10일은 수운이 대구 장대에서 돌아가셨던 날이므로 이필은 이날을 특히 정했던 것이요, 영해를 먼저 치기로 한 것은 각 군 군수가 다 탐관오리지만 그중에도 영해 부사가 가장 학정이 심하였으므로 백성의 원성이 가장 높은 것을 보았기 때문이었다.

일이 공교롭게 되느라고 3월 10일에는 영해에서 백일장을 보인다는 소문이 각지에 퍼졌고, 이필은 이 기회가 더욱 좋다고 생각하였다. 그래서 백일장을 이용하여 거사하자는 약속과 계획을 두목들

에게 자세히 이야기한 뒤에

"여러분, 말을 다 자세히 들었소? 그날은 반드시 도포들 입고 유건(儒巾)을 써야 하오. 그리고 백일장에 들어가서는 한곳에 모여 앉지 말고 이곳저곳 섞여 앉았다가 내가 나서서 호령을 하거든 일시에 일어나 우선 관속부터 때려 뉘어야 하오. 그리고 밖에 군기창을 깨뜨릴 사람은 동헌 안에서 일이 일어나거든 곧 성내동으로 밀려가서 군기를 털어 가지고 동헌으로 들어오면서 총을 놓아야 하오."
하는 말을 재삼재사 부탁하였다.

영해 부사 염상진은 갖은 수단을 다해서 백성의 돈을 토색하기로 유명한 사람이었다. 그가 이번에 백일장을 열게 한 것도 백일장의 장원을 내어 가지고 서울 양반들이 매관과 매직으로 돈을 벌듯이 장원한 자에게 돈을 받기로 하였기 때문이다.

3월 10일이 되었다. 각 군의 선비들이 영해를 향해서 모여 들었다. 의외로 선비의 수효는 많았다. 10일 아침부터 동헌으로 모여드는 선비들은 몸에 도포를 입고, 머리에 유건을 쓰고, 지필묵 등의 글 짓는 도구를 가지고 넓은 동헌 안에 가득 들어섰다.

낮밥 때쯤하여 방포 소리가 나더니 글제가 나붙었다. 시제(試題) 부제(副題)가 일시에 다 붙었다. 선비들은 글제를 보자마자 글을 짓기 시작하였다. 조금 있다가 일착으로 글장이 들어가더니 뒤를 이어 너도나도 글장이 빗발치듯 들어가는데, 사람 수보다 글장 수는

의외로 적었다. 선비들 대부분은 붓을 들고 그저 앉았는 사람이 많았다. 관속들 중에서는

"글도 지을 줄 모르는 선비가 염치 좋게 백일장을 보러 왔군."

하고 비웃는 사람도 간혹 있었다.

대청 위에는 부사가 앉은 앞에 참시관이 늘어 앉아서 글장을 보고 일변 매기며 일변 장원을 뽑는 모양이다. 날이 저물쯤 해서 장원 글장이 나붙었는데, 선비들은 글 구경을 하느라고 구름같이 글장 앞으로 모여 들었다. 마침 이때였다. 선비 중에서 어떤 자가 동헌 앞으로 나타났다. 그는 돌대 위에 올라서서

"여러분 이 글은 협잡이오. 부사가 돈을 받아먹고 협잡으로 장원을 뽑은 글이오."

하고 외치자

"옳소! 옳소!"

하고 떠드는 바람에 관속들은

"쉬!"

하고 나서면서 외치는 사람을 끄집어 내려고 할 때에 그자는

"이 관속 놈부터 때려 부서라!"

하고 호령을 하자 선비들이 품에 품었던 칼을 들고 관속을 향해 달려들었다. 관속들은 별안간의 일이라 영문도 모르고 매맞아 꺼꾸러지는 자, 칼에 찔려 피를 토하면서 도망하는 자, 동헌 안에는 일대

수라장(修羅場)이 벌어졌다.

원과 참시관은 어느 사이에 선비들 손에 묶이었다. 그러자 밖에서 총소리가 연방 들리고 거리가 웅성거리며 아우성이 들리더니, 총 든 선비 수백 명이 동헌 안으로 들어섰다. 군기창을 털어 가지고 온 것이다.

이것은 이필이가 꾸민 계교였다. 동학군을 유생으로 꾸며 가지고 백일장에 들어갔다가 이 소란을 일으킨 것이다. 밖에서 군기창을 턴 자들도 역시 동학군이었다.

이필은 총 든 유생들이 들어오는 것을 보고 손을 높이 들면서

"여러분!"

하였다. 일제히 조용해졌다. 훈련 받은 군사보다도 오히려 규칙이 정제하였다. 이필은 군중을 내려다보고 다시 외쳤다.

"오늘이야말로 우리 선생님의 원수를 갚기 시작한 날이오. 여러분! 우선 백성의 원수인 부사의 목을 베어야 하오."

하는 호령을 하자 선비 중에서 키꼴이나 크고 힘깨나 있어 보이는 사람 4, 5명이 대청에 올라가더니 부사를 잡아 가지고 앞세워 거리로 나왔다. 그리고는 백성을 향해

"여러분, 백성들은 조금도 놀라지 마시오! 우리는 여러분 백성을 위해서 이 포악무도한 부사를 죽이려는 것이오."

하면서 부사를 앞세우고 장대에 나아가 목을 베었다.

이필은 다시 동헌으로 돌아와 좌정한 뒤에 급히 군제를 편성하는 것이었다. 좌익장에 서성화, 우익장에 장천달, 중군에 이군필, 선봉장에 김용운을 내고, 오 인에 조장 한 사람, 십 인에 십장 한 사람, 일백 인에 통장 한 사람씩을 두게 하였다. 그리고 거리에 백성을 위로하는 고시(告示)를 붙이는 동시에 자원하여 군사 되기를 청하는 사람에게 자원병을 모집하여 받아들이기로 하였다. 군대 총 수는 하룻동안 수천 명에 달했다.

하루를 묵어 사흘째 되는 아침이었다.

이필은 선봉장 이하 각 장령을 불러 놓고 영덕을 칠 계교를 의논하였다.

"우리가 영해를 친 것은 영해 부사만 미워서 민요(民擾)를 일으킨 것이 아니오. 그 실은 경상도에 가득히 들어찬 탐관오리를 없애기 위해서 한 일이오. 나아가서는 나라에 가득 찬 간신 소인배들을 베어 없애고, 선생님께서 말씀하시던 보국안민을 실현할 작정으로 일어난 길이니, 우리가 이렇게 영해에만 모여 있을 것이 아니오. 한시바삐 인근 몇 고을을 점령하여야 하오! 그러려면 우선 영덕을 처야 되지 않겠소? 여기에 대해서 여러분 중에 무슨 묘한 계교가 있거든 말들 하시오."

하고 영덕을 점령할 의논을 요구하였다. 이 말을 들은 선봉장 김운용이 나서면서

"군사 삼백 명만 주시면 소장이 한 칼에 영덕 군수의 목을 베어 장하에 바치리다."

하였다.

"삼백 명을 가지고 영덕을 칠 만한 무슨 묘책이 있소? 어디 말하여 보시오."

하고 이필이가 물었다. 김운용은 조금 무엇을 생각하다가

"계구(計究)가 있어서 말한 것이 아닙니다. 육박전으로 하더라도 그까짓 영덕쯤이야 못 치겠습니까?"

"아니오. 대장군 신분으로 그렇게 해서는 못 쓰오. 옛날 말에 싸움을 앞둔 군사가 말을 쉽게 하면 패한다 하였으니, 용병하는 법은 언제나 계교가 첫째요, 육박전 같은 것은 할 수 없어서 하는 것이라 했소. 그러니까 김 접장이 가 보시려거든 내가 시키는 대로만 하면 쉽게 영덕을 얻을 수 있을 것 같소."

하고 좌중을 한번 돌아본 뒤에 다시 말을 계속하였다.

"영덕이 여기서 7, 80리밖에 되지 않으니까, 벌써 영해 소문이 들어갔는지도 모르겠소. 만약 소문이 들어갔다고 보면 벌써 영덕에서는 관포를 풀어 가지고 이리로 오고 있을지도 모르오. 소문이 갔든지 아직 안 갔든지 그는 별문제로 하고, 우리 중에서 누구 영해 관속을 가장해서 지금 떠나 영덕 군수에게 영해 사실을 보고한 뒤에 급히 구원병을 청하면, 영덕에서는 체면으로라도 반드시 관속을 총

출동시켜 가지고 이리로 올 것이 아니겠소? 그러면 우리는 중도에서 영덕 관속을 맞아 싸우고, 그 틈에 영덕을 점령하면 삼백의 군사를 가지고 넉넉할 줄 아오."

이 말을 들은 좌중은 다 찬성을 하였다. 그래서 이필은 박달영을 불러 관인의 가장을 시켜 가지고 보냈고, 김운용은 밤을 타서 삼백 명의 동학군을 거느리고 사잇길을 택해서 영덕으로 떠났다.

이튿날 저녁때쯤 해서 영덕 갔던 박달영이가 영해로 돌아왔다. 이필은 박달영을 보고 전말이 어떻게 되었느냐고 물었다. 박달영은 숨이 차서 씩씩거리며

"일이 급하기에 달음질해서 오다시피 했습니다. 영덕 관속은 오늘 낮쯤 해서 떠났을 듯합니다."

"그런데 직접 원을 만나 보았나?"

"보구 말구요. 영덕에서두 어제 아침에서야 풍문으로 들었다구 합니다."

"그래 무어라고 말했나?"

"굉장히 떠들고 보면 놈들이 무서워서 안 올 듯싶어서 그저 민요가 일어나 불미 중에 원님을 죽였는데 관속들은 죽은 사람도 있고 다 도망했다고 말했습니다. 그랬더니 원이 묻는 말이 두목은 누구더냐고 하기에 영해 사람 황재선이라고 대답했습니다. 그리고 군사는 얼마나 가져야 되겠냐고 묻기에 영덕 관속을 전부 풀어야 되겠

다고 말했습니다. 그랬더니 원은 염려 말구 어서 돌아가라고 하면서 당장 중군을 불러 가지고 오늘로 영해를 가야 한다고 말합니다. 그러니까 말대로 되었다면 관속들은 벌써 영덕읍에서 오십 리 가량은 나왔을 듯합니다."

이필은 박달영의 보고를 다 들은 뒤에 이필 자신이 이백 명 가량의 동학군을 거느리고 영해읍에서 삼십 리 가량을 격한 팔왕령 밑에까지 왔다. 영덕 관속이 영덕에서 정오에 떠났다면 도중에서 하룻밤을 잤을 것이라고 추측한 이필은 밤을 타서 팔왕령까지 와서 동학군을 복병시킨 뒤에 날 밝기를 기다렸다.

이튿날 아침 늦은 조반 때쯤 해서 정탐으로 보냈던 동학군 한 사람이 돌아와 영덕 관포들이 벌써 고개 밑까지 왔다는 기별을 전하였다. 이필은 이백 명 동학군을 네 대로 나누어 놓은 뒤에, 후대에서 총소리가 나거든 전대가 일제히 사격하라고 명령하였다.

그러자 아래에서는 정탐 비슷한 사람들이 영마루까지 올라와서 사면을 쳐다보는 모양을 보았다. 길목을 지키던 서상화가 비호같이 달려들어 두 사람을 묶어 가지고 삼림 속으로 들어왔다. 뒤를 이어 한 이십 명 가량의 선봉대의 관포들이 무슨 말을 중얼중얼 지껄이며 올라와서 총을 내려놓고 숨을 돌리는 모양이 보였다. 고개라야 그렇게 큰 고개가 못 되고 삼림이라야 그렇게 울창하지 못한지라 관포들은 혼잣말같이

"먼저 앞선 정탐들이 벌써 영을 넘어 간 모양인가?"

하면서 무엇이 수상하다는 듯이 삼림 속을 휘돌아 보다가 동학군이 잠복한 것을 눈치 채고 벌떡 일어나려 할 즈음에 후대에서 총소리가 쾅하고 나더니, 총소리는 연해 콩 볶듯이 들렸다. 그리고 삼림 속에서 동학군의 함성소리가 나면서 관군을 향해 돌진하는 광경이 보인다. 관군은 수효가 한 삼백 명 가량 되어 보이는데, 그들은 선발대가 총에 꺼꾸러지는 모양을 보고는 한번 접전도 못하고 걸음을 돌려 영덕 쪽으로 도망을 친다. 동학군은 연하여 함성을 지르며 관군을 추격하는데, 관군 중에는 칼에 맞아 죽고 상한 자가 4, 5 명이 되고 남은 사람은 삼림 속으로 도망한 외에 영덕 중군이 거느린 이백 여 명의 사람만은 줄곧 대로를 따라 영덕읍을 향해 달아난다.

어떻게 빨리 도망을 쳤던지 영덕 오십 리 되는 거리를 두 시간도 못 돼서 돌아가게 되었다. 이제는 영덕읍이 오 리밖에 남지 않았다. 관군들은 동학군들이 맹렬하게 추격하는 바람에 한걸음이라도 빨리 읍으로 들어가려고 주먹을 부르쥐고 이를 악물고 엎어지며 자빠지며 달아나는데, 별안간 산모퉁이에서 난데없는 총소리가 나더니

"이놈들 어디로 가느냐? 죽지 말고 달아나거라!"

하는 소리가 나자 수백 명의 동학군이 관군을 향하여 총을 놓는다. 관군은 진퇴유곡에 빠져 절반 이상이 총에 맞아 사상자가 되고, 나머지는 이리저리 사방으로 달아나 버렸다. 뒤에서 추격하는 동학군

과 앞에서 맞아 싸우던 동학군들은 서로 연합이 되어서 읍으로 모여 들어갔다. 뒤에서 추격해 온 동학군은 이필이가 통솔하는 무리들이요, 앞에서 맞아 싸우던 무리는 선봉장 김운용이가 영덕을 함락시키고 도망하는 관군을 맞아 친 선봉대였다. 이필은 김운용을 보고

"어, 이번에 욕들 보았소. 그래 영덕은 힘들이지 않고 들어갔소?"
하고 묻는 말에 김운용은 땀을 씻으면서

"힘들 것이 있소? 텅 빈 집에 들어가는 것이 뭐 어려웠겠소?"
하고 허허 웃는다.

김운용이 원을 놓친 이야기를 이렇게 끝내자

"좌우간 욕들 보았소. 읍에 들어가 천천히 이야기합시다."
하고 이필은 읍으로 들어가 동헌에 좌정한 뒤에, 백성들은 소동 말고 각안노업(各安勞業)하라는 고시를 붙인 뒤에, 일변 소와 도야지를 잡아 호군을 했다. 그리고 영해에서 한 달 정도 쉬면서 군사를 훈련시켜 가지고 바로 영양을 치고자 하는 것이었다.

영해에서 묵은 지 열이틀째 되는 날, 영양 방면으로 탐보를 갔던 탐보군이 돌아와 급한 기별을 전하였다.

"지금 관군들이 영양에 모여 영해, 영덕을 치려고 동원령을 내렸는데, 선발대는 벌써 일월산 밑까지 왔습니다."
하는 말을 듣고 이필은 급히 장령을 모아놓고

"일월산으로 말하면 우리들이 터 닦은 땅이요, 또 천혜요새(天惠要塞)라 만약 관군들이 그곳을 점령하고 보면 큰일이니 한시바삐 일월산으로 들어가야 하오."

하고 그날로 동학군을 거느리고 영해를 떠났다.

동학군들이 영해, 영덕을 점령하고 영양을 치러 온다는 소문을 들은 경상감사 김공현은 중군 지창화에게 관군 1천 명을 거느리고 이필을 치라는 명령을 하는 동시에 안동 부사 박제관, 영덕 현감 정세위, 영천 군수 김시진 등 여러 고을 관군을 일시에 영양으로 모아 가지고 동학군을 치라는 명령을 내렸다. 그래서 관군의 선봉대는 벌써 영양 일월산 아래 광평까지 왔던 것이다. 이필은 동학군을 거느리고 광평까지 와서 관군의 형세를 보고는 그곳에 진을 치고 양편은 서로 대진을 하게 되었다.

관군과 동학군은 연일 접전을 하였다. 접전 결과는 대체가 관군이 불리하였다. 관군 측에서는 매일 십여 명 내지는 이삼 십 명의 전사자를 보게 되었다. 그러나 관군의 수효는 조금도 줄지 않고 나날이 늘어 가는 모양이다. 그 연고는 관군은 패할 때마다 인근 각 군에서 구원병을 청해 오는 까닭이었다. 이 형세를 잘 아는 이필은 이런 생각을 하였다.

"관군을 치는 것은 마치 샘물을 퍼내는 것이나 같다. 퍼내면 퍼낼수록 샘은 치솟아 나오는 것이다. 관군은 패하면 패할수록 뒤를 이

어 구원병이 늘어 가는 것이다. 우리 동학군은 뒤를 이어 구원병이
올 리가 없다. 그런데 만일 관군이 뒷길을 끊는다면 우리는 진퇴유
곡(進退維谷)에 빠지는 격이 될 것이다."

하고 생각한 뒤에 이필은 동학군을 거느리고 일월산으로 급히 들어
갈 생각했다. 일월산에는 이필이 미리 준비한 군량도 많이 있고, 산
채도 든든히 만들어 둔 곳이 있어서 이곳에 터를 잡고 관군과 싸우
는 것이 득책이라 생각했다.

　그러나 일월산으로 들어가려면 관군을 따돌려야 했다. 이필이는
한 삼십 일 동안을 두고 계교를 생각해 보았다. 벌써 날짜는 한 달
이 넘어 두 달 가량이 되는 사이에 관군의 수효는 날로 늘어 가는
모양이었다. 관군은 동학군에게 패할 때마다 인근 읍의 장정들을
모집해서 앞잡이로 세워 가지고 군세를 떨치는 것이었다. 이 기별
을 들은 이필은 장계취계로 관군을 물리친 뒤에 일월산으로 들어가
리라 생각했다. 그래서 이필은 박달영을 불러 앉히고 여러 시간 무
슨 이야기를 하더니 박달영은 곧 건장한 동학군 일백여 명을 거느
리고 밤을 틈타서 어디로인지 향해서 떠났다.

　관군 측에서는 동학군이 의외로 강한 것을 보고 인근 군수들에게
명령해서 관포를 더 보내라 하였고, 관포가 없는 골에서는 민간 장
정을 뽑아 보내라고 하였다. 그래서 관군들은 매일 수효가 늘어 가
는 중이었다.

어떤 날 밤이다. 관군 영문에는 관포 일백 명이 들어왔다. 이것은 봉화에서 온 군사라는 것이었다. 일백 명이 다 관포가 아니라 민간 장정이 삼분의 이는 섞였다는 것이다.

봉화서 온 군사들은 대장 지창화에게 얼굴을 보이고 나서 곧 진지로 돌아갔다. 관군들은 연일 싸움에 곤한 끝에 모두들 잠이 들었다. 오직 파수 보는 군인들이 산머리와 영문에 동학군이 물밀듯이 달려 들어오는 것을 보았다. 파수꾼들이 달음질쳐서 중군 지창화에게 이 기별을 전했을 때에는 벌써 동학군의 총소리와 함성이 들릴 때였고, 선봉대는 벌써 관군이 진을 친 앞까지 들어왔다. 관군들은 잠을 깨어 총을 메고 나가는데, 동학군 측에서부터 오는 총알이 씽씽 하고 영문 앞에 떨어지는 모양이 보인다. 관군 측에서도 선봉대가 날쌔게 동학군 측을 향하여 총을 놓는데 관군 속에서 갑자기

"동학군이 뒤로 들어온다!"

하는 함성소리가 들리더니, 총소리가 관군 속에서 일어나며 관군이 관군을 총으로 쏘고 칼로 찌르는 대변이 일어났다. 이것은 분명히 관군 속에서 관군을 죽이는 반역자가 생긴 모양이다. 관군 진영은 일대 수라장이 되었다. 그러는 동안에 앞으로 들어온 동학군의 부대는 관군의 본영을 점령해 버렸다. 관군들은 수백 명의 사상자를 내고 대부분이 이리저리 도망쳤으며, 중군 지창화는 겨우 수백 명의 군사와 같이 영양읍으로 달아났다.

이번 싸움에서 관군은 여지없이 대패를 보았다. 그것은 이필의 묘책에 빠진 것이다. 봉화에서 구원병이 왔다는 것은 곧 박달영이가 거느린 동학군인 것을 신경이 둔한 지창화는 전연 몰랐던 것이다. 관군 속에서 반란이 일어났다는 것은 박달영이 거느린 동학군들이 한 연극인 것이었다.

이필은 관군을 물리치고 어렵지 않게 일월산으로 천천히 들어갔다. 그리고 산채를 굳게 쌓고, 일변으로는 군량을 증수하여 저장하였다.

관군을 치는 것은 샘물을 푸는 것과 같아서 패하면 패할수록 끝이 없이 구원병이 올 거라 추측한 이필의 생각은 사실이 사실이니만치 누구나 쉽게 알 만한 일이다.

동학군에게 패해서 돌아간 관군은 급히 이 사실을 대구 감영에 보고하는 동시에 구원병을 사방에서 모아 들였다. 중군 지창화는 다시 관군을 거느리고 일월산을 둘러쌌다. 그리고는 지구전으로서 동학군을 잡을 계략을 생각했다. 무엇이냐 하면 일월산을 둘러싸고 몇 달만 있고 보면 동학군에게는 군량이 없어서 자연히 패하게 할 수 있을 것이다.

그리고 보면 관군은 진을 지키고 있을 뿐 움직일 생각을 하지 않는다는 사실을 안 이필은 이제야말로 큰일이라 생각하였다. 그렇다고 특별한 묘책이 없어서 그저 산채를 튼튼히 지키고 있을 뿐이다.

5월이 지나고 6월이 지나고 7월이 지나 8월 초순이 되었다. 산채에는 군량이 진(盡)하여졌다. 동학군은 누구나 수색(愁色)을 띠고 있을 뿐이다. 바로 초사흗날 아침이다. 이필은 무엇을 깊이 생각하고 각 장령을 불렀다.

"우리가 이제까지는 싸움에서 한 번도 져 본 적이 없으나 오늘날 이 지경에 당하게 된 것은 오직 구원병이 없는 까닭인즉 내가 이 길로 추풍령 속에 있는 활빈당을 달래어 관군과 최후로 싸워 우리 진의 위급한 것을 구원해 낼 터이니 여러 장령들은 그 기간 관군과 싸울 생각은 하지 말고 내가 돌아오기를 기다리시오. 길어도 이십 일이면 관군을 물리치고, 다른 곳으로 가게 될 것이니 그리들 아시오."

하였다. 이 말을 들은 여러 사람은 일맥의 생기가 돌았다.

"어떻든지 장군님의 생각대로 하시우. 그런데 우선 여기를 벗어날 도리가 있어야지요."

하고 여럿은 다 이 계획을 찬성하면서도 우선 일월산을 탈출할 방법을 걱정하는 것이었다.

"그것은 여러분이 묻지 말아 주시오. 내가 어떻게 하든지 생각해낼 터이니."

하였다. 이필은 장령을 돌려보낸 뒤 장천달 한 사람을 방에 앉히고 비밀히 이야기를 한동안이나 일러준 뒤에 글 쓴 종이를 내어서 장천달에게 주었다.

　이날 밤 이필은 장사 수십 명과 같이 일월산을 탈출하여 문경 쪽으로 달아났다.

　이필이가 문경으로 달아났다는 소문은 그 즉시 관군 측으로 들어가게 되었다. 이필이는 장사 수십 명과 함께 관군의 포위가 가장 약한 목을 습격하고 관군 수십 명을 죽이고

　"보아라! 나 이필이는 간다."

하고 소리까지 지르며 달아났던 것이다. 관군은 이필을 따르고자 하였으나 밤중이요, 또는 이필 한 개인보다는 일월산 진지에 있는 동학군 모두를 전멸시킨 뒤에 따라가야 한다.

　이윽고, 이필이가 추풍령 화적들과 힘을 합쳐 동학군 수천 명을 거느리고 문경읍을 치려고 나섰다. 이에 일월산을 포위하고 있던 관군은 명령을 받은 즉시 일월산을 떠나 문경으로 향했다.

　한편, 산채에 있던 동학군들은 이필이가 돌아오기를 기다리다가 이필이 문경을 친다는 소문을 듣는 동시에, 관군이 일월산을 버리고 문경으로 가는 것을 보고는 다 죽게 되었던 처지가 되었다가 새로 용기가 생겼다. 그래서 선봉장 김운용은

　"자 이제 우리도 관군의 뒤를 추격합시다."

하고 군중에 의견을 내어 놓았는데, 장천달이가 나서면서

　"자, 내말 한마디 들어보시오. 이필 두목님이 떠나실 때 나한테

특별히 부탁한 말이 있으니 그 말을 듣고 나서 좌우간 어떻게 하든지 합시다. 두목님 말씀이 '내가 이 길로 추풍령에 가서 활빈당을 데리고 문경을 치면 관군들은 반드시 일월산을 버리고 문경으로 올 터이니 그때를 타서 자네는 동학군을 해산시키고 뒷날의 새로운 기회를 기다리게.' 하고 말하였소. 자 보시오, 여기 '관군이 일월산을 떠나거든 이 글을 내어 여러 사람에게 보여라!' 하고 말씀 하였습니다."

장천달은 이어서 이필이 주고 간 봉투를 뜯고 글을 꺼내어서 사연을 읽어 내려가기 시작하였다.

"내가 여러분과 최후의 작별도 못하고 가만히 떠나게 된 것은 사세가 어쩔 수 없어서 그리된 것이나, 인정으로 말하면 참을 수 없는 설움이 솟아오릅니다. 나의 이번 길은 최후 영결의 길입니다. 나는 이 길로 추풍령으로 가서 문경을 치고, 그곳에서 우리 선생님의 영혼을 따라 갈 작정이오. 관군이 일월산을 떠나는 날 여러분은 조금도 지체를 말고 고향으로 돌아가 수도들만 하시오. 그리고 최해월 선생을 따라서 뒷날의 기회를 기다리시오. 최해월로 말하면 선생님이 직접으로 심법을 전해 주신 어른이요, 또 천명을 받은 어른이 분명하오. 나는 본래 선생님의 원수를 갚고 죽을 작정을 한 사람이니까 죽는 것이 나의 천명인 줄 알아주시오. 사람이 다 저마다 한때 한때가 있는 것 아닙니까. 선생님이 무극대도를 내시고 대구에서 돌아가신 것도 한때요, 내가 선생님의 원수를 갚기 위하여 죽는 것도 한때요, 최해월이 도덕으로 선생의 원을 풀겠다는 것도 한때가 아닙니까? 내가 지금 선생님의 원수를 다 갚았으니 죽겠다는 것이 아닙니다. 선생님의 원수는 최해월의 말과 같이 총과 칼로써 갚을 것이 못 된다는 생각은 하였소. 왜 그러냐 하면 총과 칼로써야 이 무도한 세상 사람을 다 죽이지 못할 것이 아닙니까. 설사 다 죽이는 수가 있다 할지라도 그것이 선생님의 뜻이겠습니까? 그러니까 여러분은 해월을 따라가 바른 지도를 받으란 말씀이올시다. 나는 본래 먹은 이 뜻을 변화시키는 것이 도리어 참을 수 없는 고통이므로 최후의 죽음을 총과 칼 속에서 할 작정이오. 그러나 내 뜻이 반드시 옳다는 것이 아니오. 다만 사람은 죽을 만할 때에 죽는 것, 천명이라 생각하는 데에서 이번 길을 떠나는 것이오. 자, 여러분 안녕히 계시오. 자자손손이 이 도를 위하여 힘써 주시면 영과 영이 만날 때 얼마나 반갑겠습니까?"

하는 의미심장한 긴 글이었다.

이 글을 본 동학군들은 그제야 이필의 깊은 뜻을 알았다. 누구나 눈물을 흘리지 않은 사람은 하나도 없었다. 이필이가 일월산에서 죽지 않고 문경으로 간 것은 오로지 동학군들을 살린 뒤에 자기 혼자 죽을 작정이었던 것이다.

동학군은 이필의 뜻대로 일월산에서 무사히 해산하였다. 그러자 며칠 뒤에 이필이는 문경에서 접전하다가 총에 맞아 죽었다는 소문이 인근 읍에 퍼졌다. 이필이를 따라 갔다가 돌아와 전하는 사람의 말을 들으면, 이필이는 일월산을 떠나는 길로 추풍령에 있는 화적 두목 작박뿔이를 데리고 문경읍을 쳤다. 관군들은 일제히 문경읍으로 모였다. 이필은 다른 사람이 말리는 것도 불구하고 관군 속으로 들어가 수십 명의 관군을 죽인 뒤 유탄에 맞아 쓰러졌다는 것이다. 죽을 때에

"나는 선생님의 원수를 이것으로 갚는다."

하는 말 한마디를 남겼다고 한다.

제2부
비밀결사

4. 태백산의 호랑이

5. 동학당의 인물들

「文빠와 文빠이를 때어서 쓰시오.
、、、。。를 부호로써 주시오.
필구이는대로 朝鮮글로써 주시오。」

긴밤이라 드러 헴을헤메며 몸돌니네 꼰에 엇저려 뵐

몸내솜 나서, 버섯 잘도 돼서, 대그에 뿌숙 벤써 생기는

땔내며, 벤 우

화로 병러는 빛을 벗헛다, 감나는 눈도 감빡 써데고 몸슴이

버멀을 절날에 듯 그 잇싯다가,

그러면 엇더 헤거면 조케 잘뻘새이노

화로 삽신 우스 어 든든드시 뼝리를 례자 보안뜻

삽내도록혜 뇨 된나다

살내 나나 버멀이 죄민들 베 벙내 훗 잇더 께 살번 맛 뼐이는

정게 로가 썪으네 살나도다가 뻣슴이까

4. 태백산의 호랑이

갑자년 3월 10일에 대구장대에서 동학 괴수 최수운을 죽인 사실은 천하가 다 아는 일이다. 그러므로 조정에서는 별로 뒷일을 생각할 것도 없이 동학에 대한 사실을 전연 잊고 있었을 뿐이다. 그러나 의외에 영해에서 동학 괴수 이필이가 난을 일으켰다는 소문을 듣고는 동학이라는 것을 그렇게 소홀히 볼 것이 아니라고 생각하고 대구 감사에게 엄명을 내려 동학 여당을 한 놈도 남기지 말고 잡아 죽이라 하였다. 이필은 죽었지만 그 외에도 대소 두목이 각지에 남아 있다는 소문을 들었고, 그보다 더 큰 일은 이필이보다도 더 큰 두목인 최해월이 있다는 소문을 들은 대구 감사는 각 군 부사, 군수, 현감 영장들에게 명령을 내렸다.

"동학 여당을 소탕시킬 것은 물론이요, 그보다도 동학 괴수 최해월을 잡아 바치는 자에게는 중상을 내리겠다."

는 명문(命文)까지 있었다. 그렇지 않아도 동학군을 잡아 돈을 벌기를 바라는 군수 이하 관속들은 더욱 활기가 났다. 그래서 경상, 강원, 충청 일대에는 방방곡곡 진진포포(津津浦浦)에 이르기까지 관속들의 큰 기침 소리가 들리게 되었다.

벌써 관속들의 손에 잡혀 죽은 자도 수백이요, 재산의 손해를 입은 사람은 그 수를 헤아릴 수 없었다. 동학군이 아닌 애매한 사람도 돈 뺏기고 가산을 탕진한 경우가 허다했다.

팔 년 전에 대구에서 선생님으로부터 고비원주(高飛遠走)하라는 명을 받은 최해월은 그길로 돌아와 가사를 등지고 비밀히 각 군으로 돌아다니며, 일방으로는 남아 있는 도인을 수습하는 동시에 새로 포덕을 시작해서 많은 새 도인을 얻었던 것이다. 해월이 새로이 동학을 편 곳은 경주, 흥해, 영양, 영해, 영덕, 영월, 양양, 상주 등지의 무려 수십 군이었다.

이필의 난이 일어날 때에 해월은 강원도 양양에 숨어 있었다. 이필의 난이 끝난 뒤에 동학군을 잡노라는 풍파는 양양에까지 미쳐서, 수운 선생의 맏아들인 세정이도 양양 옥에서 맞아 죽었다. 그리고 동학 괴수 최해월이가 양양에 숨어 있다는 말은 양양 도인의 입에서 나왔다. 양양 관속은 벌떼같이 덤벼들어 양양 전 군을 샅샅이 뒤졌다. 최해월은 이리 쫓기고 저리 쫓기다가 겨우 관속들의 경계망을 벗어나 단양 땅으로 접어들었다. 그러나 단양도 양양과 다름

없이 동학군을 잡는다고 관속들이 깔려 있는 형편이 아닌가.

해월은 낮에는 숲속에 숨어 있다가 밤에는 길을 걸었다. 해월은 변성명하고 의관도 변장하였다. 머리에 수건을 쓰고, 허리에는 낫을 차고 나무꾼의 행색으로 정처 없이 산골길을 걸어가는 것이다.

오늘 해도 저물었다. 해월은 어느 집에서 조밥 한 공기를 얻어먹었으나 흔적도 없이 사라지고 무척 시장해졌다. 게다가 여러 날 밤잠을 자지 못한 탓으로 피곤할 대로 피곤해졌다. 해월은 고단한 몸을 이끌고 이름 모를 긴 골짜기를 내려갔다. 산골짜기가 끝나자 산모퉁이에 집 하나가 어둠 속에 묻혀 있는 것을 어렴풋이 보았다. 해월은 집 앞까지 가서 집 모양과 마을 형편을 잠깐 살펴보았다. 마을이라야 2, 3호밖에 되지 않고, 자기가 목표로 하고 온 집은 그중에 제일 큰 집이었다. 해월은 문밖에서 주인을 찾은즉 사랑에서 주인이 나오면서

"누구시오? 이리 들어오시오."

하고 빨던 담배통을 문턱에 털면서 내다본다. 해월은 사랑방에 들어가 주인과 인사를 청하였다. 주인은 정석현이라 했다. 해월은 상주 사는 김세현이란 이름으로 변성명하여 대답했다. 주인은 들깨기름 불을 앞으로 당겨 놓고 해월을 쳐다보면서

"상주 사는 양반이 이 밤중에 어디를 갔다 오시오?"

하고 묻는데, 해월은 동생을 찾아 강원도 강릉까지 갔다 오는 중에

길을 잃어 가지고 이리로 오는 길이라고 대답했다. 주인은 먹던 밥 한 공기와 김치 한 사발을 내다 놓으면서

"밤이 늦어서 안됐소. 먹던 밥이라도 한술 드시오."

한다. 해월은 시장하던 차에 김칫국을 소고기국보다 더 맛있게 잘 먹었다. 공복이 최상의 반찬이란 말은 이런 때를 두고 한 말이었다. 해월은 밥을 먹고 나자 체면을 차릴 기운도 없이 그 자리에 쓰러져 잤다.

이튿날 아침 일찍 일어난즉 비가 퍼붓듯이 쏟아진다. 해월은 주 인에게는 좀 미안하나 비가 온다는 핑계로 하루 동안 피곤을 더 풀 게 된 것이 은근히 좋았다.

"주인님, 참 미안합니다. 비는 잘 오는 비입니다만 나 같은 행인 에게는 아주 귀찮은 것이군요. 기왕 묵는 바에는 거저 있어서야 되 겠소? 짚신이나 몇 켤레 삼아 드리고 가지요."

하고 주인에게 볏짚을 청해서 하루종일 다섯 켤레를 삼았는데, 짚 신을 어떻게나 잘 삼았던지 주인 정석현은 짚신을 손에 쥐고

"참 솜씨가 좋소. 이런 짚신은 장에 내다 팔아도 두 돈은 넉넉히 받겠구려."

하고 짚신을 들고 안에 들어갔다 나오더니 저녁 밥상에는 반찬이 많이 놓였다. 조기 자반에 쇠고기 장조림까지 올랐다.

이튿날도 비는 멎지 않았다. 아직도 안개비가 바람에 섞여 뿌얗

게 내린다.

"멍석 짤 것이 있으면 가져오시오 내가 짜 드리지요."

하고 그 이튿날은 멍석을 짜기 시작했다. 해월은 멍석을 짜는데도 일품이었다. 주인은 멍석 짜는 양을 쳐다보더니

"참 못하는 노릇이 없구려. 신도 잘 삼더니 멍석은 더 일품인 걸."

하고 칭찬하였다. 멍석은 하루 동안에 짤 수 없는 물건이라 그날은 한 절반 가량 짰다. 이튿날 비가 멎어 떠나려고 한 즉 주인이 도리어

"여보 손님, 바쁘지 않거던 짜던 멍석을 마저 짜 주고 가면 어떻겠소?"

라고 하지 않는가. 해월은 가려야 갈 데도 없는 몸이라 주인의 말대로 하루를 더 묵었다. 그리고 그 이튿날은 주인의 청으로 새끼를 꼬기 시작했다. 새끼를 어떻게 잘 꼬든지 동네 사람들까지 와서 구경을 하고 아들들을 보내서 새끼 꼬는 법을 배우라고까지 하였다. 해월은

"갈 데가 변변치 않거든 우리 집에서 몇 달 묵어 가시오."

라는 주인의 간청에 의지해서 무기한으로 정석현의 집에서 묵게 되었다. 정석현네 집은 농삿집은 농삿집이지만 가세가 넉넉한 덕으로 읍에 드나들기도 하며 집에서 논섬지기나 부치는 터였다. 그래서 정석현은 해월이 농사일에 익숙하고 부지런하고 정직한 것을 보고

'저런 사람을 집에 두었으면 내가 밖에 나가 행세하고 돌아다녀도 집안 걱정이 없으리라.'

생각하고 해월이 무기한으로 집에 있게 된 것이 가운(家運)이 열리는 징조라고 생각했다.

　해월이 정석현에게 온 지도 어느덧 보름이 넘었다. 정석현이 하루는 읍에 들어갔다가 나오면서 읍에 있는 장교 세 명과 함께 밤중에 집으로 돌아왔다. 해월은 사랑 아랫방에서 잠이 들었었다. 주인과 장교들은 거리에서 술에 취해 가지고 들어와서 취한 말로 제각기 떠드는 것이었다.

　"그래, 양양 장교가 여기까지 왔더란 말이지?"

하고 주인이 묻는 말에 장교 하나가 취한 목소리로 대답하였다.

　"동학 괴수 최해월인가 하는 자가 단양에 들어왔다우. 그래서 장교들이 뒤를 밟아 들어온 것이지요."

　"여기까지 온 줄은 어떻게 알까?"

　"동학군들 초사에 났답니다."

　"동학 괴수가 생기기는 어떻게 생겼다는 관형찰색(觀形察色)은 가지고 다니겠지?"

　"있고 말고요. 그자는 키가 크고 얼굴이 길쭉하고 수염이 많이 났고 눈에 광채가 있다나, 그것이 관형찰색의 요령(要領)이라우."

하고 취한 중에도 증거가 분명한 말들을 주고받는 것이었다. 해월은 가슴이 섬뜩하였다.

'온다고 온 곳이 하필 죽을 곳이구나.'

하고 가슴을 졸였다. 그저 천사님의 감응만 기다릴 뿐이었다.

원래 주인 정석현이 관속은 아니지만 촌사람이 읍에 행세하는 덕으로 관속은 모르는 관속이 없이 친하게 지내는 터였다. 그는 어제 읍에 들어갔다가 관속들이 최해월을 잡으러 떠난다는 말을 듣고 관속과 동행이 되어서 자기 집에까지 데리고 왔던 것이다. 그러나 자기 집에 묵고 있는 손님이 동학 괴수인 줄은 꿈에도 생각지 못했다.

날은 어느덧 새었다. 주인이 일찍 일어나 술국을 끓여 가지고 장교들과 해장을 하는 양을 본 해월은 얼른 조반을 먹고 소를 몰고 집을 나섰다.

조밭에 도착한 해월은 담뱃대에 불을 피워 가지고 밭머리에 앉아 담배 한 대를 다 피우고 나서 다시 소를 몰려 할 때에 큰길로부터 이리 오는 손을 보았다. 손은 낯이 무척 익은 사람 같았다. 손도 역시 해월을 유심히 쳐다보다가 가던 걸음을 멈추고

"누구십니까, 수접장님 아니시우?"

하고 밭머리로 들어오면서 동학군의 인사를 하였다. 해월은 그제야 오던 손이 단양 사람 강수인 것을 알았다.

"강수 씨, 이게 웬일이오? 우리가 여기서 만나기는 천만 뜻밖이오!"

하고 두 사람은 만리타향에서 고인이나 만난 듯이 너무 반가워서

잠깐 동안 말이 없었다.

　해월과 강수는 이를 테면 동창생이었다. 수운 선생 문하에서 같이 도를 배웠고, 수운 선생도 강수를 해월 못지않게 알아주었으므로 두 사람은 당시 수운 문하에서 명성이 높았던 인물이었다. 수운 선생이 돌아간 후에 강수는 해월을 선생 대신으로 알고 해월을 따라 이곳저곳으로 포덕을 다닌 일까지 있었다.

　"수접장님 대체 이게 웬일이오?"

하고 강수가 다시 묻는 말에 해월은 양양에서 관속에게 쫓겨 여기까지 온 경위를 자세히 들려주었다. 그리고 강수의 사정을 물었다. 강수는 나직한 목소리로 사방을 둘러보면서

　"수접장님. 큰일났습니다. 한시바삐 이곳을 떠나시우. 지금 단양 관속이 수접장님과 나를 잡느라고 방방곡곡에 깔렸소. 나도 지금 관속들에게 쫓겨서 방향 없이 도망치는 길입니다."

하는 말을 다 듣고 나서 해월은 장교가 지난밤에 정석현의 집에 까지 온 이야기를 하였더니 이 말을 들은 강수는 깜짝 놀라면서

　"그런데도 여기서 천연스럽게 밭일을 하십니까?"

　"주인이 나를 동학 괴수로야 알겠소?"

　"주인이야 모른다 할지라도 관속들은 관형찰색을 가지고 다니는데, 만약 장교들이 주인에게 접장님이 오신 날짜와 행동이 수상하다는 얘기만 듣고 보면 두 말 할 것 없이 잡힙니다. 자, 어서 이 길로

도망해야 합니다. 지금이라도 장교들이 이 밭으로 나올지도 모르니 어서 일어나시오."

하고 강수는 눈이 둥그레 가지고 해월의 손을 잡아 일으켰다. 해월도 역시 도망칠 생각을 아니한 것은 아니지만, 대낮에 밭일 하던 소를 버리고 도망한다는 것이 도리어 실수나 되지 않을까 하고 주저하던 터였다. 해월은 강수의 말이 옳을 뿐 아니라 강수를 만난 것이 역시 천사님의 감응이라 생각하고

"자, 모든 것이 천명이오. 그러면 강수 씨 말대로 합시다."

하고 해월은 소를 밭머리에 단단히 매고 난 뒤에 강수를 앞세우고 영월 방면을 향하여 떠났다.

정석현의 집에 온 장교들은 어제 저녁에 마신 술에다 해장까지 하는 바람에 만취가 되어 가지고 주인과 같이 방에 꺼꾸러져 진종일 잠을 자고 해질 저녁때쯤 일어났다. 이때 열 살 먹은 주인 아들 놈이 나오면서

"아버지. 저, 머슴이 소를 팽개치고 어디로 갔어요."

하고 말하는 소리를 들은 정석현은 아직도 정신이 들지 않은 얼굴로

"에, 이놈. 머슴이 가기는 어디로 가. 아마 뒷간에 간 게지."

하니

"아니에요. 내가 낮에 점심을 가지고 밭에 가 보니까 소를 밭머리

에 매어 놓고 사람은 없어졌어요. 암만 기다려도 오지 않기에 소까지 풀어 가지고 들어왔는데요."

이때 이 말을 들은 장교 한 사람이 나서면서

"아침에 밭갈이 간다고 나간 그 수염 많이 난 사람이 바로 머슴입니까?"

하고 주인에게 물었다. 주인은 아무 의미도 모르고 무심히 대답하는 것이었다.

"그렇다우."

"그자가 언제 여기를 왔소?"

"온 지가 한 보름은 되지요."

"무엇하러 다니는 사람이라 합디까?"

"모르지요."

"오기는 어디서 왔다고 합디까?"

"강릉에서 온다고 합니다."

이 말을 들은 장교는 머리를 좌우로 흔들면서 무슨 생각을 한참 하더니 주인 아들을 보고

"그래 밭갈이 나간 채로 도망을 쳤단 말이지."

"네."

"무엇을 갖고 간 것은 없더냐?"

"없어요."

"없어?"

하고 장교는 동무들을 보고

"그자가 필연 심상치 않은 자요. 아침에 내가 잠깐 보았는데 놈의 수염 꼴하고 귀 꼴하고 암만 보아도 수상히 보이던 걸."

이 말을 들은 주인 정석현은 그제야 귀가 띄었다. 해월이 하는 거동이 어디로 보든지 보통 사람이 아니라는 것을 직감했다.

주인과 장교는 전후를 따져 맞추어 보고 자기 집에 보름 동안 머슴으로 있던 사람이 동학 괴수인 것이 십상팔구라 생각하고, 그들은 곧 뒤를 따르기로 작정했다. 그들은 뒤를 따라 나선 지 4, 5일 만에 해월이 정일진 가에 숨어 있는 것을 알아내었다.

해월이 단양서 도망해 가지고 강수와 함께 영월 태백산 밑에 있는 정일진이라는 도인의 집을 찾아온 지 닷새 되는 날 밤이었다. 그날 밤 정일진 가에는 동학군 4, 5인과 영양에 사는 황재민이라는 동학 두목도 섞여 있었다. 해월은 초저녁부터 도담을 시작해서 밤늦도록 이야기를 계속하며 밤참으로 메밀묵을 먹고 나서 마침 자리에 누울 찰나에 아랫동네에서 개 짖는 소리가 요란히 들렸다. 주인 정일진이 개 짖는 소리를 듣더니

"접장님 아직 눕지 마시우. 개가 수상히 짖습니다. 이즈음 관속들이 여간 설레발이 치지를 않는데요……."

하면서 싸리 대문을 열고 문밖을 나섰다. 9월 보름달이 대낮같이

밝은 때라 땅에 티끌도 보일 만큼 환한 밤이라 정일진은 언덕 위에 있는 바위에 올라가 개 짖는 마을 쪽을 바라보았다. 아니나 다를까, 앞마을 뒷등으로 총을 멘 사람이 십여 명 올라오는 것이 보였다. 의심할 것 없이 동학군을 잡으러 다니는 관속들이었다. 정일진은 단걸음에 집으로 달려 들어왔다.

"어서들 도망하시우. 관속들이 벌써 앞뜰까지 왔소!"

하고 손을 좌우로 흔들면서 어쩔 줄 모르고 당황하여 이야기를 하는 것이다. 이 말을 들은 황재민은 벌떡 일어나서 두루마기를 입고 해월과 강수를 보면서

"어서 일어납시다. 그런데 나가기는 어디로 나가야 합니까?"

하고 주인을 쳐다본다. 정일진은 아랫방을 가리키며

"부엌 뒷문으로 나가 산으로 올라가시우."

하는 말을 듣고 해월과 강수 황재민 세 사람은 뒷문을 가만히 열고 담을 넘어 산으로 올라가 위기를 면했다.

관속들은 벌써 대문 밖까지 와서 주인도 찾지 않고 잡담제지하고 대문을 들어서 안방까지 왔다. 관속들은 해월이 도망쳤다는 말을 듣고 그들 역시 뒷문으로 나와 산으로 올라왔다. 허나 그 산 뒤는 태백산 준령이 닿은 곳이라 해월 일행의 종적은 명월노화(明月蘆花)가 되고 말았다.

관속 가운데는 단양 관속도 있지만 양양 관속과 영월 관속도 섞

였겠다. 단양 정석현 집에서 최해월의 단서를 발견한 단양 관속들은 양양 관속이며 영월 관속과 한패가 되어 정일진의 집에 동학 괴수를 찾아서 밤을 택하여 급습한 것이었다. 그들은 날 밝기를 기다려 곧 영월 아문에 이 소식을 보고한 뒤에 영월 관포를 더 보내 달라고 청했다. 그들은 태백산을 둘러싸고 해월을 잡을 작정이었다.

밤중에 관속에게 쫓긴 해월의 일행은 밤새도록 나무 숲속으로 들어갔다. 이튿날 낮에는 바위틈에서 낮잠을 잤다. 아침도 굶고 점심도 굶었다. 무엇보다도 먹을 일이 큰 걱정이었다. 그들은 바위틈에서 새어 나오는 샘물을 먹어 가면서 하루를 지냈다. 이제는 시장기가 심해서 다시 더 산을 올라갈 수도 없었다. 강수가 삼림 속으로 돌아다니며 산삼뿌리를 캐 가지고 오더니

"접장님, 이것 좀 맛보시우. 이것이 약재에 유명한 것이우."

해월은 받아먹었다. 달고 씁쓸하였다. 그러나 그것만 먹어도 조금 원기가 돌았다. 그러자 산에는 안개가 끼면서 비가 오기 시작했다.

"비 오는 날 이렇게 한지에서 지낼 수야 있나? 바위 아래라도 찾아서 비를 피해야지."

하고 해월은 말하는데 황재민이가 앞장서서 삼림 속으로 한참 들어가더니

"접장님 여기 좋은 바위굴이 있습니다. 어서 올라 오시우."

하고 소리를 질렀다.

"저 사람, 소리는 왜 저렇게 질러 도망 다니는 사람이……. 젊은
이라 아직 철이 덜 들어서."

하고 강수가 해월을 보고 말하면서 바위굴까지 갔다. 바위굴은 묘
하게 되어 있었다. 굴 넓이는 방 한 칸이나 되고 깊이는 사오 간이
나 되는 굴이었다. 밑바닥은 먼지 한낱 없이 비로 쓴 듯 깨끗하다.

세 사람은 굴속에 들어 앉아 비 그치기를 기다렸다. 그날 밤은 제
법 잘 잤다. 먹을 것만 있으면 몇 달이라도 있을 만한 곳이다.

그들은 낮에 산삼과 나무껍질과 약초를 캐어서 겨우 요기를 하고
밤에 굴로 돌아와 잤다. 바위굴에 들어온 지 이틀째 되는 밤이다.
앞에서 자던 황재민이가 선뜻하여 잠을 깨서 눈을 뜨고 굴 밖을 내
다본즉 어느 틈에 여산대호(如山大虎)가 자기의 옆에 누워 있는 것이
었다. 황재민은 정신이 아뜩해지면서 고함을 치려고 해도 목소리가
나오지를 않았다. 호랑이는 죽은 듯이 누워 있다. 아마 잠이 든 모
양이었다. 황재민은 손으로 해월의 옷을 잡아 당겼다. 어느 때나 침
착하고 치밀한 해월은 황재민이가 옷자락을 잡아 당기는 바람에 잠
이 깨어서

"재민이, 왜 그러나?"

하고 가는 목소리로 물었다. 재민은 아직도 목소리가 나오지 않아
서 그저 '음' 하면서 기어서 다가가며

"범—범—범—."

하면서 해월의 옆구리를 찌른다. 해월은 그제야 굴 밖을 내다보았다. 범은 바로 황재민의 옆에 누워 있었던 것이다. 누런 바탕에 검은 줄이 가고 흰점이 박힌 호랑이의 형체가 달빛에 비치는 것이 완연히 보였다. 해월은 재민의 손을 끌어 자기가 누웠던 곳에 눕히고, 해월은 슬그머니 황재민이 누웠던 자리에 누웠다. 해월과 범이 누운 사이는 서너 뼘밖에 되지 않았다. 해월이 가만히 손을 내밀어 호랑이의 등을 긁어 주었다. 호랑이는 몸을 움직이면서 눈을 뜨는 모양이다. 해월은 어머니가 사랑하는 자식의 등을 긁어 주듯이 호랑이의 등을 자꾸 긁었다. 호랑이는 촉신경의 쾌감을 느끼는 모양이다.

"엉—헝."

하는 동물적 소리를 내면서 누워 있다. 그러자 강수도 잠을 깨었다. 강수와 황재민은 호랑이가 '엉 헝!' 하고 누워 있는 모양을 보고 겨우 안심을 했다.

날이 밝자 호랑이는 어디를 갔는지 없어졌다. 이튿날 밤에도 호랑이는 와서 잤다. 세 사람은 어느덧 호랑이와 친해진 모양이다. 호랑이가 굴 밖에서 자는 것이 마치 수문장 같아 세 사람은 마음이 든든하기도 했다.

"여보 접장님, 어찌하여 호랑이 등을 긁어 줄 용기가 났습니까? 나는 그날 밤 어떻게 혼이 났던지 말소리가 나오지 않습디다."

하고 황재민이가 말하는데, 해월은 빙그레 웃으면서

"호랑이는 영물이라 오히려 사나운 관속보다는 선하다면 선한 짐승이지. 제게 해할 맘을 두지 않으면 호랑이가 먼저 사람을 해할 리가 있겠소? 지성이면 만물을 감동시킨다는 옛말도 있거니와, 우리의 정성이 지극하면 호랑이도 감화를 받을 수 있는 거요."
하고 해월은 대답하는 것이었다.

벌써 굴에 온 지도 나흘째가 되었다. 이날도 황재민은 산삼과 나무껍질을 캐기 위해서 골짜기로 내려갔다. 참나무 전나무가 빽빽이 들어선 숲속에 이름 모를 풀들이 우거졌고, 그 속에서 산삼 몇 뿌리를 캐어 가지고 우선 한 뿌리를 먹고, 다시 느릅나무 껍질을 베끼려고 할 때에 골짜기 밑에서 사람의 소리가 들리더니 나무 사이로 총 든 포수가 올라오는 것이 보였다. 황재민은 나무뿌리를 든 채 나무숲 사이로 몸을 숨겼다. 관속들은 바로 황재민이가 숨은 데에서 한 오 간 통을 격한 나무 사이로 지나가는데 두런두런 지껄이는 소리가 분명히 들렸다.

"놈들이 숨었다면 매바위골 바위굴에 있을 것이다. 여기서부터는 인기척을 말아야 한다. 이제는 말들 그만두어라."
하고 장교 한 사람이 말을 하자, 그들은 말을 끊고 살금살금 걸어 이 나무 틈에서 저 나무 틈으로 헤치고 올라간다.

황재민은 큰일났구나 생각하고 곧 내려가 굴속에 있는 해월에게 통지를 해야겠는데, 관속들이 먼저 앞섰고 굴까지는 또 지름길도 없고, 게다가 며칠을 굶은 몸이라 도저히 관속들을 앞서 갈 기운이 없었다.

'이 일을 어떻게 하면 좋을까?

하고 생각을 하면서 자기도 모르게 관속들을 뒤따라 올라갔다.

굴이 얼마 남지 않았다. 장교들은 큰 전나무 앞에까지 다가갔을 때 별안간 큰 호랑이가 나타나면서 으르렁거리며 장교들 앞을 향하여 대드는 광경이 보였다. 눈 깜짝할 사이였다. 장교들은 갑자기 당하는 사태라

"호랑이 보아라."

하고 고함을 치고서, 나무를 안고 돌며 구르며 아래로 죽도록 내려뛰었다. 호랑이는 피하지 않고 '흘킹! 흘킹!' 하고 소리를 지르면서 장교들의 뒤를 따라 천연스럽게 어슬렁어슬렁 쫓아 내려가는 것이 보였다. 황재민은 곧 그 길로 굴로 들어갔다. 해월은 벌써 산삼을 캐어 가지고 와서 굴속에 단정히 앉아 주문을 외우고 있는 것이었다. 황재민은

"접장님 어서 일어나우. 이러고 있을 때가 아니외다. 장교들이 예까지 왔소."

하고 지금 막 당한 사실을 이야기했다. 해월은 말을 다 듣고 조금 침묵을 지키고 앉았다가

"염려 마우. 호랑이 있는 곳에 사람이 숨어 있을 것이라고 생각하시오?"

하고 말할 뿐이다.

장교들은 말할 것도 없이 전에 정일진의 집을 습격했던 자들이었다. 그들은 영월 관포의 후원을 얻어 가지고 태백산의 주요한 목을 지키게 한 뒤에 장교 한 패는 해월이 도망쳐 들어간 뒤를 밟아 가지고 매바위골까지 왔다가 호랑이를 만나 봉변하고 도망쳐 나왔다.

'호랑이 있는 굴에 사람이 있을 수가 있나? 동학 괴수란 자가 역사라니까 벌써 산을 벗어나 달아났다.'

라고 추측하고 그들은 그 후 태백산을 버리고 각기 헤어져 버렸다.

해월은 호랑이 덕으로 겨우 화를 면한 것은 한울님과 스승님의 명우(冥祐)라고 생각하고 감격스러운 심고를 하였다.

그러나 먹을 근심 하나는 도저히 변통할 길이 없었다. 장구한 세월을 풀뿌리만으로 살 수도 없고, 설사 산다고 할지라도 풀뿌리나 나무껍질이 그리 흔한 것이 아니었다. 그렇다고 산을 내려갈 수도 없다. 내려가다가는 목목을 지키는 관속들의 손에 잡힐 것은 명약관화한 일이다. 그들은 과연 오지도 가지도 못하고, 글자 그대로 진퇴유곡에 빠진 모양이다. 날짜는 벌써 열흘이 훌쩍 넘었다. 내일까지 꼭 보름이 될 판이다. 이제 풀뿌리 캘 기운도 없었다. 그들은 그저 앉아서 심고와 주문을 외우며 일을 기다리고 있었다.

열나흘째 되는 정오였다. 강수는 굴 밖에서 무슨 인기척이 있는 것을 직감했다. 강수는 손을 휘두르며

"인기척이 나우."

하고 눈이 휘둥그레져서 해월을 쳐다보는데, 와삭와삭 하고 나뭇잎을 밟으며 내려오는 사람의 발자취 소리는 굴 앞까지 왔다. 세 사람은 일시에 눈을 들어 굴 밖을 내다보았다. 굴 밖에는 사냥꾼 비슷한 사람이 우뚝 서서 굴 안을 물끄러미 들여다보는 것이었다. 그자는 머리에 수건을 쓰고 등에는 포수의 메대를 졌고, 손에 낫 한 자루를 쥐었다. 나이는 한 이십이 갓 넘어 보이는 청년이었다. 손에 낫을 든 것을 보니 그는 농군으로서 산에 나무를 하러 온 것이 분명하였다.

"어데서 온 양반이오?"

하고 강수가 물었다. 농군은 깊은 산 굴속에 사람이 있는 것을 알고 대단히 이상하다는 듯이 눈이 둥그레지면서

"네, 저는 직곡리에 사는 사람입니다. 당신네는 어디 사시는 어른인데, 이렇게 굴속에 계십니까?"

하고 대답하는 말소리는 농군의 순직한 감정에서 나오는 말귀였다.

"네, 우리는 경상도 사는 사람인데 태백산 구경을 왔다가 길을 잃고 이 굴 속에서 며칠째 묵는 길이오!"

하였다. 농군은 그 말을 믿었는지 안 믿었는지 모르지만 좌우간 이인을 만난 듯이 땅에 꿇어앉으면서 다시 말을 묻는다.

"며칠이나 되는데 잡수시기는 무엇을 잡수셨습니까?"

"열나흘 줄곧 굶었소. 처음에는 산삼 뿌리나 캐어 먹었지만, 이제는 그것도 캘 기운이 없소."

"열나흘을 굶다니요. 참 이상한 일입니다. 사람이 그토록 굶고도 얼굴에 화색은 그대로 있으니……. 당신네는 무슨 도술을 하는 사람 같습니다."

이렇게 말하는 농군은 사실은 세 사람이 보통 사람으로 보이지 않았다. 무슨 큰 도를 닦는 이인으로 알았던 것이다. 그는 열나흘 굶었다는 그것만으로 그렇게 생각할 뿐 아니라, 해월의 이상한 풍채를 보고 더욱 그렇게 믿었던 것이다. 길쭉하고도 거룩하게 생긴 얼굴에 수염이 한 자나 되는 해월이 눈을 끔뻑끔뻑 할 때마다 눈광채가 으슥한 굴속에서 빛날 때, 그 풍채는 누가 보든지 이인으로밖에는 볼 수 없었다. 농군은 해월을 유심히 바라보다가 다시 일어나 공손히 절을 하고 말을 계속하였다.

"저와 같은 인생이 무얼 알겠습니까? 보아 하니 도술이 높으신 듯합니다. 장래 화복을 잘 지시해 주시기를 바랍니다."

"천만의 말씀이오. 도술이 무슨 도술이오. 도술이 있으면 길을 잃고 이런 굴속에서 굶어 죽게 되었겠소?"

"아니올시다. 저 같은 농군도 무슨 짐작하는 일이 있답니다."

하고 농군은 보따리를 풀고 점심을 내어 두 손으로 받쳐 들더니 세 사람 앞에 놓으면서

"변변치 않은 점심입니다만, 시장하시면 이것으로 요기를 하십시오."

하고 나뭇가지를 꺾어 젓가락까지 만들어 주는 것이었다. 세 사람은 무엇보다도 점심 한 그릇이 반가웠다.

"한울님이 우리를 살리려고 저런 농군을 보낸 것이구나."

하고 생각하였다. 밥도 조밥에 팥을 섞은 밥이다. 반찬은 갓김치에 더덕장아찌를 섞었겠다. 세 사람은 열나흘이나 밥맛을 못 본 터라 한 그릇도 못 되는 점심이지만 정말 달게 나눠 먹었다.

"여러 날 굶던 끝에 밥을 많이 먹으면 도리어 탈이 나우."

하는 말을 제각기 하면서 밥 한 그릇도 다 먹지 못하고 조금 남겼다. 밥을 다 먹은 뒤에 해월은 농군을 보고

"참 감사하우. 노형은 우리에게 은인이오. 대관절 성씨는 어떻게 되오?"

하고 물었다.

"저는 영월 직곡리에 사는 박용걸이라고 부르는 사람입니다."

"직곡리가 여기서 몇 리나 되우?"

"한 20리는 될 것 같습니다."

"날마다 산엘 오시우?"

"날마다 올 때도 있지만, 어디 한 곳에만 다닙니까?"

"대단히 미안한 말씀이오나 내일 이곳으로 오게 되면 점심을 한 그릇 더 가지고 올 수 있소? 기왕 적선하던 터이니 죽던 사람 끝까지 살려줄 수 있겠소?"

하고 이번에는 황재민이가 말을 내었다.

"염려 마시오. 매일 갔다 드리지요. 적선이 무슨 적선입니까? 저 같은 놈이 어른들을 만나 뵈옵는 것만 해도 영광이 아닙니까?"

박용걸은 산중에서 이인을 만나 점심을 대접한 것이 무슨 신명의 큰 덕을 입은 듯이 기뻐하는 모양이었다. 그래서 박용걸은 세 사람을 하직한 뒤에 집에 돌아간 후 날마다 점심을 가지고 시간도 어기지 않고 오는 것이었다.

하루는 박용걸이 점심을 지어 가지고 와서는 세 사람에게 자기 집으로 함께 가자는 청을 하였다.

"선생님네. 날로 자꾸 추워 가는데 이런 굴속에 늘 있을 수 있소? 저의 집으로 내려가 묵으시면 어떻겠습니까?"

하고 말하는데 그러지 않아도 이쪽에서 먼저 청구를 해 볼까 하던 차에 박용걸의 말을 듣고 해월은 감사하다는 뜻을 표하고 다시 물었다.

"그래, 노형 댁 근처에 집은 몇 집이나 사우?"

"동네는 직곡리 동네라도 우리 집은 외따로 떨어져 있습니다. 직곡리에서도 맨 끝집입니다. 우리 집에서 인가 있는 큰 동네까지는 7리나 됩니다."

"그럼 아주 조용한 집이로구만. 그러면 오늘 저녁이라도 같이 가볼까?"

"집에다 저녁까지 지어 두라 했습니다. 아무 염려 말고 같이 가십시다."

세 사람은 오래간만에 매바위골 호랑이굴을 떠났다. 호랑이와 작별을 못하고 떠나는 것이 섭섭하다고 황재민은 말하여 세 사람은 오랜만에 '허허!' 하고 웃음을 내었다.

황혼을 넘어 어두워진 뒤에 겨우 직곡리에를 왔다. 박용걸의 집은 용걸의 말처럼 아주 외딴곳에 있는 산골 집이었다. 그러나 농삿집 치고는 대농가였다. 소 외양간에 소가 세 마리나 매여 있고, 곡식 낟가리가 여러 개 마당에 있는 것을 보았다. 개 짖는 소리를 듣고 박용걸의 아버지인 박노인은 '이 개!' 하고 쫓으면서 마당까지 나오더니

"용걸아, 이제 오느냐. 왜 그렇게 늦었느냐?"

하면서 세 사람을 향해서

"잘들 오셨습니다. 어서들 들어갑시다."

하고 구면이 있는 친구를 대하듯이 먼저 앞서고 사랑 뒷마루를 올라서더니

"어서들 들어오시오."

한다. 세 사람은 사랑에 들어가 앉아 자리를 정한 뒤에, 박노인에게
공손히 인사를 했다.

"내 아들 용걸이의 말을 잘 듣고 당신네가 누구신 줄은 다 알았습
니다. 귀객(貴客)이 이런 누추한데 왕림하여 주시니 얼마나 영광인
지 모르겠습니다."

박노인이 먼저 인사를 하였다. 해월은

"이런 걸객들을 이렇게 후대하여 주시니 무어라 대답할 말이 없
습니다."

하고 주인과 손은 인사를 마친 뒤에 안에서 저녁상이 나왔다. 저녁
이 끝난 뒤에 박노인은 해월을 보고 하는 말이

"지금 생각하면 우리 선친께서도 이인은 이인이었습니다. 우리
선친께서 삼 년 전에 돌아가셨는데, 선친이 돌아가실 때 유언하신
말씀이 있었지요. 무엇이냐 하면 '모년 모월 모일 밤에 귀객이 우리
집에 들어오실 것이니 너희들은 잊지 말고 잘 대접하여라. 그러면
반드시 후복이 있으리라.' 하였소. 그런데 나는 그때에 서러워서 그
말을 귀담아 듣지 않은 까닭으로 뒤에 곧 잊었으나, 우리 아내 되는
사람은 여자여서 그런지 그 말을 지금까지 기억해 두었던 모양입니
다. 그래서 아까 세 분이 사랑으로 들어오시는 것을 보고 나를 불러
그런 말을 하겠지요. 그 말을 듣고서야 나는 겨우 생각이 났는데,

그 모년 모월 모일이라는 것이 곧 오늘 저녁이구려. 이런 신통한 일
도 다 있소? 참 반갑습니다. 그런데 대관절 선생들께서는 무슨 도술
을 하는 양반입니까?"

하고 물었다. 그는 세 사람을 정말 도술객으로 아는 모양이다. 해월
은 이 말을 듣고 딱하다는 듯이 웃으면서

"세상에 도술객이 있다는 말을 나는 믿지 않소. 설사 술법이 있다
하더라도 그것은 혹세무민(惑世誣民)하는 것이지요. 사람이 된 것은
언제나 바른 도를 찾아 도를 닦고 나라도 백성도 잘되게 하기 위함
이 아니겠소?"

하고 대답하였다. 그러나 박노인은 원체 무식한 사람이라 바른 도
가 무엇이며, 도술이 무엇인지 구별하지 못하였다. 그저 정도라는
것은 도술보다도 더 좋은 술법이거니 하고 들었을 뿐이다.

해월은 일행을 도술가로 알아주는 것은 어떻게 생각하면 해롭지
않은 일이나, 다른 면에서 생각해 볼 때에 크게 위험한 일이라고 생
각했다. 왜 그러냐 하면 저들이 도술객을 만났다고 해서 도술을 배
워 달라고 조르는 것도 딱한 일이지만, 그보다도 더 걱정이 되는 일
은 저들이 도술객이라는 말을 함부로 떠들고 보면 그 말이 동네 사
람의 귀에 들어가기 쉽고, 그렁그렁 그 말이 퍼져 관속이 아는 날에
는 두 말 할 것 없이 동학 괴수의 혐의를 받을 것이다. 그렇다고 하
여서 내가 바로 동학 괴수라고 자백할 수도 없는 노릇이었다. 동학

괴수라 자백하여서 저들이 곧 동학에 입도하면 몰라도 만약 그렇지
못하면 당장 오늘밤으로 이곳을 쫓겨 날 것이다. 그래서 해월은

"우리는 도술객이 아니요, 정도를 하는 사람이오."

하고 그저 어물쩍하는 말로 대답할 뿐이었다.

해월이 박용걸의 집에 묵은 지 사흘째 되는 날에 해월은 암만해
도 우리가 동학군이라는 것을 자백한 뒤에 주인에게 양해를 얻으면
좋고 그렇지 못하면 다른 곳으로 가는 것이 상책이라고 생각했다.
그렇지 않고 그저 그러다가는 필연 소문이 날 테고, 언제 불의의 변
을 만날지 모를 것이라 생각했다.

그래서 이날은 좌우간 무슨 방법이든지 동학군이라고 토설을 하
기로 생각하고 있었다. 그날은 마침 비가 왔다. 해월은 주인에게 삼
껍질을 달래서 노를 꼬면서 이런 말 저런 말을 묻고 대답하는 중이
었다. 박노인은 해월에게 먼저 묻는다.

"정도라는 것은 도술 이상으로 조화가 있는 도입니까?"

하고 묻는 말에 해월은 마침 기회를 잘 얻었다 생각하고

"그렇지요. 도술 이상으로 조화가 있고 말고요."

하고 웃으면서 대답했다. 박노인이 묻는다.

"우리 같은 사람도 정도를 해 볼 수 있습니까?"

"우리 같은 사람이라니요? 정도는 사람이면 누구나 다하는데요.
그중에도 부인이나 농사꾼같이 순직한 사람이 할 만한 정도이지

요.”

“정도를 하면 조화를 어떻게 부립니까?”

“조화를 부리는 것이 아니라 바른 것으로 가는 것이지요.”

박노인이 물었다.

“바른 것이란 무엇입니까?”

“그른 것을 미워하는 것이 바른 것이오.”

해월이 잠깐 말을 마쳤다가 다시 인자하게 웃으면서, 이번에는 해월이 박노인에게 묻는다.

“대관절 어른이 말하는 조화라는 것은 어떤 것을 조화라고 생각하오?”

“바람도 불게 하고 비도 오게 하고 귀신도 부르는 것이 조화지요.”

“바람도 불게 하고 비도 오게 하고 귀신도 부리는 법이 있는지는 모르겠소마는 설사 있다 할지라도 그것은 해서 무슨 필요가 있소?”

“위급 할 때에 부리는 것이지요.”

“위급한 일은 일부러 해 가지고 그것을 부리려고 하지 말고 당초부터 위급한 일을 하지 않으면 더 좋지 않겠소?”

“하필 위급한 일에만 쓰겠소? 원수 있는 놈을 풍운조화로 죽이기도 하고, 욕심나는 일을 풍운조화를 부려 마음대로 하기도 하지요.”

“그것은 정도가 아니고 사심입니다. 남은 다 못 사는데 나 혼자 잘 살기 위해서 풍운조화를 부린다는 것은 한울님이 미워하는 일이 아닐까요? 만일 한울님이 미워하는 날이면 복을 받기는커녕 오히려 죄를 얻지 않겠소?"

박노인은 해월의 말에 점차 감동 속으로 빨려 들어가고 있었다.

"그러면 선생의 조화라는 것은 어떤 조화인가요?"

"인간 만사가 조화 아닌 것이 없지요. 종자를 심으면 곡식이 되는 것도 조화요, 아들이나 딸을 낳는 것도 조화요, 봄이 오고 여름 오는 것도 조화이지요."

"그런 조화는 부리나 마나 하지 않소. 그저 저절로 되는 것이니까요."

"그러니까 그른 세상이 미워서 잡으려고 하는 동학이 곧 정도라는 말입니다."

"미워하는 것은 그른 것이 아닌가요?"

"알아요. 내 말은 이 조화를 부린다는 말이 아니오, 이 천지간에는 조화가 가득이 찼다는 말이오. 그런데 조화는 누구나 부리느냐 하면 한울님이 부린다는 것이오. 사람은 다만 한울님의 조화에 순응해서 한울님을 존경하면 한울님은 조화로서 그 사람에게 복을 주는 것이지요. 그러므로 정도란 것은 한울님을 잘 존경할 줄 아는 도를 가리켜 하는 말이지요."

"한울님을 공경하는 도는 무슨 도입니까?"

"주인께서는 동학이란 말을 혹 들은 적이 있소"

하고 해월이 주인의 얼굴을 쳐다보았다.

"동학이라니요? 요즈음 관가에서 잡으라는 동학 말인가요?"

하고 주인 박노인 역시 놀라는 태도로 해월을 쳐다보면서 대답한
다.

"그렇습니다. 그 동학이 곧 정도입니다."

"정도라면 관가에서 잡으라고 할 수 있소? 어째서 그렇습니까?"

"내가 주인어른께 물을 말이 있소. 무엇이냐 하면 주인어른은 지
금을 밝은 세상으로 보우, 아니면 좋지 않은 세상이라고 보우?"

"지금 세상이야 말세이지요. 그렇게 백성이 살 수 없이 되지 않았
소?"

"그 말이 맞습니다. 동학이 살 수 없는 세상을 살 수 없는 세상이
라고 말하니까 관에서 억압을 하는 것입니다."

하고 해월은 동학의 이치를 알아듣게 쉬운 말로 한 시간이나 계속
해서 이야기한 뒤에

"지금은 말세이니까 세상이 동학을 알아보지 못하지마는 말세가
끝나고 새 세상이 되는 날이면 동학이 온 천하에 퍼질 것이오. 동학
의 이치를 가지고 태평세계를 만들 날이 있을 것이오. 이것은 한울
님이 정한 일이니까 갈 데 없이 그렇게 되지요."

하는 말로 끝마쳤다. 주인은 해월의 말에 취해서 새끼 꼬는 것도 잊

고 눈을 감고 꿇어앉았다가

"참 그렇습니다. 그런 것을 우리는 모르고 그저 동학이라면 나쁜 것으로 알았구려."

하고 박노인이 곁에 있는 박용걸을 쳐다보면서

"내야 늙은 것이 무엇 하겠니? 너는 저 선생님 말씀을 잘 듣고 시킨 대로 잘 시행하여야 한다. 할아버지께서 돌아가실 때 유언으로 지시까지 하신 어른이시니까."

하고 박용걸에게 동학에 들라는 권고까지 한다.

박용걸 일가는 그날로 동학에 들었다. 해월은 박용걸을 만나 다 죽게 되었던 생명을 구하였을 뿐만 아니라 또는 좋은 제자까지 삼게 된 것이다. 이는 한울님의 명령으로 생각하였다.

그리고 며칠 뒤에는 49일 기도를 시작했다. 49일 기도를 마친 뒤에는 이상하게 각 지에서 새 포덕이 일어났다. 이필의 난으로 인하여 두 번째 다 망하게 되었던 동학이 영월 직곡리 박용걸의 집을 중심으로 새 움이 돋았다. 동학도인들이 이곳저곳에서 직곡리로 향하고, 해월을 찾아들어 오는 동학군으로 직곡리는 마치 제2의 용담과 같았다.

이런 소문이 영월 관속의 귀에 들어가지 않았을 리가 없었다. 영월 장청에 장교들이 사람 잡는 기구를 차려 가지고 길을 떠날 준비를 할 때에 수교 지달준이란 사람이 들어오더니

"너희들 누구를 잡으러 가는 길이냐?"

하고 물었다. 장교들은 기운이 나서 하는 말이다.

"수교님, 좋은 수가 났습니다. 동학 괴수 최해월이가 바로 직곡리 박용걸 집에 숨어 있답니다."

하고 대답하였다. 지달준은 자리에 앉으며 담배를 피우면서 장교들을 보고 호령 비슷하게 하는 것이었다.

"이놈들! 그런 큰 죄인을 잡으러 나가면서 나도 모르게 갈려고 작정 하였단 말이지?"

"아니올시다. 지금 곧 수교님에게 알리고 가려고 나서는 길입니다."

"선참후계(先斬後啓) 격으로, 일을 다 벌려 놓고 뒤에 알리려 했단 말이지?"

하고 꾸짖는 바람에 장교들은 슬그머니 꼬리를 내려 자리에 앉으면서

"수교님 시키는 대로 하지요."

하는 말을 하고, 지달준은 한참 말이 없다가 천천히 입을 열어

"그만들 두어라. 나도 그 일을 벌써 다 알아보았다. 동학 괴수란 자가 잠깐 박용걸 집을 왔다 간 일이 있기는 있다고 들었다마는 벌써 몇 달 전에 어디로 도망갔단다. 공연히 당자도 잡지 못하고 죄 없는 백성만 잡다가 사또님의 배만 불릴 것이지 뭐냐?"

지달준의 말을 들은 장교들은

"수교님의 말씀이 과연 옳습니다."

하고 그 일은 무사해졌다.

같은 관속으로 번연히 동학 괴수가 박용걸 집에 숨어 있는 것을 알면서도 그것을 잡지 않은 지달준의 일은 누구나 이상하게 생각하겠지만, 알고 보면 거기에는 한 이적이 섞여 있겠다. 바로 지난밤에 지달준은 꿈에 어떤 한 선관(仙官)을 만났는데, 그의 부탁이

"내 제자 최해월이가 직곡리 박용걸 집에서 수도를 하고 있는데 그를 보호해 주어라. 그러면 후복이 있으리라."

하는 것이었다. 지달준은 이 꿈을 깨고 곧 장청에 들어가서 장교들을 떠나지 못하게 하는 동시에 직곡리에 사람을 보내서 이 사실을 알리기까지 하였다.

후에 해월은 지달준의 의리를 감사히 말하고, 약간의 물품을 선사 하였으며, 지달준이 또한 여러 번 지필묵 등을 해월에게 보내었다. 일이 이렇게 된 사정으로 해서 영월에는 동학 지목이 끊어졌을 뿐 아니라 해월이 직곡리에서 내놓고 강도회까지 열어서 도인들을 가르쳐 주었다.

동학의 기운은 앞으로 북으로 물 흐르듯이 흘러가겠다. 남으로 들어간 동학은 어느덧 전라도 일경에 이르렀고, 북으로 들어간 동학은 경기 충청에까지 흘러갔다. 어느덧 무서운 세력을 일으켰다.

5. 동학당의 인물들

철종이 돌아가고 고종이 들어섰으나 아직 나이가 어린 까닭으로 아버지 되는 대원군이 섭정으로 있게 되었다. 대원군은 이조 말에 있어 굴지(屈指)할 만한 인물이었으므로 그의 정치적 수완에 있어서도 볼 만한 점이 없지 않았다. 그가 무척 완고한 의지를 가지고 개화를 반대한 점 같은 것은 큰 실수이지마는 문벌을 타파하고 인재를 등용케 한 것과, 서원을 철폐하고 양반을 누른 것과 같은 점은 영웅적인 기골이 있었겠다.

그가 집정(執政)한 후로 우선 국력을 강하게 할 묘책으로 백성 중에서 장사를 뽑아 자기의 수족을 삼는 동시에 궁중 주위를 튼튼히 하리라 생각하였다. 장사를 뽑는 데는 시험이 있어야 할 것은 물론이다. 그래서 시험 과목으로는 총 잘 쏘는 것, 검술 잘 하는 것 등의 재간 시험도 있을 것이지마는, 원래 조선은 극단으로 문약에 빠진 나라이므로 그러한 기술만으로 인재를 거두자면 전국을 다 털어 모아도 단 한 사람을 얻기가 어려운 때이었다.

그래서 대원군은 재간은 차츰 배워 줄 셈 치고, 우선은 기운 있고 날래고 씩씩한 청년을 뽑기로 하였다. 기운과 날랜 것을 보는 시험인지라 시험 과목은 심히 간단한 것이었다. 뛰엄 뛰기와 돌 들기, 이 두 가지가 제일 중요한 과목이었다. 이 시험은 과것날을 정하고 과거를 보이듯이 일정한 날짜를 정해 놓고 지원자를 모집하는 것이 아니라, 그저 수시로 누구든지 지원자가 있다면 시험을 치르게 하는 것이었다. 이 시험을 낸 지 3개월도 못 되어서 벌써 수백 명의 청년이 들락날락하였다. 그러나 합격된 사람은 불과 10여 명이었다. 그래서 그들은 우선 군직에 붙여 가지고 재간을 배워 주기로 하였다.

어느 날 저녁때였다. 이날도 시험 치러 들어온 청년이 수십 명이나 되었다. 대원군은 술이 만취가 되어 긴 담뱃대에 담배를 붙여 물고 훈련청 마루에 좌정한 뒤에 긴 수염을 어루쓸면서 빙그레 웃는 낯으로 청년들이 돌 들고 뛰어 넘는 광경을 보고 있는 중이었다. 수십 명의 청년이 이름 차례로 하나씩 들어가 시험을 치르는 것을 보고 있는데 반수 이상은 낙제가 되고 겨우 여섯 사람인가 급제가 되었다. 맨 나중에 청직이가 '김석연!' 하고 김석연을 불렀다. 그는 이름 부르는 소리를 듣고 벌떡 일어서는데, 키가 칠 척이나 되고 발이 한 자나 되고 얼굴빛이 검붉고 주먹이 철퇴같이 되었다. 그는 바로 뜰 복판에 놓인 둥근 돌을(돌의 무게는 오백 근 가량) 들더니 뜰을 한 바퀴 휙 돌아 가지고 본 자리로 돌아와서는 돌을 공중 높이 향해서 던져 버렸다. 돌은 두 길이나 공중으로 솟아올라 갔다가 '쾅!' 하고 땅 속에 머리를 박고 떨어졌다. 이 광경을 본 대원군은

"어ㅡ, 장사로군! 보던 중 제일이야!"

하고 김석연을 다시 쳐다보더니

"어, 저 청년 이리로 불러 올려라."

하였다. 김석연은 청지기를 따라 대청에 올라가 공손히 인사를 드렸다. 대원군은 김석연을 아래 위로 훑어보고 나서

"생기기도 장사로 생겼구나."

하고 다시 말을 이어 거주지와 성명을 묻는 것이었다.

"애, 너 성명이 무엇이냐?"

"쉰네 성명은 김석연이라 하옵니다."

"살기는 어디에 살고?"

"본래 고향은 충청도 음성이옵는데, 연전에 용산 삼개로 이사를 왔습니다."

"나이는 몇 살이냐?"

"금년이 열아홉입니다."

"글자는 읽었겠지."

"글은 못 배웠습니다."

"허! 그것 유감인데, 자네 골에 글방만 있었으면 어영대장도 할 재목인데."

하고 대원군은 김석연이가 무식하였음을 무척 유감으로 생각하는 모양이었다.

이날 시험은 바로 끝났다. 대원군은 청지기를 시켜 김석연을 데리고 운현궁에 가 있도록 하였다. 그리고 대원군은 어디든 위험한 데를 출입할 때는 반드시 김석연을 데리고 가는 것이었다.

김석연은 대원군의 집에 온 지 삼 년 만에 어렵지 않게 대궐 안 수문장으로 있게 되었다. 본래 수문장이란 것은 큰 성을 지키는 장군이란 말이었다. 노골적으로 말하면 궁궐 지키는 문지기에 지나지 않는 구실이었다. 그러나 시골 쌍놈의 자식으로 수문장을 하기는 그렇게 쉬운 일이 아니었다. 그러므로 김석연의 가족들은 조상들 산소에 가서 소분(掃墳)까지 하고 왔다.

세월은 흘렀다. 대원군이 집정한 지도 어느덧 10년이 되었다. 그 기간에 나이 어린 상감도 20이 넘었고, 내전인 민비도 20이 넘었다. 집정은 본래 임금이 어렸을 때 하는 것으로, 이제 와서는 나라의 정사를 임금에게 돌려야 옳다는 여론이 일어났다. 그래서 그때 당시에 사회의 여론을 가지고 있는 소위 유림이란 자들은 대원군의 집정을 반대하기 시작하였다. 유림의 거두 최익현은 나라에 상소를 하고 대원군을 몰아내려 하였다. 대원군은 할 수 없이 집정을 내어놓고 시외 공덕리로 나가게 되었다.

유림들이 대원군을 반대하는 이유는 대원군이 집정한 때부터 서원을 철폐하고 양반을 무시하는 데서 저희들이 특권을 잃어버리게 되었던 것이 큰 원한이었다. 허나 대원군이 집정을 내놓게 된 원인에는 유림의 반대보다도 더 큰 원인이 있었다. 그것은 무엇이냐 하면 내전인 민비가 대원군의 집정을 노골적으로 반대한 까닭이었다.

민비는 민씨 중에 워낙 세력 없는 집에서 자라났겠다. 대원군이 아버지도 없고 세력도 없는 민비를 며느리로 선택한 것은 외척의 세력을 막기 위해서 천사만려(千思萬慮)의 주밀(周密)한 궁리로 꾸며본 일이지만, 그러나 운명이라는 것은 왠지 생각하면 되지 못할 물건인 듯싶다. 아버지도 없고 세력도 크지 못한 민비가 한번 궁중에 들어가 왕비가 된 뒤에는 그가 천생으로 타고 나온 재주가 여실히 발휘할 기회를 열었겠다.

그는 나이 스무 살이 넘자 벌써 어떤 사람도 따르지 못할 권세욕과 그를 사용할 기구를 생각하였다. 그러자면 시아버지인 대원군으로부터 권세를 빼앗아야 한다고 생각하였다. 그래서 그는 배은망덕으로 시아버지인 대원군에게 독살을 부리게 되었다. 그는 술책으로 우선 유림을 끼고 집정을 왕께 돌리는 운동을 하였고, 대원군이 반대하는 불개화(不開化) 정책을 중상의 재료로 내세워 놓는 한편으로, 청국 사신도 끼고, 일본 사신도 교제해 가면서 천변만화(千變萬

化)의 술책을 쓴 결과로 그는 최후의 승리를 얻은 것이었다.

대원군의 권리가 민비의 손으로 옮겨지자 이번에는 민씨 일족의 세력이 한없이 커졌다. 민씨라면 점둥이 선둥이 할 것 없이 궁내 궁외에 중요한 자리를 차지하게 되었다. 대원군이 처음으로 열어 놓은 인재 등용의 길은 막혔을 뿐이었다. 조정에는 민씨 일문의 간신이 가득히 차게 되고 삼천리 삼백여 군에는 탐관오리가 큰 기침 소리를 하고 있게 되었다.

그는 개화를 한다 해서 일본 사람을 데려다 고문을 삼고 양반의 자제 백여 명을 뽑아 신식 사관을 양성한다는 미명 아래 재래의 군총은 돌보지 않았다. 그래서 군인들은 여기에 불평을 가질 뿐만 아니라 몇 달째 군량을 주지 않았으므로 그들은 극단의 불평을 품었다.

"이것─, 다 누구 까닭이냐. 민가들 때문이지."

하는 원성은 어느 군인의 입에서든지 나오게 되었다.

군인뿐이 아니라 거리의 상인이나 시골에 있는 농군까지도 그러한 원성을 부르짖게 되었다. 원성을 들은 고종께서는 곧 선혜당상 민겸호를 불러 군대의 군량을 빨리 내어 주라는 처분을 내렸다. 민겸호는 민비의 사촌오빠였다. 그는 민비의 세력을 믿고 선혜당상이 된 지 몇 해 동안에 막대한 돈을 끌어 모았겠다.

선혜당상이라는 벼슬은 나라의 재정을 맡은 벼슬이다. 삼천리 각도에서 세금으로 받은 곡식을 도맡아 가지고 그때 관리 월급을 쌀로 나누어 주는 직책을 맡은 큰 구실이었다. 그러므로 선혜당상은 큰 세도가 아니면 도저히 얻어하지 못하는 것이며, 당상은 고사하고 선혜청 고지기만 해도 세도 집의 사랑을 받은 청지기가 아니면 얻어하지 못하는 것이다. 선혜청 고지기란 한번 지내고 나면 큰 부자가 되는 것이다. 민겸호가 선혜당상으로 들어갈 때에는 자기가 제일 사랑하는 살림 청지기로 있는 이응섭이란 자를 특별히 선택했던 것이다. 이응섭은 고지기에 오른 지 삼년 만에 민겸호 다음가는 부자가 되었다는 소문이 난 것을 보면 그는 고지기의 권리를 이용해서 나라의 공금을 협잡하여 먹는 것이 명백한 것이었다. 이번에 군사들이 쌀로 주는 월급을 3개월이 지나도 내주지 않은 것도 선혜청 고지기가 선혜당상을 끼고 협잡해 먹은 까닭이었다.

민겸호는 어명을 받고 나와 곧 이응섭을 불러 '군사들의 월급을 내일로 내어 주라.' 하였다. 이 말을 들은 이응섭은 대단히 난처하다는 듯이 얼굴을 찌푸리며 앞에 읍하고 서서 하는 말이 있다.

"황송하오나 군사들의 월급을 내주려면 창고에 있는 쌀이 절반이나 모자라는 듯 하옵는데……."
하고 민겸호를 쳐다보았다. 민겸호는 고지기의 말을 짐작하고 평시 상례로 하던 눈치를 하면서

"모자라면 모자라는 대로 하려무나. 그만한 수단도 없단 말이냐?"

하는 말에 눈치 빠른 이웅섭은 허리를 굽히며

"황송합니다. 처분대로 하겠습니다."

하고 돌아 나왔다.

이튿날 아침에 군사들은 선혜청에서 월급을 타 가라는 방목(榜目)을 보았다. 그들은 천년 만에 단비를 만난 듯이 기뻐하였다. 손에 자루와 전대 등속을 쥐고 선혜청에 모여든 사람들은 무려 수천 명이었다. 먼저 쌀을 타 가지고 나가는 자, 쌀 타러 들어오는 자, 선혜청 앞길은 대단히 복잡하였다.

"3개월치라는 것이 한 달치도 못 되네 그려. 게다가 쌀에 웬 뉘가 그렇게 많으며, 모래는 왜 그렇게 섞였을까?"

"나도 처음에는 몰랐는데, 유심히 보니까 뉘 같아 보이는 것도 실은 뉘가 아니요 모래로, 당초 세금을 받을 때 모래를 섞어 받았을 리는 없지."

"그게 될 말인가? 당초에 모래를 쌀에 섞어 세금을 받았을 리가 있나? 이것도 필유곡절이 있는 일이지."

하는 말이 군사들 입에서 나왔다.

선혜청 고지기 이웅섭은 선혜당상 민겸호가 '그만한 수단도 없느냐?' 하는 말을 '그런 협잡도 할 줄 모르느냐?' 하는 말로 생각하였다. 그래서 그는 쌀에다 모래를 섞어서 내준 것이었다.

이전에도 이런 협잡 저런 협잡 못할 협박 없이 해 왔지마는 이번 협잡만은 이응섭의 특별한 기만(欺瞞)에서 나온 것이었다. 군사들은 쌀을 타 가지고 나가면서 분한 마음이 상투 끝까지 올랐지마는 그러나 몇 달 궁하던 끝에 쌀이라는 것이 반가워서 설사 불평을 말한다 할지라도 누가 그 불평을 알아 줄 이가 없었을 것을 잘 아는 군사들은 대부분은 그대로 돌아갔다.

날이 저녁때쯤 되어서 군사 몇 사람이 자루를 허리에 두른 채 선혜청에 들어와 쌀을 탁 앞에 놓고 쌀자루에다 코를 대고 냄새를 맡아 보더니

"이것 보아. 쌀이 몇 해나 묵은 쌀인지 썩은 냄새가 나네. 이런 벼락 맞을 놈들 보아!"

하고 군인 한 사람이 부르짖었다.

"쌀에서 냄새만 나는 것이 아니라 모래까지 섞어? 참 육시를 할 놈들일세."

하고 다른 군인이 말하는데, 군인 중에서 한 사람이 벌떡 일어나더니 쌀자루를 손에 쥐고 고지기 앞으로 달려갔다.

"여보 고지기 나리! 이 쌀 좀 냄새 맡아 보구려. 이런 것도 사람을 먹으라고 준단 말이오?"

하고 고지기를 노려보는데, 그 말은 들은 체도 안 하고

"여보 바쁘오. 저리 물러나오."

하면서 군인의 등을 밀어 내친다. 군인은 눈을 부릅뜨고 주먹을 부

르쥐었다.

"왜ー 말대답을 안 해? 이 쌀 냄새 좀 맡아 보란 말이야. 자, 보란 말이야. 이게 쌀이야? 모래지. 그래 썩은 쌀에다 모래를 섞어 주는 천벌 맞아 죽을 놈이 어디 있단 말이냐?"

하고 대드는 바람에 고지기는 기세가 좋지는 못한 것을 보고

"그거야 내게 관계 있나? 쌀에 모래가 있는 것은 백성들의 잘못이구, 쌀에 냄새가 나는 것은 묵은 쌀이니까 자연히 그럴 수밖에 더 있나?"

"백성들이 쌀에다 모래를 타서 나라에 세금을 바쳤단 말이지? 에이 육시를 할 놈 같도다."

"이놈! 어디다 대고 하는 말이냐? 이놈 당장 포도청 맛을 보려고 씨부리느냐?"

하고 고지기 이응섭이 군인의 볼을 보기 좋게 후려갈겼다.

"아ー, 이놈 보아라. 이놈을 그저 둔단 말이오?"

하고 이번에는 군인이 발길로 고지기를 차 넘겼다.

고지기가 군인의 발길에 채여 넘어가는 것을 본 다른 군사들은 그제야 '와!' 하고 군중 심리적 행동이 일어났더라.

"그놈을 대매(大罵)에 쳐 죽여라!"

하는 아우성 소리와 함께 고지기 이응섭은 언제 죽었는지, 선혜당 앞에 피를 토하고 죽어 버렸다.

이 광경을 본 군사들은 대부분 후환을 염려하고 뒤로 슬금슬금 도망쳐 달아나는데, 안에서 선혜청 나졸이 쏟아져 나오면서 수괴라 할 만한 두 군인을 잡아 가지고 선혜청으로 들어갔다. 선혜당상 민 겸호는 고지기가 맞아죽었다는 말을 듣고 그 즉석에서 곧 수괴 두 명을 타살하고자 하였으나, 날이 이미 저물었으므로 내일 아침 일 찍 죽이기로 하고, 그날 밤은 소란 중에서 지내게 되었다.

이날 밤에 대원군 문지기 방에 유숙하고 있는 김석연을 찾는 사 람이 있다. 그는 군인의 한 사람 태성숙이란 사람이다. 김석연은 평 소에 친하던 태성숙이가 눈이 둥그레 들어오는 것을 보고

"이게, 웬일인가? 이 밤에 무슨 일이 있어 왔나?"

하고 말을 내어 물었다. 태성숙은 아직 숨이 차서 헐떡거리면서

"형님, 상게(上揭) 소식을 못 들었소?"

"소식이 무슨 소식이란 말인가?"

"선혜청에서 일어났다오."

하고 태성숙은 몇 시간 전에 군인이 선혜청 고지기를 때려죽인 사 실과 군인 두 사람이 잡혀 갔는데 밤중으로 죽일는지 모른다는 사 실까지 대강 이야기하였다.

"큰일났네! 그럼 두 사람만 죽을 것이 아니라 몇 십 명이 죽을는 지 모르겠지. 잡혀간 사람은 김청총, 피청총이라지? 저 일을 어찌하 면 좋은가?"

하고 김석연은 도리어 태성숙을 보고 묻는다.

"별수 없습니다. 그저 군사를 몰고 가서 선혜청을 깨뜨리고 두 사람을 구해 내야지요."

"군인들이 다 말을 들을 만한가?"

"듣다 마다 여부가 있소? 지금 이를 부득부득 갈고 있는데요."

"두 사람만 살려 내면 후환은 없을까?"

"후환이 없을 리가 있소? 그러기에 이런 바람에 아주 민가 종자를 없애고 대원 대감께서 다시 집정을 하도록 하시면 무사하지요."

이 말을 들은 김석연은 귀가 번쩍 띄었다.

본래 김석연은 수문장으로 있다가 일 년도 못 되어 대원군이 쫓겨 나오는 바람에 그 잘난 수문장도 떼어 버리고 대원군 집에서 수위로 있으면서 대원군이 다시 집정하기만 바라던 터였다. 이는 김석연이나 군인들이나 일치된 생각이었다. 그래서 김석연은 군인들과 친하게 되었으며, 군인 중에도 태성숙, 김청총, 피청총 세 사람과 의동생까지 맺어 두었다.

김청총, 피청총을 구해 주는 것도 큰일이거니와 대원군이 다시 집정만 하게 되면 나라는 잘 되고 자기도 잘 되리라는 생각에서 김석연은 태성숙의 말을 찬성하고, 선혜청을 때려 부수기를 맹세했다. 그래서 선혜청을 부술 계획과 선혜청을 부순 뒤에 민씨 일문과 간신배를 몰아낼 계획까지 이야기하였다.

"자— 어서 가게. 일이 급하게 되었네. 그리고 내가 내일 아침 평명(平明)에 선혜청에 가서 기다리겠으니 자네는 군사를 몰아 가지고 그리로 오게."

하고 말한 뒤에 두 사람은 헤어졌다.

김석연은 아침 일찍 칼을 차고 나섰다. 아직도 만호 장안은 죽은 듯이 잠들어 있었다. 김석연은 바로 선혜청 앞까지 간즉 벌써 군사들은 대열을 지어 가지고 선혜청으로 모여 들기 시작했다. 먼저 선봉으로 군사를 몰고 오는 사람은 말할 것도 없이 태성숙이었다. 김석연과 태성숙은 인사할 사이도 없이 그저 머리만 끄떡 하고 나서 김석연이가 군사들을 보고 하는 말이었다.

"지금 나라에 간신배가 가득히 차서 나라의 돈으로 자기의 사욕을 채울 뿐 아니라, 막중한 군량미에다 모래를 섞어 우리들을 굶어 죽게 하였소. 그래서 우리 군인 중에서 고지기와 싸우다가 지금 선혜청에 잡혀가서 당장 죽게 되었소. 우리들은 같은 동무를 살려 낼 뿐 아니라, 이 나라 탐관오리의 목을 베어 나라를 바로 잡아야겠소!"

하는 의미의 말을 간단하게 외치자, 군사들은 일시에

"옳소!"

하고 태성숙의 말을 찬성하였다. 태성숙과 김석연은 먼저 앞서서 선혜청 대문에까지 간즉 대문은 아직도 열려져 있지 않았다. 먼저 앞섰던 김석연이가 대문을 발길로 차 보았다. 대문은 덜컹 하는 소리를 내고 여전히 닫혀 있다.

"김대장님, 여기 도끼 있소!"

하고 어떤 군인이 도끼를 가져 온다. 김석연은 도끼를 들어 대문을 쳤다. 대문은 두 조각이 나면서 부러졌다.

군사들은 아우성 소리를 치면서 대문 안으로 물밀듯 들어간다. 군사들이 대문을 깨뜨리고 들어오는 것을 본 선혜청 나졸들은 잠이 금방 깨어 가지고 갈팡질팡하는 중에서 열에 아홉은 맞아 죽었다. 그러는 중에 민겸호의 머리는 어느덧 김석연의 칼끝에 베여서 선혜청 마당에 떨어졌다. 민겸호의 머리가 선혜청 마당에 떨어진 것을 본 군사들은 절반 미친 사람같이 날뛰면서 선혜청을 들어섰다.

"자―, 이제는 학정 잘 하는 경기 감사 김보현부터 죽여야 한다."

하는 말소리가 어디서 나자 군사들은 '옳소!' 하고 경기 감영으로 몰려간다. 감사 김보현도 이불 속에서 목이 떨어지고 있었다. 군사들은 이제야말로 사기충천하였다.

"민가를 보는 대로 죽여라!"

하는 소리가 연방 나면서 군사들은 장안 안 이 골목 저 골목으로 몰려다니면서 민가 치고 세도하는 집이면 모조리 불을 놓고 사람을 죽이는 것이었다.

장안은 일대 전쟁판이 되었다. 아무리 미약한 나라라 할지라도 그래도 군인은 군인이라 오합지졸이 모인 것과는 천양지판이다. 군사들은 미친 듯이 날뛰는 중에도 김석연과 태성숙의 호령이면 제법 대열을 갖춰 순서를 잃지 않고 있었다.

"원흉 큰 민가를 없애야 나라가 바로 된다. 궁중으로 들어가자!" 하고 김석연이가 외쳤다. 그는 중전을 가리켜 하는 말이었다. 이 말을 들은 군사들은 대번에 건춘문을 열어젖히고 경복궁 안으로 밀려 들어갔다.

군사들은 문 안에 들어서 바로 내전을 향하여 들어가는데 궁중 안에는 환관 내관들이 군인의 칼에 찔려서 비명 소리를 지르며 넘어지는 광경은 실로 꿈에도 상상치 못하였던 큰 반항이었다.

순식간에 내전에 들어간 군인들은 '중전 여기 있다!' 하고 단칼 한 번에 중전의 목을 베었다. 그러나 그것은 중전은 아니었다. 영리한 민 중전은 벌써 적은 성문으로 나가 어디로 도망하고, 군사의 칼에 베이어 죽은 사람은 중전의 의복을 가장하고 있는 궁녀였다. 군사들은 중전이 죽었다는 말을 듣고 대사는 거의 성공이 되었다는 뜻으로 극도로 흥분되었던 기운이 조금 가라앉을 만할 때였다.

이때 상감은 군대가 궁중으로 들어오는 것을 보고 한참 동안은 어쩔 줄을 모르다가 곧 대원군을 어명으로 부르라 하였다. 대원군이 어명에 의거해서 궁중으로 들어오는 것을 본 군인들은 곧 대원군을 둘러싸고 궁전에 들어갔다.

군사들은 이외에 평온해졌다. 이는 평소 신망하던 대원군이 온 까닭이다. 대원군은 본래 민씨와 좋지 못한 터이므로, 그 반대로 군인들을 사랑하였던 원인이었다. 대원군은 군사들을 보고 좋은 말로 일장 설명 한 뒤에

"너희 뜻대로 다해 줄 터이니 이 길로 해산해서 영으로 돌아가거라."

하고 명령하였다. 이것으로써 유명한 임오군란은 단락이 났다. 며칠 뒤에 군란은 아주 평정하여졌다.

민비가 군인의 칼에 찔려 죽었다는 사실을 궁중에서도 믿을 수밖에 없었다. 민비가 도망친 것은 민비로 가장하였던 궁녀 이외에는 한 사람도 아는 이가 없었다. 민비는 멀리 여주로 도망가고, 궁녀는 죽은 뒤에 불에 태워 버린 것이었다.

대원군은 임시로 뒷수습을 하게 되었다. 민비는 국모라 곧 국상을 발표하는 동시에 국모를 죽인 대역부도의 죄인을 잡지 않을 수 없었다. 이 소문을 들은 김석연, 태성숙 등의 다수한 군인은 사방으로 도망쳤다. 대원군이 다시 집정하면 나라도 잘 되고 자기도 잘 되리라 믿었던 김석연은 수문장 구실도 다시 하지 못하고 밤중을 타서 서울을 벗어났다.

낮이면 숲속에서 잠을 자고 밤이면 길을 걸었다. 그는 이틀 만에 경우 장호원까지 가서 밤길을 걷지 않고 낮 길을 걸었다. 닷새 만에

음성 땅으로 잡아들었다.

음성은 본래가 자기의 고향이지마는 아버지가 젊었을 시절에 떠난 곳이므로 김석연은 고향땅이 어느 쪽으로 붙었는지도 알 길이 없었다. 음성과 청주 두 지간에 구만이라는 조그만 거리가 있었다. 김석연은 낮밥 때쯤이나 되어서 구만의 거리를 들어섰다. 거리라야 집이 칠팔 호밖에 되지 않는 조그만 산골 거리라 음식 파는 주막도 변변치 않았다.

석연은 아침밥도 변변히 먹지 못한 터라 뱃속이 비어서 점심을 사 먹으려고 얼른 주막을 들어섰다. 그래서 우선 막걸리 한 잔을 사서 먹은 뒤에 마루에 걸터앉았는데, 나이가 한 24, 5세 되어 보이는 젊은이가 짐꾼 하나를 데리고 앉아 약주를 사서 먹는 것을 보았다. 그들은 제법 영계까지 잡아 놓고 푸지게 먹는 것이었다. 술 먹는 두 사람은 술이 얼근한 김에 키가 구척장신이나 되는 김석연이가 들어오는 것을 보고 조금 자리를 피해 옮겨 앉으면서 김석연이가 막걸리를 사 먹는 것을 유심히 쳐다보다가 젊은이가 김석연을 보고

"이 안주 좀 잡수시지요. 낙지 후 형제라니 무슨 허물이 있겠소?" 하고 허허 웃는다. 김석연은 며칠 궁하던 끝에 삶은 영계를 보고 식욕을 동할 때도 되었지만 체면에 먹을 수가 없어서 몇 번 사양하다가 젊은이가 너무도 간절히 권하는 바람에 닭다리 하나를 얻어 가지고 약주술까지 잘 얻어먹었다.

남의 주회를 얻어먹고 성명을 통하지 않을 수 없는 터이라, 김석연은 성명을 변해 가지고 말한 뒤에 나는 서울서 고향으로 다니러 내려오는 이춘재라고 말했다. 젊은이는 청주 사는 지창화로서, 이 집에 도야지가 있다는 말을 듣고 짐꾼을 데리고 도야지를 사러 왔던 길에 술을 사먹는 중이라는 것이었다. 지창화는 술 한 주전자를 더 청해 가지고 세 사람이 나누어 마시는 중에 밖에서 패랭이를 뒤집어 쓴 자가 들어오더니 주인을 보고 하는 말이었다.

"김서방네, 도야지 한 마리 못 쓰는 것이 있다지?"

"있네. 그것은 왜 묻나?"

"병사댁 생원님이 도야지 한 마리 쓸 일이 있다고 당장 사오라고 하기에 묻는 말일세."

"조금 앞서 오지. 있기는 있네마는 벌써 팔았네."

"판 것을 있다고 하나? 미친놈 같으니!"

"아니 지금 막 팔았는데, 도야지가 아직은 우리에 있다는 말일세."

"아니네. 있는 도야지면 병사 댁에서 먼저 쓰고 보는 것이지, 무슨 문제가 있나?"

"글쎄."

"글쎄라니, 어서 도야지를 내오게. 짐꾼에게 지워 가지고 가겠네. 짐꾼, 이리 들어와 도야지 우리에 가서 도야지를 잡아 지게."

하고 그자는 문밖에 서 있는 짐꾼을 부르는 것이었다. 주인은 얼굴상을 찌푸리면서

"좀 가만 있게. 그렇게 바쁜가?"

하면서 세 사람이 술 먹는 방으로 들어오더니 지창화를 보고

"손님 미안합니다마는 도야지를 다시 물려 줘야겠소. 뒷마을 이병사 댁에서 도야지를 달라고 하니 어쩝니까?"

하고 입을 귀에 대다시피 하고 가만히 말을 하였다.

"내가 돈까지 치른 도야지면 내 도야지란 말이야. 파는 거야 내 일이지 주인에게 무슨 관계가 있어?"

하고 지창화는 소리를 질렀다. 주인은 손을 좌우로 흔들면서

"큰일납니다! 소리 치지 마시오. 돌아가 병사 댁 생원님에게 알리고 보면 나는 값도 못 받고 도야지를 빼앗기기 십상팔구요, 손님들에게도 좋지 못한 일이 생길 터이니 어서 물려 주시오!"

"못 주겠네. 그래, 어쩔 텐가?"

밖에서 고함치는 소리를 들은 이병사 집 하인은 퇴방으로 올라서 세 사람을 힐끔 쳐다보더니 주인을 보고

"저 손들이 다 어디서 왔나?"

"모르지. 나도 오늘 초면인데 우리 집에 도야지 있다는 말을 듣고 와서 돈까지 치르고 도야지를 사 놓았네 그려."

"놓았든지 말았든지 병사댁에서 쓴다면 고만이지 무슨 잔말이

야. 어서 도야지를 가지고 가자."

하고 짐꾼을 불러 앞세우고 도야지 우리로 가는 모양이었다.

"어떤 놈이 남의 도야지를 도둑질해 간단 말이냐?"

하고 지창화는 술상을 밀어 놓고 밖을 내다보면서 고함을 질렀다. 이 말을 들은 하인은

"이 자식 보아라. 영문도 모르고 우라질 자식!"

하고 지창화에게 대어들었다. 지창화는 발길로 하인의 배를 찼다. 하인은 땅에 꺼꾸러졌다가 다시 일어나면서 절굿공이를 들고 지창화에게 달려들었다.

이 광경을 보던 김석연은 벌떡 일어서면서 하인이 든 절굿공이를 뺏어서 땅에 던진 뒤에

"이놈 이병사가 도야지를 강도질해 오라고 시키더냐? 그러면 그 것이 강도지 병사냐?"

하고 두 손으로 하인의 손목을 꽉 잡았다. 하인은

"아이구! 사람 살려요!"

하면서 몸을 비틀면서 쓰러졌다. 하인은 다시 두 말도 못하고 달아날 뿐이었다.

주인은 어쩔 줄을 모르고 서 있는 새에 지창화는 짐꾼에게 도야지를 지워 가지고 큰 길로 나와서 청주 쪽으로 떠났다. 김석연은 지창화가 기어이 같이 가자는 바람에 함께 길을 따라나섰다. 세 사람

은 짐꾼을 데리고 천천히 걸어 한 삼십 리 밖까지 나온즉 뒤에서

"이놈들, 게 섰거라!"

하면서 수십 명의 장정이 손에 몽둥이와 방망이를 들고 뒤따라오는 것이 보였다. 짐꾼은 절로 도야지 짐을 벗어 버리고 숲속으로 달아나는데 지창화도 겁이 나서

"손님 도망칠 수밖에 없소. 저놈들이 다 이병사네 하인들 같은데, 만약 잡히면 우선 죽을 매를 맞고도 끝이 무사치 않을 테니 어쩌우?"

하였다. 김석연은 하인들이 오는 양을 유심히 쳐다보다가 지창화의 손을 이끌면서

"염려 마오. 저 놈들이 총을 가졌다면 무섭지마는 몽둥이쯤이야 수백 명이라도 걱정 없소."

하고 김석연은 술김에 호기를 내어서 말했다.

지창화는 아까 주막에서 하인의 손목을 잡아 혼을 내던 광경을 보았던지라 칠팔 분쯤은 믿음이 있어 갈까 말까 하고 지체하는 동안에 하인들은 벌써 두 사람 앞까지 왔다. 김석연은 앞에 나서면서

"이놈들! 쥐새끼 같은 놈들 같으니, 어디 나 좀 때려 보아!"

하고 두 손을 들고 덤벼들었다. 앞에 선 자는 그중에도 기운이 억센 자였다. 그자는 방망이를 들어 김석연을 쳤다. 석연은 손바닥을 펴고 들어오는 방망이를 받는데 보통사람이 과일 하나를 받는 것보다

더 쉽게 받는 것이었다. 그러자 좌우에서 '우악!' 하고 몽둥이와 방망이가 연해 달려드는 것을 김석연은 발짓과 손짓이 일시에 놀려지면서 수십 명의 장정을 단번에 때려뉘었다.

"자—인제는 가세. 짐꾼이 어디 갔나?"

하고 불렀다. 짐꾼은 벌써 어디로 도망갔는지 그림자도 보이지 않았다. 김석연은 '하하!' 웃으면서 말했다.

"천상에 지서방이 지고 가게 되었소. 도야지 때문에 야단이었는데 도야지를 버리고 갈 수야 있겠소?"

지창화가 도야지를 졌다.

두 사람은 천천히 조그만 고개를 넘어 청주 땅에 접어들었다. 여기서부터 다시 후환이 없으리라 생각한 두 사람은 천천히 담뱃불을 피워 물고 이야기를 주고받으면서 걸음을 옮겼다.

"여보, 지서방. 도야지는 무엇에 쓰려고 사 가오? 댁에 무슨 대사가 있소"

하고 김석연이가 물었다.

"집에서 쓰려는 것이 아니라 노름판에서 잡아먹으려고 사 갑니다. 손님도 함께 가서 도야지 고기를 잡수셔야 합니다."

"노름판이 어디서 열렸소?"

"노름판이야 어디서든지 있지요. 하지마는 이번 노름은 좀 크답니다. 돈이 수천 냥이 왔다 갔다 하는 판이니까."

"노형도 돈을 많이 딴 모양이구려. 도야지까지 사 갈 적에는?"

"내가 딴 것이 아니라 우리 패에서 땄지요."

"노름판에도 무슨 패가 있소?"

"있을밖에 없지요. 한 사람이 돈을 많이 따게 되면 분쟁이 생기기 쉬우니까 뒤에는 후원하는 사람이 패를 지어 있어야 한다우."

"당신네 패에서는 누가 장두가 되어서 노름을 하오."

"손응구라고 하는 사람인데, 그가 장두인 셈이지요."

"그가 노름 재간이 용한가요?"

"노름에는 재간도 있어야 하지마는 그보다도 인품이 있어야 돈을 딴다오. 아무리 재간이 있더라도 인품이 없고 보면 노름이 되지 않지요."

"그래 손응구라는 이는 인품이 잘났소?"

"잘났고 말구요. 호랑이같이 생긴 사람이오."

"나이는 얼마나 되었나요?"

"아직 젊은이입니다. 스물두 살인가 한 살인가 된 청소년이지요."

"사람은 어디 사람인가요?"

"청주 대주리 손문입니다. 집안이 아전집이지만 그는 아전도 배우지 않고 어려서부터 난봉으로 길을 터 가지고 난봉 중에서는 엄지가 됐지요."

"기운도 쓰나요?"

"기운도 보통사람 두 배는 되지요. 하지만 그는 기운보다도 인품이 잘났단 말이오."

두 사람은 이야기하는 동안에 어느덧 삼거리 주막까지 왔다. 여기가 곧 노름판이 열릴 곳이었다. 도야지를 지고 들어오는 것을 보고 노름꾼 한 사람이 나서면서

"왜 그렇게 늦었나? 도야지 살 곳이 마땅치 않은 것이로구먼. 그러고 지게꾼은 어디 가고 왜 손수 지고 오나?"

하는데 지창화는 그 말은 대답도 안 하고 김석연을 보고

"손님, 어서 방으로 들어갑시다."

하면서

"이 손님 아니었으면 나는 오늘 죽고 뼈도 남지 못할 뻔했었네."

하고 좌중을 보고 말하는데, 좌중에는 영수 격 비슷한 청년 한 사람이 지창화의 말을 듣고

"그래 무슨 시비가 났는가?"

"시비라면 여간 시비요? 죽일 놈은 그저 양반 놈들이지."

하고 도야지 사러 갔다가 김석연을 만난 이야기와 이병사 집 하인 놈들과 싸웠던 이야기를 자세히 들려주었다.

이 말을 다 들은 좌중 사람들은 도중에서 우연히 김석연이라는 천하장사를 만난 것도 기억할 일이려니와 이병사 집 하인 놈들을

때려준 것이 더욱 통쾌해서 모조리 김석연에게 통성을 청하고, 그 의기를 칭찬하였다.

"참, 장하신 어른이오. 어쩌면 그렇게 기운도 좋고 의기도 있단 말이요?"

하는 말은 누구 입에서든지 나왔다.

김석연은 좌중에 두루 인사를 마치고 나서 그중에 장두로 있다는 손응구라는 청년을 다시 처다보았다. 그의 나이는 이십이 넘음직하고, 얼굴은 둥글고 조금 길쭉한 편이며, 키는 작은 편이나 아래 위가 찍은 듯이 당돌히 생겼으며, 묘하게 생긴 콧날이 얼굴 복판에 보기 좋게 터를 잡은 것이며, 입은 크고 눈은 광채가 났다. 세상에서 드물게 보이는 관상이었다. 김석연은 서울 태생으로 수문장까지 하면서 많은 사람을 보았으나 저렇게 잘 생긴 관상은 처음 본다고 생각했다. 그는 확실히 공자 왕손의 풍채가 있다고 생각했다. 지창화가 말마다

"손응구는 인품이 잘났지요."

하고 칭찬하던 말이 과장이 아니라고 생각했다. 손응구는 김석연의 손목을 잡고

"손님 참 고맙소. 손님만 없었으면 지서방이 죽을 뻔했구만. 자— 두루마기도 벗으시오. 그리고 피곤할 테니 좀 누우시오."

하면서 손수 김석연의 주의(周衣)를 벗겨 걸고 목침을 내놓고, 지창

화를 돌아보며 말했다.

"이 사람, 어서 도야지를 잡게. 우리보다도 손님이 시장하겠네. 도야지는 우리가 돈을 내고 산 도야지이지만 그 실은 손님 도야지 이란 말이야. 우리는 손님 덕에 도야지 고기를 얻어먹게 됐단 말일세."

밖에서는 도야지 잡는 소리가 들리고, 아랫방에서는 술을 거르는 냄새가 나더니 두 시간 지나 술상이 올라왔다. 노름꾼들은 김석연을 상좌에 앉히고 도야지 고기를 진탕지게 잘 먹었다.

밤에 들락날락 할 때에 밖에서 사람 소리가 수성수성하고 나더니, 노름꾼 한 패가 돈을 소에다 실리고 들어왔다. 손웅구 패와 노름하러 온 사람들이었다. 어젯밤에 손웅구에게 오륙백이란 큰돈을 잃고 간 그들은 다시 노름 밑천을 장만해 가지고 권토중래(捲土重來)를 한 것이었다.

"자—, 어서 노름을 시작합시다."

하고 저쪽 패에서 한 사람이 말을 내는데, 주인은 기름 등잔을 방 가운데 내놓더니 품에서 투전목을 끄집어내서 손웅구를 주는 것이었다. 웅구는 투전목을 받아들고

"무엇을 할까? 땅동동이, 네수 뜨기, 엿방망이 무엇이 좋은가 모두들 말하시오."

"엿방망이 대매뜨기 합시다."

"내기는 얼마씩 걸고."

"백 냥 내기 합시다. 그까짓 것 누가 망하든지."

투전판은 벌어졌다. 일백 냥 대매가 왔다갔다 하면서 1승1패가 되는 형편이었다. 그러자 노름은 점점 긴장하게 되었다. 이 패 저 패 할 것 없이 후원군은 숨도 크게 쉬지 못하고 자패의 승리만 바라는 것이었다.

밤중이나 되었을 때에는 노름판은 본격적으로 커졌다. 일백 냥 대매가 이백 냥, 삼백 냥으로 올라가더니, 나중에는 육백 냥 대매까지 올라갔다. 이 대매 한 번에 승부가 끝장나고 마는 것이었다. 손응구가 먼저 투전장을 뽑았다.

3자가 나왔다. 여기에 6자가 나오면 갑오가 될 터이지만, 다음 장은 장 자가 나왔다. 손응구는 다시 세 번째 장을 뽑게 되었다. 세 장 이상은 더 뽑지 못하는 법인고로 이번 장에 승패가 달렸다. 손응구는 큰 기침 한번을 하고 나서 맨나중 장을 뽑아들었다. 그리고 그것을 힘 있게 죄여 보는 것이다. 투전장 대가리가 뾰족이 내민 것을 본 손응구는 손에 쥐었던 투전장을 바닥에다 엎어 놓은 채 밖으로 나갔다. 다른 사람들은 소변이나 대변을 보러간 것이라고 생각했다.

10분이 지나도 손응구는 들어오지 않았다. 20분이 지나도 들어오지 않는다. 대매를 뜬 투전장은 본인이 아니면 다른 사람은 손을

대지 못하는 법이라, 그래서 좌중에서는

"웬일인가. 대변 아니라 대대변을 본대도 이렇게 오랠 리가 있나? 누구 찾아 나가 보게."

하고 말하는데, 지창화 역시 참다 못해서 밖으로 손응구를 찾아 나갔다.

변소에 가 보았으나 사람의 흔적도 없다. 밖에 나가 이리저리 찾아보았으나 역시 없었다. 지창화는 들어오는 길에 건넌방 문을 열어보았다. 여기서 코를 고는 소리가 요란히 났다.

"투전하던 양반이 나와 잠 잘 일이 없을 텐데."

하고 혼잣말을 하면서, 어렴풋한 등불 아래로 얼굴을 들여다보았다. 그가 곧 손응구였다.

"자—, 이런 양반 보아. 금방 대매 뜨던 양반이 나와 잠을 자다니, 그리고 벌써 잠이 이렇게 들다니! 세상에 별 양반도 다 있네."

하면서 손으로 몸을 흔들었다.

"왜 이래? 나는 잘 테니 돈 싣고 어서 가라구 해."

하고 다시 잠을 자는 것이었다.

지창화는 노름판에 들어와 엎어 놓았던 투전장을 들어보았다. 그는 곡무래라서 온 것이었다. 석삼 자에 열끗 짜리 장수하고 맨나중에 나온 것이 일곱 자니까 꼭 스물 끗이요, 한 끗도 없는, 즉 '제로'였던 것이다.

좌중은 다 웃고 말았다. 육백 냥이라는 큰돈을 잃은 사람이 탄식 한 번도 하지 않고 코를 곯며 잠을 자는 것은 보통 인정으로는 추측도 못할 일이라고 김석연은 생각했다. 과연 그는 배포와 인품 있는 사람이라는 것을 다시 생각했다.

그 이튿날 손응구 일패는 김석연과 같이 괴산 노름판으로 떠났다. 글쎄, 김석연은 손응구 일패의 선봉장으로 손응구의 수족이 되었겠다.

벌써 백 년 전부터 기울어져 가던 이조의 운명은 고종 때 와서 민씨가 세도를 잡은 이후부터는 곪아 썩어 가는 상태에 이르렀다. 대원군 집정 때에 그나마 약간 풀렸던 인재 등용의 길은 다시 막혔을 뿐이고, 반상의 구별은 한층 더해졌다. 노론 소론 남인 북인이라는 이름 아래서 양반의 자식이면 너나없이 벼슬을 가졌으나, 평민이나 쌍놈의 자식은 인품이 높은 사람이라도 초시 한 장 얻어할 수 없는 때였다. 평민이나 쌍놈의 가정에 태어난 사람이면 그저 머리를 숙이고 농사를 짓거나 남의 하인 노릇을 하거나 그렇지 않으면 난봉이 되어서 투전판이나 돌아다닐 수밖에 없었다. 그래서 평민의 자식으로 인품이 잘난 사람은 모두 난봉이 되고 말았다.

그들은 사람이 못 생겨서 난봉이 된 것이 아니라 사람이 잘난 탓으로 난봉이 되는 것이었다. 마음에 불평은 있고 불만은 있으나 그

것을 어디다 설원할 곳이 없어 사람치고 노름하는 난봉이 되고 마는 것이었다. 손웅구가 난봉의 영수가 된 원인도 역시 그러하였다.

손웅구는 청주 아전 손희조의 아들이라 해도 적자가 아니요 서자였다. 아전이란 구실만 해도 쌍놈인데다가 거기다 서자까지 된 그의 신세야말로 불평이 없을 수 없었다. 손웅구가 만일 보통사람 같으면 말할 것도 없지마는 그는 천생으로 타고나온 인품이 아전이나 농사꾼이나 장사치가 될 사람은 아니었다. 그래서 그는 어려서부터 자기의 처지를 돌보는 동시에 그때의 사회 환경을 살펴보고 무한한 불평을 가졌었다. 이제 손웅구가 지금까지 벌여온 사실을 잠깐 적어보기로 하자.

청주 아전 손씨 문중에는 서자는 아버지를 아버지라 부르지 못하게 하는 가풍이 있었다. 손웅구는 일곱 살 때에 처음 그것을 알았다. 그래서 그는 아버지를 아버지라 부르지 않았다. 아버지 되는 손희조는

"이놈! 너 왜 아버지를 아버지라 부르지 않느냐?"

하고 책망하였다.

"우리 문중에서부터 적자 서자의 구별이 없게 하여 주면 아버지라 부르겠습니다."

하고 대답하였다는 사실을 보아도 그는 어려서부터 보통 아이들과 다른 점이 있었던 것이다.

그가 열두 살 먹은 때였다. 그의 형 되는 이가 그 지방에 풍헌이라는 소임으로 있으면서 세금 사십 냥을 주면서 읍에 들어가 아전청에 바치고 오라고 시켰다. 응구는 돈짐을 지고 이십 리 밖에 있는 청주읍으로 들어가다가 거리에서 어떤 길 가는 사람이 병에 걸려 길에서 앓고 있는 것을 보았다.

"여보 손님, 어디가 아파 그러오?"

하고 물었다. 행객은 가슴을 움켜쥐고 앉아서

"속병이 났어. 죽을 지경인데 몸에 돈 한 푼 없고 보니 주막에서 들이지를 않네 그려."

하는 말을 듣고 그는 지고 가던 세금 중에서 돈 삼십 냥을 끄집어 주막 주인을 주면서

"이 돈을 가지고 이 양반 병이 낫도록 치료해 보내시오."

하고 가 버렸다. 이 일로 인해서 형에게 회초리까지 맞은 일이 있다.

그는 어려서부터 그렇게 의리가 있고 대담하였다. 그는 열두 살까지 한문 서당에 다니다가 책을 불살라 버리고 난봉의 길로 들어서게 되었다. 그는 그만한 재질을 가지고 글을 읽었다면 유명한 선비도 되었지만 그가 책을 불살라 버리고 글을 배우지 않은 원인은 그도 역시 천생의 총명으로 나온 그의 불평심에서였다.

"내가 글을 읽으면 어떤 놈이 벼슬을 줄 테야? 싸움해야 기껏 아

전 노릇이나 할 터이지. 그까짓 아전 노릇을 하여 되지 못한 양반 놈들과 원 놈에게 머리를 숙이고 허리를 굽실굽실 하는 아니꼬운 구실을 해? 그렇지 아니하면 학자 노릇을 해? 그것도 구린내 나는 학자라니, 도무지 마음에 맞는 것이 없다."
하는 생각 아래서 그가 간다고 간 곳이 난봉의 길로 간 것이었다.

　손응구는 기운도 있고 위풍도 있고 사람을 의거하는 수단도 있었다. 그는 나이 어린 난봉으로서 동무들 중에서 항상 영수 노릇을 했다.

　그의 명령이라 하면 동무들은 쩔쩔매고 복종하였다. 난봉이라는 것은 첫째 행수(行首) 노릇을 잘 해야 하고 사람 잘 쳐야 한다. 그는 난봉이 되면서부터 투전 골패도 배웠고, 술도 배웠다. 사람 치기는 일쑤이나 그러나 아무 사람이나 함부로 치는 것이 아니요, 양반이나 관리들이 무죄한 백성을 학대하는 것을 보면 그는 생사를 불구하고 대드는 것이었다.

　그가 열여섯 살 먹던 해 봄에 그는 부하를 데리고 괴산 삼거리라는 곳에 갔다. 그때 마침 나라의 어명을 가진 수신사가 오는 것을 보았다. 수신사가 말을 타고 오는데, 말꼬리에는 역졸 한 사람을 매어 달고 오는 양을 보았다. 말꼬리에다가 역부의 상투를 매고 말을 몰고 오는 통에 역부는 일어서서 걸을 수도 없고 땅에 엎드려 길 수도 없는 판이라, 말꼬리에 끌려서 얼굴과 머리에 유혈이 낭자하여

겨우 죽어 가는 말소리로

　"사람 살려주세요. 다시는 안 그럴 테니 사람 살려 주세요."

하는 역부의 비명을 들은 웅구는 건넌방에서 뛰어나오면서

　"사람을 저렇게 학대하는 법이 어디 있단 말이오? 죄의 유무는 그
만두고, 설사 저자가 죽을죄를 지었다 할지라도 사람을 말꼬리에
달고 가는 법이 어디 있단 말이오?"

하고 웅구가 수신사를 보고 대드는 바람에 수신사를 모시고 가던
하인이 나서면서

　"이놈! 너는 웬놈인데 수신사 행차에 영문도 모르고 나서느냐? 저
런 죽일 놈 봤나."

하면서 웅구의 뺨을 때리려고 들어오는 하인을 웅구는 발길로 차
꺼꾸러트리고, 꽁무니에 찼던 장도를 빼서 말꼬리를 끊은 뒤에

　"이놈! 어서 달아나거라!"

하고 역부의 등을 밀어 쫓고 나서, 수신사가 싣고 가던 유서통(諭書
筒)을 빼앗아 연못에다 던져 버렸다. 수신사는 강약(强弱)이 부동으
로 봉변을 보고 돌아가고, 웅구는 부하를 데리고 천천히 길을 걸어
청주로 돌아왔었다. 이것도 웅구가 난봉 거래에 난봉 부리던 이야
기의 하나였다.

　한번은 청주읍에 야시(夜市)가 열린 때였다. 웅구는 술에 만취가
되어 가지고 거리에 나가 야시를 구경하고 있었다. 한 모퉁이를 들

어선즉 길 한복판에 전대가 놓인 것을 보았다. 응구는 전대를 집어 들어 본즉 무거우니깐 전대에는 금은이 들어 있는 것으로 생각했다. 응구는 전대를 들고 서서 돈 잃은 사람이 오기를 기다리는 것이었다. 담배를 한 대 다 피우고 두 대를 피워도 그렇다 할 사람이 오는 것이 보이지 않았다. 응구는 다리가 아파서 길에 쪼그리고 앉아서 다시 담배 한 대를 피워 물고 있노라니, 포목상 비슷한 사람 하나가 길을 누비면서 무엇을 찾는 모양이었다.

"여보, 이 양반. 무엇을 잃었소?"

하고 물었다. 포목상은 머리를 번쩍 들고 응구를 쳐다보면서

"내가 죽을 혼이 든 놈이오. 조금 전 술이 취해서 물건을 잃어버리고 찾아다니는 길이오. 있을 리가 있소? 외로 떨어진 곳도 아니요, 거리 바닥에서 잃은 돈을 찾으러 다니는 내가 미친놈입니다."

하고 다 죽어 가는 말소리로 중얼거리는 것이었다.

"무엇을 잃었는지 대관절 말을 좀 하오."

하고 응구가 다시 묻는 바람에 포목상은 저 사람이 혹시나 내 물건을 줍지나 않았나 하는 마음이 있어

"네, 말씀합죠. 나는 포목상 노릇하는 사람입니다. 포목을 팔아 가지고 금 삼백 냥을 전대에 넣어 허리에 찼던 것이 술 취한 김에 어디서 떨어졌는지 잃어버렸습니다. 이런 얼빠진 놈이 어디 있겠소?"

하고 손응구에게 애걸하듯이 말하였다. 응구는 전대를 내어서 포목
상에게 보이면서

"이 전대 좀 보오. 이것이 당신 물건 아니오?"

하였다. 포목상은 전대를 받아들고

"참 고맙습니다. 이런 험한 세상에 이런 성인 같은 양반이 있단
말씀이오."

하고 땅에 엎드려 넙죽 인사를 하고 나더니

"존함은 뉘시며 어디 사는 어른입니까?"

하고 묻는다.

"성명은 알아 무엇 하오. 잘 가시오. 나는 가오."

하고 돌아서는 손응구의 주의(周衣, 두루마기) 자락을 포목상은 붙들
면서

"나 좀 보시오. 이 돈은 내 돈이 아니라 당신 돈이오. 나는 절반만
가져도 횡재한 셈이니 절반씩 나눠 가집시다."

"내 돈이 웬 내 돈이란 말이오? 내가 도둑놈이란 말이오? 남의 돈
을 밤중에 거저 가지게."

하는 말을 남기고 그는 뒤도 돌아보지 않고 주막으로 돌아왔다.

이것도 그때의 일이었다. 그는 부하를 데리고 음성으로 노름을
갔다. 하루는 양지말이라는 촌중을 지나다가 나이가 한 5, 6세 되는
어린아이가 울고 서 있는 것을 보았다.

"너, 왜 우느냐?"

하고 응구가 아이의 머리를 쓰다듬어 주면서 물었다. 아이는 눈물이 그렁그렁 하는 눈을 들고 응구를 쳐다보면서

"아버지 어머니 누나가 다 죽었어."

하는 말소리는 분명치 못하나 필유곡절한 일이라고 생각한 응구는 동네 사람을 찾아 그 아이의 내력을 물었다.

"네, 저기 보이는 저 집이 김서방 집인데요. 일전에 악질(惡疾)이 들어 그 집 가족이 다 죽어 버리고 저 아이 하나가 남았소. 한데 악질에 걸린 송장이라 누가 치울 사람이 있어야지요. 그래서 아직도 송장이 그대로 방에 있다오."

하는 농부의 말은 듣고 응구는 혼잣말로 '천하에 사람의 도리가 없는 세상이로군. 사람 죽은 것을 그대로 버려 두다니……' 하면서 손수 그 집에 들어가서 5, 6인의 시체를 묶어 한 구덩이에 파묻어 주고 활갯짓을 하면서 어디로 가는 것이었다.

이것이 손응구가 지금까지 내려온 대강 역사였다. 그는 금년이 스물두 살이었다. 한창 기운이 나고 한창 난봉을 부리던 시절이었다. 위에서 한 말같이 그는 난봉이라 할지라도 보통 난봉이 아니요, 의리와 자비심에서 나오는 난봉이었다. 때를 만나지 못한 영웅이 난봉이라는 이름에 묻혀 자기의 불평을 풀어 보는 것이었다.

그는 천하장사 김석연을 새로 얻은 뒤에도 이름이 한층 높았다.

어느 장판 어느 노름판을 가든지 손응구 패가 들어섰다면 경내가 쩔쩔매는 판이었다. 김석연을 데리고 괴산으로 들어갔던 손응구는 칠월 백종이 내일 모레라는 말을 듣고

"김선달, 초평 약수 먹어보았소? 천하 유명한 약수물인데."

하고 김석연에게 말하였다. 김석연은 초사(初仕)로 선달을 지냈고, 그다음에 수문장을 했으므로 그는 도망해 시골로 내려와서는 김선달이라는 행세를 하였으므로 손응구는 그를 김선달이라 하는 것이었다.

"소문은 많이 들었지마는 아직 먹어 본 일이 없소."

"초평 약수물은 어느 때든지 꼭 같은 약수이지만 그중에도 칠월 백중날 약수가 제일 좋다고 옛날부터 내려오는 말이 있지요. 그러기에 백중날이 되면 초평 바닥은 인산인해가 되다시피 되지요. 근처 사람은 물론이요, 멀리 서울서까지 오는 사람이 있답니다. 그뿐인가 사람이 많이 모인 때라 노름판도 크게 열리지요. 자—, 내일 모래가 곧 백중이니까, 오늘은 어서 갑시다."

하고 손응구는 김선달의 부하 몇 사람과 같이 초평 약수터에 왔다.

듣던 말보다도 사람들이 굉장하였다. 눈병 든 이, 기침장이, 체병 있는 사람 등 가지각색의 병신도 있거니와 보통 무병한 사람도 절반은 약수를 먹을 겸 절반은 구경 겸, 노름꾼은 노름할 겸 장사치는 물건 팔 겸, 이 계급 저 계급 사람이 모두 모여들었겠다. 한쪽에는

노름이 열려 가지고 투전 골패 장기내기, 한쪽에는 물건 장사들이 물건을 파노라고 "연병 사탕 오화탕 줄병 있소." 하는 소리. 한쪽에는 노래 부르고 춤추는 것, 실로 각양각색의 사람들이 복작대고 있었다.

손웅구는 김선달을 데리고 노름판에서 노름을 하는 것이었다. 노름판도 몇십 군데나 널려 있는 때라 웅구는 이 판에서 한번, 저 판에서 한번 하면서 돈냥 간 착실히 따먹었다.

"자—, 이만하면 점심값이나 벌었으니까, 저기 가 약수나 한 잔 먹고 술이나 받아 먹세."

하면서 김선달을 데리고 약수터로 왔다. 약수터에는 너도 나도 하고 약수를 먹는데, 원체 사람이 많이 모인 때라 약수 먹는데도 군중 심리가 일어나 가지고 제각기 한 잔이라도 더 먹으려고 앞에 사람을 밀치고 들어서는 사람까지 있었다. 손웅구는 군중의 틈에 끼어 겨우 물 한 잔을 얻어먹고 나서는 길에

"저리 물러들 나거라! 서생원님 들어오신다."

하는 소리가 들리더니 뒤에 양반 패거리가 한 5, 6명 떼를 지어 들어오는 양을 보았다.

물 먹던 군중들은 서생원이 들어온다는 말을 듣고 양쪽으로 갈라서면서 길을 터주는 것이었다. 서생원이라는 사람은 서참판의 아들이었다. 그는 청주에서도 유명한 양반이었다. 서생원은 바로 약수

터에다 자리를 펴더니 하인을 시켜 약수를 길어다가 5, 6명이 나눠 먹는데, 물은 절반도 먹지 않고 땅에 쏟아 버리고는 다시 연달아 퍼 오라는 것이다. 이러기를 몇 시간 계속하는 동안에 다른 군중은 선 채로 언감생심 약수를 먹어볼 생각도 못하는 것이었다. 그래도 그 들은 서생원이 약수를 먹고 가기만 기다릴 수밖에 없었다.

"저런 법이 있소? 아무리 양반이기로서니 체면이 있지. 다른 사 람은 물 한 잔 얻어먹지 못하게 하구 몇 시간을 혼자 차지하고 있 담."

하고 김석연이가 노름을 하고 있는 손응구를 보고 혼잣말같이 지껄 였다. 이 말을 들은 손응구는 투전목을 땅에 놓더니 약수터에 달려갔 다. 그들은 아직도 그 모양으로 있었다. 응구는 잡담 제지하고 약수 물 나오는 한복판에 펄쩍 들어앉는다. 가는 모시 의복이 물에 적셔 져서 살까지 하얗게 비치였다. 서생원은 어떤 영문도 모르고 손응 구를 쳐다보는데, 응구는 물을 퍼가지고 서생원을 향하여 뿌렸다. 서생원은

"어―, 이게 무슨 버릇이람. 미친놈이로군."

하면서 벌떡 일어나 옷에 묻은 물을 손으로 터는데 응구는 들은 체 도 안 하고 물을 퍼서 자꾸 뿌렸다.

"저런, 고약한 놈!"

하고 서생원의 하인이 응구를 향해 달려드는 것을 김선달이 뒤에

섰다가 하인의 뒷덜미를 잡아 메쳤다.

서생원 일행은 본래가 양반의 몸이라 입으로는 불호령을 다하지마는 몸이 약해서 대들 기운도 없는 작자들이므로 하인이 김선달에게마저 넘어지는 것을 보고 비슬비슬 사람 속으로 빠져 달아났다.

"이놈들, 어디로 가느냐? 물 좀 더 먹고 가거라."

하고 김선달이 호통하는 바람에 그자들은 벌써 달아나는 꼴을 물끄러미 바라보다가 허허 하고 큰 웃음을 하더니 군중을 돌아보면서

"여러분, 인제는 안심하고 물들 잡수십시오. 고약한 놈들 같으니, 양반 행세하고 약수까지 혼자 먹으려고 든단 말이지. 천하 고약한 놈들이."

하고 천천히 약수물 터에서 나와 김선달을 데리고

"자ㅡ, 인제 술이나 한잔 더 먹세."

하면서 '서울집'이라고 간판을 붙인 주점으로 어슬렁어슬렁 들어가는 것이었다.

이것이 손응구의 소일거리요, 손응구의 생활이었다. 세상에서는 손장군 일패라는 난봉의 이름을 듣고, 문중에서는 난봉 놈이라고 돌보는 사람이 없으며, 집안 살림이라야 서발 장대를 휘둘러도 다칠 것 하나 없는 빈집이었다. 그러나 그는 세상의 비평과 같은 것을 관심할 인물이 아니었다. 그저 제멋대로 살다 죽으면 그뿐이라는 것이 그의 생각이었다.

손응구 일패가 초평약수에서 서생원 일패의 양반들을 괄시한 일은 만 장판이 다 본 일이라 그중에는 청주 관속도 섞여 있었다. 분경이라야 무슨 큰 분경은 못 되고 그저 장난 겸한 일이라 군중들은

　　“에—, 시원하다.”

하면서 한바탕 웃고 말았다.

　　그러나 이 통에 세상에는 말거리가 생겼다. 초평 약수터에 천하장사가 왔다갔다는 것이었다. 그는 김석연을 두고 한 소문이었다. 김석연이가 서생원네 하인 놈을 고양이가 쥐새끼 놀리듯이 놀리는 광경이었다. 서생원 집 하인도 그 지방에서는 장사라고 이름이 난 자이지만은 김석연이 앞에서는 수족 한 번도 놀려보지 못하고 꺼꾸러지던 광경을 본 것이었다. 게다가 김석연의 기골이며 몸집이며 손이며 발이며 눈이며 할 것 없이 다 천하장사로밖에 볼 수 없었다.

　　“에, 그녀석 키도 크거니와 기운도 그렇게 쓰는 녀석은 처음 보았네. 좌우간 천하장사데, 천하장사야.”

하는 말은 누구 입에서든지 나왔다.

　　장판에서 서생원의 집 하인쯤 딸린 것은 그렇게 큰 문제가 될 것이 없지마는 김석연의 풍채와 기운으로 해서 퍼진 소문은 뜻하지 않은 의외의 사태가 생기게 되었다. 무엇이냐 하면, 김석연의 인상이 청주 관속의 눈에는 수상쩍게 보였던 것이다.

　　임오군란의 뒷수습으로, 국모를 죽인 대역부도(大逆不道)의 죄인

김석연을 잡으라는 훈령이 각 고을에 내려붙은 지 벌써 몇 달이 되었다. 그래서 청주 관속들도 김석연의 인상은 훈령의 내용을 보고 대강 기억해 두었던 터이다.

청주 관속 한 사람이 초평 약수터에서 일어났던 일과 김석연을 청주 장청에 보고하는 동시에, 좌우간 초평 약수터에 나타났던 천하장사라는 자를 잡아보자는 공론이 일치되었다. 그래서 관속들은 뒤를 밟아 김석연이가 대주리 이화선의 집에 숨어 있다는 사실을 알았다.

손응구와 김석연은 초평 약수에서 돌아오는 길로 서생원네 동정을 살펴보기로 하였다. 양반의 자식이 쌍놈들에게 괄시를 당하고 그저 있을 리가 없다고 추측한 거였다. 서생원은 집에 돌아가 펄펄 뛰면서, '당장 청주 관속을 풀어 손응구를 잡아라, 복수를 하라.' 하였으나, 서참판이 그만두라는 바람에 그 일은 무사했다. 그렇지만 이 외에도 김석연의 일이 탄로가 되어서 청주 관속들이 일간 김석연을 잡으러 떠난다는 소문을 들은 손응구는 김석연을 대주리에서도 제일 유축에 있는 이화선네 집에다 숨겨 두었던 것이다.

청주 관속들이 이화선네 집을 습격할 때에, 김석연은 뒷문을 차고 도망가 버리고 관속들은 주인 이화선을 잡는 통에 벽장 속에 간직해둔 책 한 권까지 압수해 가지고 읍으로 들어왔다.

관속들이 주인 이화선을 잡아가는 것은 범인 은닉죄로 당연히 그러할 일이지마는 책 한 권은 무슨 까닭으로 압수해 갔을까? 책이 논어, 맹자와 같은 보통 책 같으면 그들이 가져갈 리가 없지마는 압수한 책은 세상에서 지금껏 보지 못하던 책이었던 것이다. 책뚜껑에는 '동경대전'이라 썼고, 책 내용에는 '시천주 조화정 영세불망 만사지'라는 글귀와 '학즉동학'이라는 문구로 보아 그는 묻지 않아도 동학 문서인 걸로 알았다.

관속들은 불행하게도 범인은 잡지 못했지마는 범인을 은닉한 죄인을 잡았고, 그럴 뿐만 아니라 그 밖에도 그는 동학군인 것을 알 때에 소 대신 양을 쓴다는 말과 같이 헛걸음 한 것은 아닌 셈이었다.

이화선은 대주리에서도 미천한 사람이라 그는 월전에 동학에 들었다. 그래서 그는 새로 박은 동경대전 한 권을 얻어 두고 있었던 것이다. 그리고 집에 김석연을 숨겨 둔 것은 전년에 손응구의 면목을 보아 했던 일이다. 손응구는 본래 미천한 사람을 잘 보호해 주는 터이므로 이화선은 손응구를 은인과 같이 아는 터였다. 그래서 읍으로 잡혀 들어간 이화선은 손응구는 쏙 빼 버리고 자기 임의로 김석연을 집에 묵도록 했다고만 말했다.

"소인은 전부 모릅니다. 어느 날 밤에 김석연이란 사람이 찾아와서 며칠만 묵어 가자고 하기에 영문도 모르고 그저 적선하는 마음으로 며칠 묵어 가라구 했습니다. 그자가 죄를 짓고 도망쳐 다니는 죄인인 줄은 꿈에도 생각 못했습니다."

하고 대답했다. 그 말만은 원도 고개를 끄덕였다. 그래서 그 일은 그럭저럭 무사하게 되었다.

이 일이 이렇게 쉽게 무사하게 된 것은 당시 이방으로 있던 손천민의 힘이 컸다. 손천민은 대주리에 사는 사람이며, 손응구의 장질 되는 사람이라, 그래서 손천민은 이화선이가 같은 동네에 사는 사람이며, 이 사건 또한 자기 삼촌과 관계 되는 일인 것을 알기 때문에 그는 백방으로 주선해서 무사하게 만든 것이다.

그러나 이화선이가 동학군이라는 것은 어떤 방법으로든지 변명할 여지가 없었다. 그는 동경대전이라는 문서가 있는 까닭이다. 이화선은 김석연의 사건이 끝나자 곧 놓여 나올 것인데, 동학군이라는 죄명 아래서 다시 취소를 받게 되었다. 이튿날 아침 조회에 원은 이화선을 잡아들였다. 그때 마침 원 옆에는 아전 손천민이 있었다.

"이놈―, 네가 동학군이지?"

하고 원은 대번에 노골적으로 물었다.

"네―, 일전에 동학에 든 일이 있습니다."

이화선은 정직히 대답했다. 이화선은 관속들이 동경대전을 가지고 올 때에 이미 동학군이라는 탈을 면치 못할 줄을 알았던 것이다.

"동학에는 왜 들었어?"

"보국안민을 하고 삼재팔난(三災八難)을 면한다구 하기에 들었습니다.”

"이놈 보국안민을 해? 너 같은 시골 쌍놈이 보국안민을 해? 이놈 무엄한 놈 같으니!'

하고 엄청나다는 듯이 말끝에 '허허' 하고 비웃음을 웃었다. 원은 책상 위의 동경대전을 손에 들더니 물었다.

"이게 네 책이더냐?"

"네―, 소인의 책이올시다.”

"네가 동학은 어느 놈한테 배웠느냐? 이 책은 어디서 얻었느냐?”

"경상도 사는 서심경이라는 사람이 지나가다가 동학에 들라고 말하기에 소인은 동학이 국금인 줄은 모르고 들었습니다. 그리고 그 책도 서심경에게 얻었습니다.”

이 말만은 거짓말로 꾸며댔다. 이화선이가 사실로 동학을 받기는 대주리와 근접한 데에 있는 서택순에게서 받았지마는 그 일을 바로 말하게 되면 서택순에게 화가 미칠 것을 아는 까닭이었다. 원은 그 말만은 잘 곧이듣지 않는 모양이다.

"이놈! 거짓말 마라. 내가 벌써 동네 놈한테 배웠다는 것을 다 알았어. 바로 말을 해!'

하고 호령을 했다. 사령들은

"바로 아뢰어라.”

하고 이화선의 입을 붉은 몽둥이로 짓누른다. 이화선은 그저

"소인은 이 밖에 더 할 말이 없습니다."

하고 머리를 숙이고 있겠다. 그때에 이방 손천민이가

"황송하오나, 소인이 한 말씀 여쭙겠습니다. 소인도 대주리에 사는 까닭으로 저 백성을 잘 압니다. 저 백성으로 말하면 말대로 있는 천진입니다. 평생에 그른말은 할 줄을 모르는 백성이올시다. 그리고 소인이 사는 동네에는 소인이 알다시피 동학군이 없습니다. 저 백성은 사람이 본래 천치 같은 자라 무슨 세월도 모르고 지나가는 자의 말을 듣고 뛰어든 것만은 사실 같습니다."

하고 가는 목소리로 원에게 아뢰었다. 원은 머리를 끄덕끄덕 하면서 즉시 알겠다는 뜻을 표시했다.

이화선은 그날로 원에게 다시 동학을 하지 말라는 훈계를 듣고 무사히 나왔다. 손천민은 거행을 다 마치고 나올 때에 원에게서 '동경대전을 아전청 내에다 잘 보관하라.'는 명령을 받고 책을 들고 집으로 돌아왔다. 손천민은 돌아오는 길로 의관도 벗지 않고 동경대전을 펴보았다.

그는 동학 문서라는 호기심에 이끌려 한번 읽어 보리라 작정한 것이다. 그리고 동학 문서라는 것이 필시 무슨 좋은 수가 있을 것이리라고 생각했다. 그는 동경대전 첫머리에 쓰인 포덕문을 다 읽었다. 첫 번째는 선뜻 뜻을 모르고 읽었으나 두세 번 다시 읽어 보고 나서는 그는 책을 덮어 놓고 홀로 무슨 생각을 깊이 하게 된 것이다.

　'동학이면 무슨 술(述)같이 알았던 것이 정작 책을 본즉 도덕 중에
는 훌륭한 도덕이로군.'
하고 생각한 것이다.

　"이런 훌륭한 도를 나라에서 무슨 까닭으로 금할까? 원체 조정에
있는 놈들이란 도둑놈들이니까, 도라는 것을 제대로 알 수 있나."
하고 혼잣말로 중얼거렸다.

　그는 며칠을 두고 동경대전 한 권을 다 읽고 나서는 무슨 새 정신
이 나는 듯하였다. 손천민은 무슨 사나운 꿈을 꾸다가 깬 것과 같이
속이 시원하였다.

　손천민은 본래 손씨 문중에서 제일로 치는 사람이다. 그는 글이
천하문장이다.

　일찍이 공맹의 글은 물론 시부(詩賦), 심지어 팔문둔갑(八門遁甲)
등 못하는 것이 없는데다, 사람됨이 청수하고 천성이 강직한 사람
이었다. 그는 악한 일이라면 사갈(蛇蝎)과 같이 싫어했다. 그는 만일
큰 벼슬을 하였다면 유명한 청백리가 되었을 것이요, 임금을 섬긴
다면 백이숙제 이상으로 청절(淸節)을 지킬 사람이었다. 그러나 그
는 아전의 집에 태어난 죄로 그런 큰 글을 가지고도 진사 한 장 얻
어하지 못하고, 이방이라는 구실을 다니게 되었다. 이방이 된 그는
많은 사람을 잘 주선해 주었다. 원들이 학정하는 것을 볼 때마다 그

는 곧 사면(辭免)하고 나올 생각이 있었지마는, 그나마 안 다니고 보면 처자들을 먹여 살릴 길이 없으므로 그저 참고 있었던 것이다.

'나라가 이 꼴로만 나가면 머지않아 망하리라. 세상이 이 꼴로만 나간다면 무슨 결판이 날 때가 있으리라.'
는 생각을 하루도 잊어본 적이 없었다.

그가 동경대전을 본 뒤에는 죽었다 다시 살아난 사람과 같이 자기도 잊지 못할 어떤 희망이 마음속에 움직였다. 그래서 그는 이왕이면 동학의 근본을 끝까지 알아보리라 결심했다. 그래서 그는 며칠 뒤에 이화선을 찾았다. 그러나 이화선은 무식한 사람이요 새로 동학에 든 사람이므로 아무 말도 들어 볼 것이 없었다. 그는 이화선에게서 서택순이라는 동학 두목이 근처에 있는 것을 알았다. 그는 곧 서택순을 찾아가 동학을 받았다. 그리고 동학 선생인 최해월을 기어이 한번 만나 보려고 하였다.

그때에 최해월은 충청도 목천군 내리에 와 있었다. 해월은 지목을 피해서 이곳저곳을 돌아다니는 광경이 그야말로 금일 충청도, 명일 경상도였다. 해월은 바로 한 달 전에 목천에 왔을 때, 그 이튿날 서울서 군란(軍亂)이 났다는 소문을 들었다. 이 말을 들은 도인들은 해월에게 이런 말을 물었다.

"선생님 말씀이 꼭 맞았습니다. 서울서 난이 일어났답니다. 신통하게도 6월 달에 난 것에다 날짜까지 맞았습니다. 그런데 선생님,

앞 일은 어떻게 될 듯 합니까?"

해월은 바로 그해 3월 달에 제자들을 보고 6월 말경이면 서울서 내란이 나리라는 예언을 한 일이 있었으므로 제자들은 신통하게 여기어 묻는 말이었다.

"예언이라야 내가 무슨 명인이 되어서 알았겠나? 그게 다 한울님의 거시(巨視)로 말한 것이지. 앞일? 앞일은 훤하지. 나라 일은 날로 망해 갈 수밖에 더 있나. 그러나 우리 도에는 관계치 않을 것일세. 나라에서 다른 큰 걱정을 할 나위에 동학군 잡을 생각 날 새가 있겠나? 이 통에 그대들도 포덕이나 잘 내어 보게. 어지러운 세상에 있으면 다스리는 세상이 돌아올 날이 있네. 어느 때든지 우리 도를 가지고서야 나라가 바로 될 것일세."

하고 대답하였다. 해월의 추측은 과연 틀림없었다. 임오군란이 난 뒤에 나라에서는 거의 동학의 존재를 잊은 모양이었다. 동학군의 존재보다도 안으로 잇따라 일어나는 내란과 밖으로 생기는 외환(外患) 때문에 동학을 생각할 사이가 없었다. 동학교도는 이 틈을 타서 훨씬 늘었다. 초야에 묻힌 호걸들이 연달아 동학으로 쓸려들게 되는 판이었다.

해월은 첫 번으로 동학 교리를 가르치기 위하여 보따리를 지고 이곳저곳으로 돌아다니는 것이었다. 이제 지목을 피해서 다니는 것이 아니라 제법 동학 선전으로 돌아다니는 것이었다. 그는 어떻게 널리 돌아다녔던지 세상 사람들이 그를 '최보따리'라는 이름까지 붙여 부르게 되었다.

그가 이번 목천에 온 목적은 동경대전을 더 증간해 볼 작정이었다. 동경대전이란 책은 일찍이 최수운 선생이 저술한 책이었다. 최수운이 돌아간 뒤에 나라에서 동학군을 이 잡듯이 잡는 통에 최수운의 유적이라고는 씨도 남기지 않고 사라진 것이다. 그랬던 것을 해월이 특히 기억되었던 동경대전 사편과 기사 팔편을 입으로 불러내어 새로 목판에 박았겠다.

해월은 본래가 무식한 어른이므로 한문이라고는 하늘 천 자 하나 모르는 이였다. 그런 이가 동경대전과 같은 어려운 글을 불러내는 것을 본 제자들은 다시금 놀라지 않을 수 없었다. 먼젓번 인제 갑둔리에서 동경대전을 초판으로 박힐 때, 그는 동경대전을 입으로 다 부르고 나서도 자기가 부른 글을 골자도 알지 못했다. 그는 강령으로 글을 불러 말하는 것이었다. 동경대전뿐 아니요, 해월은 많은 글과 많은 말을 남겼다. 그것도 다 강령으로 나온 것이므로 뜻은 알면서 글자는 모른다 하였다. 그의 제자 가운데는 유식한 사람도 없지 않았다. 하나 도시(道時)에 이르러는 해월을 따를 사람이 없었다.

목천군 내리에서 동경대전을 다시 간행한다는 소문을 들은 도인들은 너도 나도 하고 선생을 만나러 왔다. 그중에 서택순도 손천민을 데리고 목천으로 왔겠다. 서택순은 손천민을 오 리쯤 되는 거리

주막에서 기다리게 하고 자기 혼자 선생이 유숙하고 있는 김은경의 집을 찾았다. 서택순은 벌써 해월을 만난 지 오래되었으나 손천민은 이번이 첫 걸음이므로, 선생에게 먼저 소개를 한 뒤에 뵈이라고 말해 두었다. 서택순은 인사를 마친 뒤에 선생을 향해서

"새로 입도한 도인 한 사람이 선생님을 뵈이러 여기까지 왔습니다."

하고 가는 말소리로 말하였다.

"왜, 같이 들어오지 먼저 들어왔소?"

하고 해월은 기탄없이 말했다.

"이유가 좀 다른 사람입니다. 현재 청주 이방으로 있는 손천민이라는 사람인데, 글이 문장이요, 아전 중에도 수리(首吏)로 있는 사람입니다."

서택순은 선생이 아전이라는 것을 좀 싫어하지나 않을까 염려하고 말하는 것이었다. 곁에 있던 주인 김은경이 선생의 말도 듣기 전에 먼저 말을 내었다.

"관속부치라면 초면에 그렇게 보일 수 없을 것 같습니다. 세상이 하도 험한 세상이니까, 사람의 일을 누가 알겠소? 그자가 혹 동학의 내정이나 알고 뒤탈을 낼는지 누가 알겠소?"

하고 선생과 서택순의 얼굴을 번갈아 쳐다본다. 이 말을 들은 해월은 김은경을 쳐다보면서

"사람을 추측으로서 믿지 않으셔야 될 수 있나? 관속 중에는 왜 좋은 사람이 없겠나. 원체 양반 같으면 몰라도 아전이야 원래 양반들의 천대를 받아오는 사람들이라, 불평은 보통 사람보다도 그 사람 층에서 더 많이 부렸네. 아무 염려 말고 데리고 오게."

하는 말을 들은 서택순은 곧 거리로 나가 손천민을 데리고 장석에 들어왔다. 손천민은 글을 배운 학자이라, 인사 범절과 언어 동작이 보통 사람보다 훨씬 잘났다. 해월은 손천민을 한번 쳐다보더니

"잘 왔습니다. 먼 데서 이런 무식한 사람을 일부러 찾아주시니 미안합니다. 편안히 앉으시오."

하고 귀빈이나 온 듯이 존경의 말을 붙여 인사를 하였다. 손천민은 두 무릎을 꿇고 앉으면서

"말씀 낮춰 하십시오. 저는 미천한 아전 놈이요, 그리고 저도 제자 된 신분에 선생께서 그렇게 말씀하실 수 있습니까?"

하고 아전이 하는 버릇으로 허리를 굽실하고 머리를 숙이면서 말하였다.

"사람이면 다 일반이지, 미천한 사람이 따로 있단 말이오? 사람에게 귀천이 있다는 것은 사람들의 장난이요, 한울님으로 본다면 꼭 같은 사람입니다."

하는 해월의 말은 힘이 있었다. 손천민은 몸이 떨렸다. 생전 처음 듣는 말이었다.

옛날 선현(先賢)의 글 가운데서 글로는 혹 그런 글을 읽어 본 구절이 있은 듯 하나 산 사람의 말로는 처음 들었다. 해월은 말을 다시 물었다.

"그래 입도는 언제 하셨소?"

"바로 월전에 들었습니다."

"나라에서 동학을 금한다는 소문은 관속들이 더 잘 알 터인데, 관속의 몸으로 동학에 든 것이 법에 어긋나지 않소?"

하고 해월은 빙그레 웃는다. 손천민은 두 손을 앞으로 읍하고 다시 꿇어앉으면서

"법이 있는 세상이라야지요. 법이 있고 보면 선현의 도를 금할 수가 있겠습니까? 어느 때든지 당시에야 선현이 나는 법이올시다. 옛날 공자님도 춘추전국의 난시에 나지 않았습니까? 세상이 이만치 난시 된 때에 선현이 안 날 리가 있습니까? 그래서 저 같은 미천한 사람도 선현의 제자가 될까 하고 도에 들었습니다."

하는 말은 모두가 유식해서 나오는 말이었다.

"잘 알았소. 그러기에 수운 대선생과 같은 어른이 나지 않았소? 이게 다 한울님이 시키는 일이오. 사람은 사람 자기네의 일을 알지 못하되, 한울님은 다 알고 있소. 손 이방이 입도한 일도 한울님이 뜻을 둔 까닭이요, 손 이방이 손 이방 자의로 도에 든 것이 아니오. 한울님이 시키셨던 것인 줄 알아야 하오. 한울님은 무슨 일에든지

간섭 안 하는 일이 없고 무슨 일에든지 명령 안 하는 일이 없는 것이오."

"한울님은 옥경대에 계시다는데, 어떻게 사람의 일을 자세히 알수 있습니까?"

하고 손천민이 물었다. 이것은 손천민에게 평생 의심 있는 생각이었다.

이 말을 들은 해월은 히죽이 웃으면서 말을 계속했다.

"한울님이 옥경에도 있지마는 손 이방의 몸에도 있소. 또 내 몸에도 있소. 천하 만인의 마음에 다 있소. 한울님은 몸을 가지고 있는 것이 아니라, 영으로 있소. 한울님의 몸은 우주 전체가 다 한울님의 몸이오. 그러므로 한울님은 무소부재(無所不在)하다는 것이오. 무소부재한 고로서 무슨 일에든지 다 간섭이 있다는 말이오."

손천민은 귀가 번쩍 열렸다. 천고의 의심이 해월의 말 한마디에 풀리는 듯했다.

"아! 과연 성인의 말씀이로구나."

하는 생각이 났다. 손천민은 밤낮 이틀 동안을 두고 도담을 들었다.

그는 자기가 아전이라는 직무까지 까맣게 잊어 버렸다. 사흘 만에 손천민은 선생을 하직하고 청주로 돌아왔다. 돌아오는 길로 그는 곧 이방을 사면했다. 그리고 동학 포덕에 골몰했다. 한 달, 두 달, 석 달이 지나는 동안에 그는 어느덧 동학 두목이 되었다.

손천민이가 동학 두목이 된 뒤에 많은 포덕을 시켜 보았다. 그러는 동안에 해월 선생에게 들은 한 가지 경험을 직접 체험해 본 것이었다. 무엇이냐 하면 동학에는 삼불입(三不入)이 있다는 것이다. 삼불입이란 것은 부불입(富不入), 반불입(班不入), 사불입(士不入)이란 것이었다. 즉, 부자, 양반, 선비 이 세 급은 동학에 들기 어렵다는 것이었다. 이 세 계급의 사람은 사람 그 자체가 못나거나 잘나기 때문에 동학에 들 자격이 없다는 의미가 아니고, 그들은 이미 어떤 권세 때문에 새로운 희망이 끊어졌으므로 새 도덕인 동학에 들기를 싫어한다는 뜻이었다.

　손천민은 이 사실을 철저히 경험해 보았다. 손천민이 포덕한 사람 가운데는 대부분이 이 세 계급을 제외한 이외의 평민들이었다. 그리고 잡기하고 사람 치는 난봉도 많이 들었다. 그런데 한 가지 이상한 것은 보통 난봉이라 하면 대개가 사람 치고 술 잘 먹고 도박 잘하는 악인이라고만 생각했던 것인데, 그들이 한번 동학에 들고 나면 오히려 보통 사람보다도 훌륭한 도인이 되는 것이었다.

　그 연고는 다름이 아니라 난봉은 사람이 못나서 난봉이 된 것이 아니고, 사람이 잘난 까닭으로 난봉이 되었던 것이다. 평민의 자식은 사람은 뛰어나게 났지마는 반상의 구별이 심한 당시 사회에서는 그들이 출세 여지가 없었던 것이다. 그래서 그들의 대부분은 난봉으로 돌아서 가지고 만고의 불평을 풀어 버리는 것이었다. 그러므로 그들은 언제든지 이 세상이 이 현상대로 있는 것을 좋아하는 무리들이 아니고, 이 세상이 한번 뒤집어진 뒤에 이 세상과 정반대되는 새 세상이 오기만 기다리는 무리였다. 그러한 무리가 새 세상을 만든다고 외치는 동학에 들지 않을 리가 없고, 들고 나서는 진실한 사람이 될 것은 당연한 일이었다.

손천민은 이 경험을 많이 겪고 난 뒤에는 이전에는 사갈같이 보던 난봉을 지금에 와서는 오히려 그들의 뒤를 따라다니면서 그들 중에 쓸 만한 사람을 택해서 기어이 입도를 권해 보는 것이었다. 그래서 손천민은 자기의 서삼촌(庶叔)인 손응구를 생각해 보았다.

'손응구가 도에 들기만 하면 큰 두목이 되련마는….'

하고 생각하였다. 이전 같으면 자기 서삼촌인 손응구를 사람 축으로 생각하지도 않았다. 그들 집안을 망치고, 가문을 더럽히는 난봉이라 해서 누가 손응구의 말만 나와도 자리를 뜰 정도로 싫어했다. 허나 그가 이 경험을 지낸 뒤에는 여러 번 자기의 서삼촌을 생각해 보았다.

'우리 삼촌은 사람이 못나서 난봉이 된 것이 아니라 사람 잘난 탓으로 난봉이 되었다.'

하고 생각할 때에 그는 손응구에게 곧 동학을 해 보라고 권할 생각을 가졌었다. 그러나 손응구의 위인이 원체 남의 말을 잘 듣지 않을 뿐 아니라, 더욱이 손천민과 같은 학자의 말을 죽기내기하고 안 듣는 성미인 것을 잘 아는 손천민은 여태껏 직접으로 말을 걸어 보지 못하였다. 그래서 그는 어떤 날 도인들이 많이 모인 좌석에서 이런 말을 했다.

"우리 서삼촌인 손응구가 도에 들기만 하면 큰사람이 됨직한데, 누가 한번 가 이야기나 해 볼 테요."

하고 물었다. 좌중에 사람들은 이 말을 듣고 일구여출(一口如出)로 하는 말이었다.

"저런 말씀이 있습니까? 다른 난봉 같으면 몰라도 손응구로 말하면 난봉 중에도 엄지 가락이 아니오. 그럴 뿐 아니라 그가 누구의 말을 들음직이나 하우? 만일에 도를 권했다가 듣지 않는 날이면 큰탈이 나게요. 아예 그런 생각은 하지도 마시오."

하고 막아 버린다.

"아니오. 우리 삼촌이 도에 들고 안 드는 것은 모르는 일이오마는 남의 탈을 잡아 가지고 남에게 화를 입힐 사람은 아니지요."

하고 여러 사람의 동정을 얻기에 힘써 보았다. 허나 누구 하나 자원하고 나서서

"내가 시켜보리다."

하는 사람은 없었다.

손천민은 만사가 다 천명으로 되는 것이니까 기왕이면 자기 자신이 직접으로 한번 만나보리라 생각했다.

어떤 날 아침이다. 손천민은 손응구을 찾아갔다. 손응구의 집은 초가 마가리(오막살이)에 서까래가 팔둑제비를 하는 한 칸 두옥(一間斗屋)이었다. 손천민은 문밖에서

"삼촌 있소?"

하고 찾았다. 주인 찾는 소리를 듣고 안에서 응구의 부인이 행주치마를 두르고 나오면서

"조카님 오셨소? 웬일입니까? 들어오시지요."

하고 건넌방으로 들어가더니 한참 잠들어 자는 손응구를 깨웠다.

"여보, 일어나시오. 큰집 조카님 오셨습니다."

"천민이 말이오? 천민이가 우리 집에 무엇 하러 와?"

"여보, 어서 일어나 나가 보시구려. 조카님께서 이렇게 일부러 찾아오셨는데?"

조카라 할지라도 손천민은 응구의 숙질(叔姪)인데다, 손씨 문중의 적손이요 나이도 손응구보다 위이며, 게다가 손응구는 처삼촌이 되는 고로 해서 당시 습관으로 조카가 오히려 처삼촌에게 대해서 반말을 하는 때이지마는 손천민만은 동학의 도를 믿은 후로부터는 꼭 삼촌의 예로 존경하는 말을 썼겠다.

손응구의 가족도 손천민이가 적서의 구별을 두지 않고 인사 범절이 전과 다른 데 대해서 무척 감사하게 생각하였던 것이다. 손응구는 부인의 말을 듣고 겨우 자리에 일어나 앉으며, 방문을 열고 밖을

내다보면서

"조카님 오셨소? 들어오시오."

하는 말소리는 아직 잠에 취한 듯하였다. 손천민은 방에 들어서면서

"안됐소. 단잠을 깨워서."

하고 히죽이 웃으면서 삼촌이 지난밤에도 잡기판에 다녀와서 늦잠을 자는 것이라고 생각했다.

"밤잠을 자지 못했더니 참 곤하기는 곤하오."

하고 손응구는 세숫물을 청해서 세수를 한 뒤에 겨우 정신을 돌려 혼자 생각으로 '손천민이가 우리 집을 올 리가 없는데, 평생에 안 오던 사람이 웬일일까.' 하고 생각을 하면서

"어디 갔다 오는 길이오? 평생 오지 않던 이가 이렇게 일부러 올 일은 없지 않소?"

하고 비웃는 듯이 말을 하였다. 손천민은 여전히 웃는 얼굴로

"삼촌네 집에 조카가 못 올 일이오?"

"못 온다는 것이 아니라 안 오던 이가 왔으니 말이오."

"안 오긴 안 왔소. 안 오면 삼촌을 만나볼 방법이 있습니까?"

"만나서는 무엇 하오? 학자님하고 난봉 놈하구가 만난다는 것이 우스운 일이 아니오?"

하고 허허 웃어 버린다. 손천민은 말머리를 돌려 가지고

"여보, 삼촌님. 삼촌님도 사람 구실 좀 해 봅시다."

하고 파격으로 말을 건넸다. 이 말을 들으면 삼촌이 필연 노하리라 생각한 것이다. 그래 놓고 뒤풀이로 동학을 권할 작정이었다.

이 말을 들은 손응구는 도리어 냉정한 태도로 별로 감정을 두지 않는 듯 하였다.

"사람 구실이라니? 어떻게 하는 것이 사람 구실이란 말이오?"

하고 역시 비웃는 소리로 반문을 하였다. 손천민은 이 말 대답을 어떻게 멋있게 해야 삼촌의 귀에 들어맞을까 하고 생각하면서 조금 지체하다가 겨우 말을 내었다.

"수신제가치국평천하가 언제든지 사람 구실 하는 도가 아닐까요?"

이 말을 들은 손응구는 한참 말이 없다가 어이가 없는 듯이 천정을 쳐다보면서 '허허' 하고 크게 웃고 나서

"그래 조카님은 사람 구실을 잘하기 위해서 글을 배웠고, 글을 배운 덕으로 아전 노릇을 하고, 아전 노릇 하는 것이 수신제가치국평천하 하는 것이라구 생각했소?"

하고 반문하는데, 그 말이 손천민의 가슴을 찔렀다.

손천민이가 만일 동학을 하지 않고 이 말을 들었다면 코를 떼서 주머니에 넣고 돌아올밖에 없었다. 그러나 손천민은 지금 동학이라는 큰 보물을 간직하고 있는 것이 그에게는 막대한 힘이었다.

그 실은 손천민이가 말하는 수신제가치국평천하는 유도에서 말하는 수신제가가 아니요, 동학도로서 새로 세상을 만들고 그로써 새로운 수신제가치국평천하를 하자는 뜻이었다. 손천민은 손응구의 말을 듣고 천천히 입을 열었다.

"옳소. 삼촌님 말씀이 과연 옳소. 나도 유도를 배운 사람이지만 유도를 가지고는 수신제가치국평천하를 못할 줄로 생각하오."

"그럼 유도 밖에 다른 수신제가 할 것이 있소? 중 녀석들 하는 불교 말이오?"

"아니오. 불교도 큰 도는 큰 도이지만 그러한 지나간 도를 가지고는 새 세상을 건설할 수 없지요. 새 세상을 만드는 데는 새로운 도가 나와야 합니다. 내가 삼촌에게 권하는 수신제가치국평천하 하는 것은 유도도 아니요, 불도도 아니요, 이 세상에서 여지껏 들어 보지 못하던 새 도덕이오."

이 말을 들은 손응구는 놀라지 않을 수 없었다. 그는 새 도덕이라는 말에 놀란 것이 아니라 손천민이와 같은 큰 선비가 유도를 반대한다는 것을 꿈에도 생각하지 못한 일이었다. 게다가 그의 입으로 하는 '새 세상에는 새 도가 나야 한다.'는 말이 엄청난 말이었다. 밤낮 삼황오제(三皇五帝)를 찾고, 요순을 찾고, 공맹정주(孔孟程朱)를 숭배하는 손천민, 남달리도 고집이 있는 손천민, 선왕지도(先王之道)가 아니면 못 산다고 완고를 부리던 손천민의 입으로 새 세상, 새 도라는 말부터가 놀라운 말이었다. 손응구는 속마음으로 '저 사람이 정신 이상이 나지 않았으면 저런 말을 제 입으로 할 수 있나.' 하고 생각하면서 손응구가

"그게 무슨 말이오? 나는 알아들을 수 없소. 그래, 공맹지도, 불도이 외에 무슨 도가 새로 났단 말인가요? 설사 새 도가 났다 할지라도 공맹의 도를 배운 손천민으로서는 그것을 믿었을 리가 없지 않소?"

하고 손천민을 쳐다본다.

"내가 공맹의 도를 바로 믿은 까닭에 새 도가 난 것을 바로 알지요. 예로부터 어디 한 성인이 세상을 가르치나요? 성인이 시대시대마다 계승으로 잇달아 나지 않았소? 요순이 난 다음에 위탕이 나고, 문무주공이 나고, 공맹이 나고, 정주가 나고, 이렇듯이 성인이 태어나지 않았소. 그러니까 지금 세상에도 지금 세상을 건실한 새 성인새 도를 냈단 말이지요."

"새 도라는 것은 대관절 무엇이오?"

이 말 대답에 손천민은 한참 주저하였다. 만약 '동학'이라 하였다가 손응구가 듣지 않을 뿐 아니라 도리어 트집을 잡는다면 아무리형제지간이라도 사람의 일은 도리어 후환이나 되지 않을까 염려한 것이다. 그러나 손천민은 삽시간 그 생각을 걷어 버렸다. '우리 삼촌이 동학을 믿지 않으면 믿지 않을 뿐이지 그렇게 악한 사람은 아

닐 뿐 아니라, 내가 천명을 받고 온 터에 그런 용렬한 생각을 두어 서야 쓸 수 있나?' 하고 다시 수심정기(守心正氣)를 한 뒤에 아주 정색하고 말을 내었다.

"내가 말하는 새 도라는 것은 동학이오. 삼촌님도 동학이란 말을 들은 적은 있지요?"

하고 딱 끊어 말하였다.

손응구는 다시 놀라지 않을 수 없었다. 유도에 골수라는 손천민이가 이단지도라는 동학을 한다는 말에, 게다가 국금으로 잡아 죽인다는 동학을 아전으로 있는 손천민이가 권도를 다니기까지 된 데 대해서는 누구나 두 번 놀라지 않을 수 없다.

그러나 손천민이가 유도를 버렸다는 것만은 손응구에게 무척 유쾌하였다. 평생에 유도를 모르는 사람은 사람이 아니라고 자부하던 손천민이가 유도를 배반하였다는 데는 어쩐지 유쾌한 생각이 없지 않았다. 뭐라 말할 수는 없으나, 부지불식간 무슨 동정의 감이 일어나는 듯하였다.

"여보 그게 정말이오? 동학을 하다니, 그래 공명의 도를 배워 군자 노릇을 하고 수신제가치국평천하를 하겠다는 양반이 이단지도라는 동학에 들었다는 말이 될 말이오? 군자도 거짓말을 하오?"

"거짓말은 왜 내가 언제 거짓말을 했어요? 나도 이왕에는 동학을 이단지도로만 알았더니, 정작 알고 보니 동학이야말로 대도대덕입니다. 공맹의 도가 다 뭐요. 그보다 훨씬 큰 도덕입니다.”

“그래 동학을 하면 이익이 무엇이란 말이오? 어디 말을 해보오.”

“이익이요? 당장 이익이 나지요. 동학을 하면 우선 삼재팔난을 면할 수 있답니다.”

손응구가 ‘이익이 뭐요?’ 하고 묻는 말에 손천민은 이익 다음으로 손응구를 달래 볼 작정으로 삼재팔난을 면한다는 말을 끄집어 낸 것이다. 이 말을 들은 손응구는 돌연 변색을 하고

“여보, 나는 삼재팔난이 돌아 이 세상이 망하기만 기다리는 놈이오. 그래 이런 망할 놈의 세상은 그대로 두고 나 혼자 삼재팔난을 면하고 살아서는 뭐 하오? 여보, 그런 말 듣기 싫소. 어서 가오.”

하고 담뱃대를 들어 재떨이를 두어 번 두들기더니 담배를 큼직하게 피워 가지고 펄펄 피우면서 용같이 올라가는 연기를 물끄러미 보고 앉았다. 손천민은 내가 말을 잘못했다고 생각하면서 얼른 말 경우를 돌려 가지고

“아니오. 삼촌님이 말을 잘못 들었소. 동학이 어디 한 사람의 삼재팔난을 면한다는 게요? 이 세상 전체의 삼재팔난을 면하게 한다는 말이지요. 이 세상에 동학이 퍼지고 지금과 같이 망할 세상이 고쳐져서 새 세상이 되는 날이면, 전쟁도 없어지고, 질병도 없어지고, 흉년도 없어지고, 양반 쌍놈도 없어지고, 부자 빈자도 없어지고, 그 야말로 태평성대가 된다는 말이지요. 그러니까 동학이 새 도란 말

이요, 큰 도란 말이요, 금불문 고불문의 대도대덕이란 말이오. 이렇게 좋은 도를 삼촌님도 같이 해 보자는 말씀입니다."

하고 손천민은 한 시간 동안이나 동학에서 말하는 보국안민의 위치를 똑똑히 설명했다. 손응구는 잠자코 듣고 앉았다. 나중에 손천민은 품속에서 동경대전 한 권을 내서 손응구에게 주면서

"자, 삼촌님, 이 책을 자세히 읽어 보시오. 나는 이 책을 보고 동학에 들었소. 삼촌님도 죽을 때까지 난봉 소리를 듣고 죽어서야 되겠소? 이런 좋은 세상에 태어났다가 한번 풍운조화를 부리는 큰 영웅이 되어 보면 어떻소? 삼촌님 같은 좋은 인격에다…."

하고 일어나 가 버렸다.

손응구는 손천민을 보내고 들어와 손천민의 말을 다시 한 번 생각했다. 그리고 동경대전을 두어 번 열어 보았다. 그중에는 과연 보국안민이란 말이 씌어 있을 뿐만 아니라 이전 성현의 글에서 보지 못하던 좋은 말이 있었다.

며칠 뒤에 손응구는 손천민의 인도로 서택순에게서 동학을 받았다. 난봉 거두 손응구도 필경은 동학군이 되고 말았다. 손응구가 동학을 받은 이튿날부터 전날까지 놀던 잡기꾼들이 손응구를 찾았으나 손응구는 단 한마디로 거절하였다.

"나는 오늘부터 난봉 노릇을 그만두었소."

하고 시침을 떼고 문을 닫고 들어가는 것이었다. 잡기꾼들은 무정

하다고 욕하는 사람도 있고, 섭섭하다고 눈물 흘리는 사람까지 있었다. 그러나 그들은 손웅구의 집 사정을 알 사람이 없었다.

난봉을 인격이 투철하는 사람이 도 닦는데 범연할 리가 없다. 손웅구의 인격은 난봉의 세계로부터 도덕의 세계로 옮겨졌다. 그야말로 재생지인이었다. 부모에게서 육신을 타고난 것이 초생이라면, 정신으로서 주인을 받은 날이 재생의 날이었다. 손웅구는 이제야말로 정신으로 재생이 된 것이었다.

그러나 재생이라는 것이 말은 쉬우나 실제에 있어서는 여간 어려운 일이 아니었다. 어머니 배 속에 있던 태아가 어머니 배 속을 벗어나 세상에 나온다는 것은 무엇보다도 좋은 일이나, 그러나 태아 자신으로 볼 때에는 탄생이라는 순간은 죽는 순간이며, 세상에 나온 후 얼마 동안은 지금껏 맛보지 못하던 큰 고통을 겪는 것이다. 재생의 경우도 또한 그러하다. 방탕 무료로 지내던 손웅구가 규율 있고 질서 있고 수행이 있는 동학도를 믿어 가기는 태아가 세상에 갓 나 가지고 세상의 단련을 맛보는 이 세상의 고통이었다.

그보다 더 큰 문제는 우선 생활난, 그것이었다. 여태껏 난봉 생활로 잘 먹고 잘 입고 잘 쓰던 솜씨가 하루아침에 난봉의 길을 끊고 보니 쌀 한 알, 천 한 자가 어디서 들어올 데가 없었다. 평소 난봉이라는 시비를 떠든 처지라 누가 보리죽 한 그릇이라도 고맙게 대접할 이가 없다.

그래서 손응구는 우선 생활지계를 생각해 보았다. 농사 할 줄도 모르고, 돈 없어서 장사할 수 없고, 그렇다고 해서 다시 난봉이 될 수 없겠다. 생각다 못해서 최후로 취한 것이 미투리 삼기였다. 미투리는 아이적에 장난으로 몇 켤레 틀어 본 적이 있으므로 우선 생각난 것이 미투리 장사였다. 첫날로 미투리 두 켤레를 삼아 보았다. 허나 그만한 재주로는 상품이 될 수 없었다. 사흘을 연거푸 미투리를 삼아 보았다. 미투리 맵씨가 차츰 고와지는 것을 본 손응구는 마음으로 퍽 기뻤다.

닷새째 되는 날이 바로 청주 장날이므로 손응구는 평생 처음 미투리 장사를 떠났다. 머리에는 큰 삿갓을 쓰고, 아래 위에는 베적삼 고이에 미투리 다섯 켤레를 줄에 끼어 어깨에 걸어 메고 어슬렁어슬렁 청주 장바닥에 나갔다. 사람이 비교적 적은 유축을 택해서 미투리를 벗어 펼쳐 놓고 살 사람을 기다려 보았다.

한 시, 두 시, 세 시를 지나도 한 녀석도 미투리를 들여다보는 사람조차 없었다. 하더니 저녁때 한 사람이 미투리를 골라잡고 값을 물어본다.

"이 사람, 이거 얼마 받소?"

하고 이렇게 장사치를 보고 반말을 쓴다. 이전 같으면 될 말인가. 벌써 손길이 번쩍 하면서

"이놈 누구께 반말이냐."

하고 따귀 한 대를 붙여 올릴 일이지만 그는 그래도 동학 도인이라
는 제재심(制裁心)으로 올라오는 감정을 꾹 참고 나서 공손히

"네, 열세 입 받습니다."

하고 대답했다.

"열세 입이라, 좀 비싼 셈이군. 한 돈만 받게."

하고 그자는 주머니에서 돈을 끄집어냈다.

"안 됩니다."

"안 되긴 뭘 안 돼! 열세 입짜리를 한 돈에 안 팔아?"

"네, 안 됩니다."

"그러면 한 푼 더 주지."

"안 됩니다."

"별 녀석 다 보겠네. 열세 입짜리를 열한 입까지 준대도 안 팔아?"

"에누리 없습니다."

"장사 치고 에누리 없는 장사가 어디 있담. 별놈 다 보겠네."

하고 들었던 미투리를 홱 집어던지고 달아나 버렸다. 다음에는 딴
사람이 대들었다. 그자는 열두 입까지 보았으나 응구는 역시 듣지
않았다. 그자 역시

"별놈의 장사 다 보네. 에누리 없는 장사가 장사란 말인가?"

하고 달아났다.

이와 같이 연달아 살 사람은 있었으나, 그들은 다 에누리를 안 하

는 까닭으로 사지 않고 가 버렸다. 그래서 첫날은 한 켤레도 팔지 못하고 그냥 돌아왔다.

그 뒤 장날이다. 그날도 진종일 에누리 없다는 탓으로 겨우 한 켤레를 팔아 보고는 그냥 돌아왔다. 다음 장날, 다음 장날 해서 몇 장을 연달아 나가 보았다.

웬일인지 미투리가 차츰 잘 팔리기 시작했다. 미투리 살 사람은 먼저 손응구의 미투리를 사는 것이다.

"학자님 미투리가 제일 싸네."

하는 소리는 장바닥 어느 구석에든지 들리게 되었다. 그들은 손응구를 학자로 알았던 것이다. 에누리를 할 줄 모르는 것이라던가, 순진한 대답이라던가, 어수룩한 품이 아닌 게 아니라 학자로밖에 보이지 않았다.

손응구의 이름은 동학 도중에 차츰 높아 갔다. 난봉의 엄지 자로서 동학에 들었다는 소문도 소문이려니와 수도 범절과 행위 범절이 이전 손응구와 딴사람이 되었다는 것뿐만 아니라 교에 대한 지식이라든지, 수행까지도 몇십 년 믿던 다른 사람보다 훨씬 낫다는 소문이었다. 그럴수록 손천민과 서택순 등의 동학 두목들은 가뿐했다. 그래서 그들은 손응구을 볼 적마다

"접장님, 그만하면 해월 선생님께 한 번 승안이나 하시지요."

하고 권했다.

"아니오. 도라는 것은 제게 있는 것이요, 선생에게 있는 것이 아닙니다. 선생님을 뵙기가 급한 것이 아니요, 도 닦기가 급합니다."

하고 대답하는 말을 들은 두목들은 손응구는 말부터 다른 사람보다 이상하다는 비평이 났다. 이 말은 벌써 해월 선생의 귀에까지 들어갔다.

손응구가 해월 선생을 뵈옵기는 그 이듬 해 10월 초였다. 응구가 해월을 승안하러 왔다는 말을 듣고 근처 도인들은 너도 나도 하고 무슨 구경이나 난 듯이 선생 있는 처소로 모여 왔다. 이만큼 손응구의 품성이 퍼졌다는 것이다. 난봉의 거두로 다녔다는 손응구가 어떻게 생긴 사람인가? 그가 선생을 뵈올 때에 무슨 말을 묻는가? 선생은 무슨 말로 그를 가르치는가? 하는 것이 도인들이 듣고 싶고 알고 싶은 것이었다.

그러나 의외로 손응구는 선생에게 한 말도 묻는 적이 없고 선생도 또한 손응구에게 한 말씀도 가르치는 것을 보지 못하였다. 그저 예사로 알고 예사로 문답이 있었을 뿐이다. 도인들 중에는

"자, 보아. 선생도 난봉은 난봉으로 보지 않는가. 다른 사람에게는 그렇게 자세하게 가르쳐주던 선생님께서 손응구에게는 별 말씀이 없는 것을 보아 난봉이니까 가르쳐 보아야 사람이 될 수 없다는 뜻이 아닌가?"

하고 비웃는 사람도 있었다.

그러나 손응구가 선생에게 도담을 묻지 않는 것은 손응구 자신이 선생과 같이 도를 안다는 거만에서 나온 것이 아니다. 도라는 것은 한때 한 말로 배울 것이 아니라 두고두고 스스로의 감화를 받는 데서 생긴다는 것을 손응구는 잘 안 까닭이다.

이와 동시에 선생이 역시 손응구에게 도담을 들려 주지 않은 것은 손응구의 인격을 잘 아는 까닭이다. '손응구와 같은 사람은 남의 말로뿐 그를 복종하게 할 인물이 아니고, 제 스스로의 지각이 아니면 안 되리라.' 생각한 것이었다.

이것이 해월의 사람을 가르치는 수단이었다. 사람의 인격을 따라 이 사람은 이렇게 가르치고, 저 사람에게는 저렇게 가르치는 법이었다. 해월과 손응구는 그야말로 양반심사양인지(兩班心事良人知)라는 격이었다. 손응구는 선생의 말보다도 선생의 행사를 더 주시하였다. 선생의 일동일정을 하나도 빼지 않고 유심히 보는 것이었다.

심지어 밥 먹는 일과 소변 보는 일까지 주시해 보았다. 손응구는 우선 선생의 부지런한 데 놀랐다. 선생은 한 시라도 그냥 있는 법이 없었다. 어느 때든지 주문을 읽다가 그칠 때에는 짚신을 삼는다. 신이 없어서 삼는 것이 아니요, 일을 하기 위해서 삼는 것이다. 짚신 삼기가 끝나면 멍석을 내고, 멍석이 끝나면 노끈을 꼰다. 노끈을 다 꼬고 다른 일 할 것이 없을 때에는 꼬아 놓은 노를 풀었다가 다시 꼬는 것이다.

"선생님. 왜 힘들게 꼬신 노를 다시 풀어 꼬십니까?"

하고 제자들이 물으면

"사람의 신체는 한울님이 주신 것이 아닌가. 한울님이 신체를 주실 때에 그냥 두라고 주었을 리가 있나. 그러므로 수족을 그냥 놀리면 천명에 걸리는 것이다."

하고 대답을 한다. 손응구는 이런 말씀이 천년만년의 다른 도담보다 마음에 박히었다. 과연 선생님은 순천 순리를 실천하는 어른이라 생각했다. 선생은 어디를 가든지 봄이면 나무를 심고, 절구나 멍석 같은 것을 만들고 있었다. 그럴 때마다 부인이

"여보세요, 영감님. 석 달이 못 되어 이곳저곳으로 이사 다니는 형편에 나무는 심어서 무엇 해요. 또, 절구나 멍석을 내서 무엇 하려구. 쓰지도 못할 걸."

하고 말할 때에는 선생은 정색을 하고

"설사 우리가 못 쓴다 할지라도 다른 사람이 이 집에 와서 이 열매를 따 먹고, 이 멍석과 이 절구를 쓰면 배 아파할 일이 무엇이오? 세상이 다 나와 같이만 하고 보면 이사 갈 때에 가구를 가지고 다닐 필요가 없지 않소? 이 다음에 새 세상이 되는 날이면, 이삿짐을 가지고 다닐 것이 아니라 필요에 의하여 사람만 옮기게 될 날이 있다우."

하고 대답한다. 부인이나 다른 제자들은 이 말을 이해할 사람이 적었다. 오직 손응구만은 가슴이 뜨끔하도록 놀랐다. 참 만고에 처음 듣는 좋은 말이라고 감복하였다.

선생님은 어느 때든지 길을 걷게 된 신분이다. 그래서 길 떠날 때에 봇짐 위에는 미투리 두 컬레를 반드시 싣고, 봇짐 속에는 점심한 그릇을 반드시 싸 둔다. 십 리를 가도 그러하고, 백 리를 가도 그러하다. 이것은 선생의 예비심(豫備心)에서 나오는 일이다. 어느 때 어떤 데서 지목을 당할는지 모르므로 예비로써 그러하는 것이다.

필요한 행실부터 가르치는 것이 상례였다. 실행 조건으로 먼저 가르치는 것이 청결이었다. 사람이 다른 짐승과 다른 것은 청결에 있다고 가르치는 것이다. 몸을 청결하고, 마음을 청결하고, 가정을 청결하고, 도장을 청결하는 것이 도 닦는 사람의 초학입덕지문이라 하였다.

그러므로 동학을 믿는 사람은 침을 함부로 뱉지 말며, 코를 함부로 풀지 말며, 오줌을 함부로 누지 말며, 대변을 아무 데나 보지 말라 하였다. 침이나 코를 토하고는 반드시 흙에 묻으라 하였고, 대변을 본 뒤에는 반드시 흙으로 묻어야 한다고 가르쳤다.

부인네에게는 밥 씻는 방법과 손님 대접 하는 법과 아이들 키우는 법까지 가르치는 것이었다. 이런 일이 다 손응구에게는 큰 학문이 된다.

그중에도 제일 놀랄 만한 것은 대인접물 하는 법이었다. 선생은 손님이 오는 것을 보면 손님이 온다 하지 않고 반드시 한울님이 강림하신다 말하는 것이었다.

"한울님 한 분 오셨으니 점심 지으시오."

하고 말하였다. 그중에도 어린이에게 대해서는 더욱이 특별하였다.

"어린이를 때리는 것은 한울님을 치는 것이다."

고 말하였다. 이와 같이 선생은 사람을 한울과 같이 대접하는 것이 동학도의 특색이라 말하였다. 손응구는 새 세상 사회와 동학군의 사회를 비교해 보았다.

세상에 모든 만물을 한울님으로 섬겨라. 미천한 사람 보기를 개나 도야지만치도 알아주지 않는 이 천지에 동학군들은 사람을 한울로 섬기다니, 한 천지간에 이렇게 악마와 천사가 갈라져 있는 것을 생각할 때에 손응구는 실로 감개무량한 생각이 났다.

세상에서는 임금이 신하를 압제하고, 신하는 백성을 압제하고, 양반은 쌍놈을 압제하고, 부자는 가난한 사람을 압제하고, 평민은 칠반천역을 압제하고, 가장은 가족을 압제하고, 시어머니는 며느리를 압제하고, 형은 동생을 압제하고, 적자는 서자를 압제하고, 주인은 머슴을 압제하고, 머슴은 소나 말을 압제해서, 압제가 압제를 낳고, 압제가 압제를 잡아먹는 이 세상에 동학군은 어떠냐, 그들은 사람이면 다 같이 한울로 알지 아니하느냐? 이것이 얼마나 굉장한 일이냐, 만고에 보지 못하던 일이 아니냐.

선생은 같은 사람 중에도 부인을 특히 사랑하라 명령하였다. 동학도는 부인들의 내수도에 근본이 있다 말하였다. 부부가 화순하지 못하면 날마다 소를 잡아 한울님께 제사를 지낼지라도 아무 효과가 없다 말하였다. 어느 때인가 선생은 부인을 천대하지 말라는 법설을 할 때에 자리에 있던 제자 한 사람이 선생에게 이렇게 물었다.

"선생님, 저의 처는 아무리 도를 권하여도 도에 들지 않습니다. 어쩌면 좋겠습니까?"
하고 물었다. 선생은 조금도 서슴지 않고

"부인이 남편의 말을 듣지 않으면, 남편 된 사람이 부인에게 절을 하오. 한 번 절해서 안 듣거든 두 번 하고, 두 번 해서 안 듣거든 세 번 하고, 세 번 해도 안 듣거든 천 번 만 번이라도 하오. 그리고 보면 아무리 도척 같은 사람이라도 반드시 감화가 될 것이오."
하고 말하였다. 선생은 계급에 대한 것은 누누이 말했다.

"사람에게는 계급이 있으나 한울님에게는 계급이 없는 것이오. 그러므로 우리 동학에는 계급이 없소. 종과 상전이 같은 동학군이 되었다면 거기에는 종도 없고 상전도 없는 것이오. 부자 형제라는 것은 천륜으로 이름 지은 것이오. 그것은 계급이 아니오. 군신이나 관민이라는 것도 역시 이름으로 부르는 것이오. 그것을 계급으로 생각해서는 안 되오. 마찬가지 똑같은 사람인데 저 사람은 저 일을 하고, 이 사람은 이 일을 하는 것에 지나지 않는 것이오. 사람은 한울이오. 사람을 천대하는 것은 사람이 한울님을 천대하는 것이오."

하고 말하였다.

선생은 사람에게뿐만 아니라 물건에 대해서도 또한 공경하는 뜻을 표하였다. 그러므로 선생은 항상 삼경(三敬)을 말하였다. 삼경이란 것은 한울님을 공경할 것, 사람을 공경할 것, 물건을 공경할 것이라 하였다. 물건이란 것은 식물과 동물을 말한 것인데, 사람은 반드시 동물을 공경할 것이고 식물을 공경할 것이라 말하였다.

선생은 일찍이 새 우는 소리를 듣고

"묘하다. 한울님의 조화여! 새소리도 또한 시천주의 소리가 아니냐?"

하고 감탄하여 말했다. 그러므로 선생은 항상 제자들에게

"한 동물을 무고히 죽이지 말며, 한 식물을 무고히 해치지 말라. 이것은 한울님을 해하는 것이니…."

하고 말하였다. 어느 때에 제자 한 사람이 이렇게 물었다.

"선생님 우리 도가 언제나 창명이 되겠습니까?"

한즉 선생님은 감개한 태도로

"산이 검어야 되네."

하는 말로 대답했다. 산이 검어야 된다는 말은 산에 나무가 많아야

된다는 말이었다. 이 말은 곧 물건을 공경할 줄 아는 나라는 흥하고, 물건을 공경할 줄을 모르는 나라는 망한다는 의미였다.

사람과 자연은 하나이다. 사람이 자연을 천대하고 자연을 배반하는 날, 사람은 멸망의 굴로 들어간다는 의미였다.

선생의 일동일정과 한 말과 한 법설은 어느 것이든지 새 세상 건설에 맞는 말이었다. 그리고 누구나 실지로 실행할 것이며 실행치 않아서는 안 될 말씀이었다.

손응구는 선생의 이런 모든 법설을 볼 때에 자기의 난봉 시대를 회고하고 참회하는 마음이 더욱 간절하였다.

세상에는 동학과 같이 훌륭한 도는 다시없고 우리 선생과 같이 높으신 양반은 다시없다고 탄복했다.

이러한 선생의 품격은 날이 갈수록 손응구에게 옮겨지는 것이었다. 손응구는 자신도 모르게 별개의 손응구로 변하고 말았다. 선생 역시 손응구의 인격을 사랑해서 만리 같은 장래를 그에게 밀어 주리라 생각했다.

선생이 손응구를 사랑할수록 손응구의 몸은 고달팠다. 선생님은 손응구를 사랑하는 덕으로 손응구에게 모든 일을 분부하는 것이다. 어려운 일도 손응구, 쉬운 일도 손응구, 심지어 심부름하고 짐 지는 일까지도 손응구를 시켰다. 그럴 때마다 다른 제자들은 손응구를 낮추어 보았다. 선생이 손응구를 낮추어 보기에 천한 일까지

시키는 것이라고 생각했다.

　그러나 당자인 손응구는 조금도 여론에 개의치 않았다. 누구든지 공동이 할 것이면 내가 먼저 하는 것이 천직이라 생각할 뿐이요, 선생의 명령이면 죽을 데라도 들어가야 제자 되는 직분이라고 생각할 뿐이었다. 이것이 선생이 손응구를 시험하는 장면이며, 손응구가 도인으로 고행을 당하는 수련이었다. 덕분으로 손응구의 품덕은 자꾸 넓어졌다.

　그러나 도가 한 자 높아지면 마가 한 길이나 높아진다는 옛말이 있거니와, 동학군이 늘수록 관리의 지목(指目)이 커졌다. 충청 관찰사 심상훈은 각 군수에게 동학 괴수 최해월을 잡아 바치라는 어명을 전해 내렸다.

　해월은 곳을 따라 변장하고 때를 따라서 처변하면서 이곳저곳으로 유랑하게 되었다. 해월은 위난한 일을 당할 때마다 손응구를 데리고 다니는 것이다. 손응구 역시 선생의 신분을 염려해서 정성을 다해서 선생을 모셨다. 제자 중에는 강수, 황재민, 손천민, 김연국 등의 수십 명 두령이 있었으나 처변(處變)과 의리에는 손응구를 당할 사람이 없었다.

　그래서 선생이 제자들에게 이름과 호를 줄 때에 손천민은 강직하고 절개가 있다 해서 소나무 송(松) 자 호를 주어 송암(松菴)이라 하고, 김연국은 거북 구(龜) 자 호를 주어 구암(龜菴)이라 하고, 손응구는 의리가 있다 해서 의(義) 자를 넣어 의암(義菴)이라 하는 호를 주고, 이름을 고쳐 손병희(孫秉熙)라 하였다. 선생은 손응구에게 의암이라는 호를 주는 날 제자들을 돌아보고

"손병희의 의기는 천하를 주어도 바꾸지 않으리라."

고 칭찬하였다. 그때부터 제자들도 손병희를 손의암이라 불렀다.

충청감사의 어명을 받은 각군 군수가 선생을 염탐하던 중에 강수, 이경교, 김성집 등의 여러 두목이 잡혀 공주에 갇히었다. 선생과 의암(義菴)은 공주 마곡리 김성칠의 집에 숨어 있는 때였다. 의암은 관속의 염탐이 심한 것을 보고

"선생님 이곳은 관찰도가 가까운 곳이요, 관리들의 출입이 무상합니다. 다른 곳으로 가시는 것이 어떻는지요?"

하고 말한즉 선생 역시 그 말을 옳게 듣고

"그러면 그대가 어디든지 좋은 곳을 택해서 우리 가족부터 그리로 옮기게 하고, 나한테로 연락을 하게. 나도 그리로 갈 것이니."

의암은 선생의 분부를 듣고, 그날로 길을 떠나 목천으로 향해 갔다.

해월은 의암을 보낸 뒤에 방에 들어와 밤이 늦도록 주문을 외우다가 문득 정신이 맑아지며 혼백이 대기를 타고 천공만리(天空萬里)를 날아가는 듯한 느낌이 생겼다. 문득 본즉 한울이 높고 흰 구름이

깊은 곳에 수운 선생이 검정관을 쓰고 청의를 입고 삼층 대상에 강림해 계신 것을 보았다. 해월은 선생을 뵈옵고

"선생님!"

하고 울면서 무릎 아래 머리를 대고 절했다.

수운은 웃으면서

"이리로 올라오게."

하는 말을 듣고 해월은 선생의 말을 쫓아 대 위로 올라갔다. 대는 오른쪽 좌우에는 동자 4, 5인이 선생을 모시고 섰으며, 선생의 배후에는 백발노인과 가사장삼을 입은 노승이 꿇어앉았겠다.

수운은 해월을 불러 앞에 앉히고

"아무 일은 이리 되리라. 아무 사람은 이리 되리라. 앞 세상은 이리 되리라. 우리 도는 이리 되리라."

하시고 수천 언어 말씀을 하시다가 끝으로

"지금 곧 돌아가야 하네. 그리고 이 길로 마곡리를 떠나 일백 리 밖을 나가야 하네."

하는 말에 해월은 문득 잠을 깨어본즉 창에 햇빛이 훤히 밝아오겠다.

해월은 꿈에 듣던 말이 아직도 귀에 쟁쟁한 듯 하고, 끝으로 마곡리를 곧 떠나야 된다는 말을 이상한 중에도 이상히 생각하고 주인 김성칠을 불러 말하였다.

"조반 어떻게 되었나? 나는 오늘 여기를 떠나야겠네."

"조반은 다 되었습니다. 떠나시다니요? 의암이 어저께 떠나 아직 연락도 없는데 가시면 어디로 가십니까? 며칠 묵으면서 연락을 기다려야 합니다."

"아니야. 내가 무슨 중요한 일이 있어서 그러네. 어서 조반을 가져오게."

김성칠은 곧 조반상을 가져왔다. 해월은 몇 분 동안에 조반을 먹고 나서 보따리를 지고 문에 나서는데 밖에서

"주인!"

하는 소리가 났다. 해월과 김성칠은 대문 밖을 쳐다보았다.

주인 찾는 말소리는 보통 사람의 말이 아니라 확실히 관속들의 입버릇으로 나오는 말소리가 분명하였다.

해월은 관속들이 들어오는 것을 보고 천연스럽게 큰기침을 해 가면서 뜰에 나서 천천히 걸음을 옮겼다.

웬일인지 관속들은 해월은 본 체도 안 하고 주인 김성칠을 잡아 앞세우고 웃 동네로 가는 것이었다.

해월은 지난밤 꿈이 허사가 아니라 생각하고, 곧 길을 걸어 이튿날 보은 장안을 들어섰다. 여기서 의암이 해월의 가족을 데리고 오는 것을 보았다. 해월과 의암은 보은 장안에서 좀 떨어진 마을에 집 한 채를 얻고 삼동을 이곳에서 지내기로 작정했다. 여기도 안심할 곳은 못되었다. 보은과 접경인 청주서 지목이 일어나 도인을 잡아

갔다는 소문이 이틀 만에 들려왔다. 도인 한영석이가 병사 권용철에게 돈 삼천 냥을 빼앗겼다는 소문도 연달아 들렸다.

세상이 이렇게 험한 판이라 도인들도 선생이 보은 장안에 숨은 줄은 한 사람도 아는 이가 없었다. 그러자 눈이 오기 시작했다. 집안에는 양식이 떨어졌다. 해월은 의암을 보고

"자네 은진 새마을까지 좀 갔다 와야겠네. 새마을에 이춘우라는 교인이 있지 않는가? 거기 가서 내 말을 하고 돈 삼십 냥만 가져오게. 지금 떠나면 내일 모레 글피 저녁때면 돌아올 수 있겠네. 오늘 아침까지 겨우 조반을 지었다니까 빨리 다녀와야 하네."

의암은 선생의 분부를 듣고 곧 길을 떠났다. 이튿날 이춘우를 만나 돈 삼십 냥을 얻어 가지고 곧 돌아와서 옥천역까지 오니 날이 저물었다. 의암은 거리 중에도 비교적 유축 집을 찾아 숙소를 정한 뒤에 돈짐을 벗어 놓고 저녁을 먹은 뒤에 잠이 들었다.

의암은 곤한 잠을 단숨에 내처 자고 아침에 일찍 일어났다. 아직 동이 트지 않은 것을 보고 다시 목침을 베고 날 밝기를 기다렸다. 귓결에 안방에서 여자의 울음 소리가 들렸다. 처음에는 부처 간 사랑 싸움에 일어났나 하고 별로 개의치를 않았는데, 울음 소리가 섞여 들렸다.

'무슨 놈의 부처 싸움이 남자도 울고 여자도 우는 싸움이 다 있담?' 하고 혼자 생각을 하면서 다시 일어나 앉았다. 부처 간에 울음 소리

는 점점 커졌다.

"아이구 우리 신세야. 전생에 무슨 죄를 지어서 남의 종이 되어 간단 말이냐?"

하고 이번에는 남자의 말소리가 들렸다. 의암은 그제야 필유곡절한 일이라 생각하고 좌우간 그 사연을 알고 싶었다.

"여보, 주인장! 나는 떠나겠소. 밥값 회계합시다."

하고 의암은 주인을 만났다. 주인에게 그 사연을 알고 싶어 부른 것이었다. 조금 있다 주인은 눈물을 닦으면서 방으로 들어섰다.

"아직 동이 트지 않았는데, 벌써 떠나시렵니까?"

하는 주인 말소리가 떨려 나온다. 의암은 주인의 얼굴을 한번 쳐다보다가

"밥값이나 회계해 놓고 천천히 떠나려고 하는데, 묻기는 미안하오만 댁에 무슨 불행한 일이 났소? 밤중에 울음 소리가 들리니 웬일이오?"

하고 주인의 얼굴을 쳐다보면서 말 나오기를 기다렸다. 주인은 부끄러운 듯이 머리를 숙이면서

"아닙니다. 손님께서 아실 일이 아닙니다. 그저 슬픈 일이 좀 있어서 울었습니다."

"지나가는 사람이 들어서 필요가 없다면 할 말은 없소마는 오줌도 약 될 때가 있다고, 슬픈 일일수록 설파하는 것이 속이 시원할

때도 있지 않소? 그리고 좋은 도리가 있다면 서로 이야기할 필요도 있지 않소?"

"손님들이 듣는대도 아무 상관은 없소마는, 제 못난 것을 남한테 이야기하기가 너무 창피합니다."

"밤중에 방성대곡까지 하면서 창피가 무슨 창피요? 그래서 관설 종이 된다는 소리가 무슨 소리요? 종 될 일이라면 필유곡절한 일인데!"

하고 의암이 노골적으로 물었다.

"손님께서 이미 다 들으셨다니 말을 하지요. 종 된다는 것이 별 것이 아닙니다. 그저 돈 없는 죄입니다. 돈 때문에 종이 되는 셈입니다."

"돈 때문에 종이 돼요?"

"기왕 말이 났으니 자세히 말하지요. 이놈은 본래 전라도 무주 놈이올시다. 자세가 귀찮아서 연전에 저의 어머님과 가처를 데리고 이리로 이사를 왔지요. 그런데 이놈이 타관에 나서고 보니 좌우간 고생이 안 되겠습니까? 이때에 마침 권진사라는 부자가 돈 사십 냥을 대주면서 이것을 가지고 벌어먹으면서 돈을 버는 대로 갚으라고 합니다. 나는 그때 생불이나 만난 듯이 고마웠습니다. 그래서 그 돈 사십 냥을 가지고 이 집을 사서 객주업을 시작했지요. 집이 원체 작은 데다 유축이라 손님이 안 들고 벌이는 없고, 사십 냥 말고도 몇

십 냥 더 빚을 지게 되었습니다. 권진사라는 양반이 처음에는 무슨 뜻으로 돈을 대주었는지는 모르나 지금 와서는 돈을 당장 갚지 못하면 종노릇을 하라고 매일 야단을 하지 뭡니까? 몇 번째 사정을 하고 해도 사정도 한정이 있지요. 견디다 못해서 내일부터 그 집 종으로 들어가게 되었답니다. 그러니 빚진 종이란 말이 날 두고 한 말 같습니다."

하고 주인은 한숨을 쉬어 가면서 말을 하였다. 의암은 말을 다 듣고 나서

"돈은 돈이고 사람은 사람이지, 돈 때문에 사람을 종으로 부리는 법이 어디 있소?"

하고 담뱃대를 들어 방바닥을 치면서 성을 내어 말을 하였다.

"돈 때문에 종이 될 수밖에 없소. 들어보시오. 처음에야 직접 종이란 말을 안 한다 치더라도 필경에는 종이 되고 마는 법이에요. 빚을 지고 가족 전체를 데리고 남의 고용으로 들어가지 않소. 그런 처지가 되면 무슨 재간으로 그 빚을 벌어서 물 수 있겠나 생각해 보우. 게다가 빚에 빚을 지고, 이자를 더하게 되지요. 나중에는 그 빚값으로 사람을 팔아 넘기는 수밖에 없답니다. 한번 팔리는 날이면 그때는 완전히 문서가 있는 종이 되고 말지요. 이 동네에 종이라는 것은 거의 그렇게 된 종이랍니다."

"팔아 넘기다니, 어떻게 판단 말이오?"

"소 팔 듯 파는 것이지요. 빚값에 다른 사람에게 그만한 돈을 받고 파는 것이지요. 완전히 문서를 만들어 가지고 파는 것이지요. 사는 사람도 사람이 고와서 사는 것이 아니라, 사람을 사 가지고 이익을 보려고 사는 것이니까, 어떻게 하든지 빚에 빚을 지우고, 이자를 더하여 다른 사람에게 남겨서 팔게 됩니다. 그렇게 서너 곳만 넘어가면 홀아비는 안 되고 여자라야 됩니다. 권진사네가 우리를 산 것도 나를 보고 산 것이 아니고, 우리 여편네를 보고 산 것이지요."

"그럼, 권진사란 자가 돈을 준 것은 필경은 당신네를 종으로 살 양으로 준 모양입니다 그려."

"처음이야 누가 알았습니까? 차츰 알고 본즉 그렇게 된 것입니다. 저와 같이 천치로 된 놈은 없단 말이야요."

"아이구! 이런 망할 놈의 세상!"

하고 의암은 화를 버럭 냈다.

"여보 빚은 얼마나 갚았소?"

"지금 한 사십 냥만 있다면 당장 종은 안 될 지경입니다."

"여보 이 돈이 꼭 사십 냥이니 갚아 주고 다른 데 가서 잘 사오."

하고 의암은 구석에 두었던 돈짐을 들어 주인 앞에 털썩 던지고 두루마기를 입고 문을 나섰다. 주인의 부처는 영문을 몰라 어리벙벙해 하면서 나가는 의암의 주의자락을 붙잡고

"좌우간 조금만 앉아 계시오. 뉘신지 성씨나 좀 알고 싶소."

"성씨는 알아 뭘 하오. 나는 손 가요."

하고 뒤돌아보지 않고 큰길에 나섰다. 주인의 부처가

"여보시오."

하고 뒤를 따라오는 것을 본 체도 않고 한 십 리 가량 내처 달려왔다. 날이 훤히 밝아 왔다. 의암은 창졸간에 분을 이기지 못해서 뒷일은 생각지도 않고 돈 사십 냥을 한 푼도 남기지 않고 주인을 주었으니, 차차 흥분이 가라앉으면서 선생의 긴박한 말씀이 생각났다.

"오늘 아침까지 양식이 다 지난 모양이니 빨리 다녀와야 하네."

돈 사십 냥으로 종이 되어 가는 불쌍한 사람을 구해 준 것은 의암의 성격으로 보아 무엇보다도 유쾌한 일이었다. 그러나 사흘 동안이나 굶고 있으면서 돈짐이 오기를 기다리고 있는 선생의 가족을 생각할 때에 가슴이 아팠다. 한쪽으로 유쾌한 일이 있는 동시에 한쪽으로 고통이 생기지 않을 수 없었다. 바쁘게 가야 할 걸음이지만 발길이 빨리 옮겨지지 않았다. 해는 낮밥 때가 지났다. 차츰 배가 고파 왔다. 그러나 주머니에는 푼전이 없었다.

의암은 고픈 배를 참고 노루목고개를 어슬렁어슬렁 올라갔겠다. 이때, 뒤에 인기척 소리가 나더니 웬 사람 하나가 의암의 뒤에까지 왔다. 그자는 활갯짓을 하면서 의암을 앞서려고 의암의 우측 편을 지나치다가 의암의 얼굴을 쳐다보더니

"이게 누구시오? 손응구 씨 아니오?"

하고 걸음을 멈추고 쳐다본다.

"아! 이게 누구요. 김선달 아니오?"

하고 두 사람은 손목을 잡은 채 길 옆에 앉았다. 두 사람은 먼저 무슨 말을 꺼내야 할지 몰라서 한동안 말이 없었다.

"자, 이렇게 앉았을 것이 아니라 길을 가면서 봅시다."

하고 말을 내었다.

"사정은 피차에 듣고 싶은 일이니까, 차츰 천천히 말해 봅시다. 그런데 김선달, 우선 돈 가진 것 좀 있소? 시장해 못 견디겠소. 거리에 들어가 조반이나 지어 먹고 갑시다. 그리고 김선달, 지금 어디로 가는지는 모르나 별일 제치고서라도 나와 같이 며칠 묵으면서 몇 해 겪었던 사정 이야기나 좀 합시다."

"돈은 넉넉합니다. 그러지 않아도 나도 응구 씨를 따라갈 생각이오."

두 사람은 주막에 들어가 조반을 먹은 뒤에 그날로 장안에 들어가 선생댁에 들어섰다. 의암은 선생을 뵙고 물러나 앉으면서

"제가 죄를 지었습니다."

하고 황송한 듯이 꿇어앉았다. 해월은 언제든지 화기 있는 얼굴로

"이번에 욕보았네. 죄는 무슨 죄야. 돈을 못 가져왔단 말이지? 못 가져온 것도 천명이지. 산 사람이 설마 굶어 죽기야 하겠나."

"아니올시다. 돈을 가지고 오다가 죄를 저질렀습니다."

"도적을 만났던가?"

"아니올시다. 써 버렸습니다."

"쓸 데다 썼으면 잘 되었지 죄 될 것까지야 있나?"

하고 해월이 히죽이 웃는다.

"쓸 데다 쓴 것이 아니고 누구에게 주었습니다."

하고 의암은 지난밤에 지낸 사정을 자세히 이야기하였다. 해월은 말을 다 듣고 나서 무릎을 '탁' 치면서

"잘 되었네, 잘 되었네! 내가 평생 처음 좋은 소리를 들었네. 내나 의암이 아니면 그런 짓을 못할 것일세. 참 좋은 일일세."

하고 입에 침이 마르도록 칭찬하는 것이었다.

의암은 김석연을 해월에게 소개한 뒤에 건넌방으로 물러 나와 김석연의 소경(少頃), 즉 그동안의 행적을 물었고, 김석연은 담배를 피워 가면서 천천히 입을 열었다. (탈고되지 못한 채 끝냄)

동학의 지엄한 서사의 숲,
역사소설 「동학당(東學黨)」

채길순_명지전문대학 교수, 소설가

역사소설 「동학당(東學黨)」이 씌어진 1935년 한반도의 사회 환경은 만주사변으로 온 나라가 병참기지화된 암흑기였다. 1919년 3 · 1운동으로 한때 융성했던 1920년대의 문예부흥이 한바탕의 사나운 꿈결처럼 지나가고, 일본 제국주의의 침략이 몰아치던 때였다.

사회주의 계열의 이념 소설이 퇴보하고, 사랑을 소재로 한 청춘물이나 농촌계몽 소설이 주류를 이루는 중에 등장한 역사소설 「동학당」은 당시 문학 조류에서 단연 뜻밖의 작품으로 꼽힌다. 1930년대의 역사소설들이 역사와 허구가 서로 다른 바퀴로 조화를 이루지 못하는데 비해, 「동학당」은 역사와 허구가 어우러져 본격적인 역사소설의 모양새를 갖추었다는 점에서 문학적 가치가 높은 소설이기 때문이다. 특히, 비전문인이 쓴 소설이면서, 동학소설로서는 물론 당시 관념의 틀에 갇힌 역사소설의 경계를 넘어 문학적 가치가 높은 소설적 성취를 이루었다는 점에서 문학사적인 의의가 있다.

저자 이돈화(李敦化, 1884~1950=추정)는 교리(敎理)나 교사(敎史)에 밝은 인물이다. 『천도교창건사』, 『신인철학』, 『수운심법강의』 등 수많은 교사, 교리서의 저자이며, 많은 문필 활동과 초청강연을 다닌 교단 고위인사이다. 1947년 봄 월북할 때까지 강연으로 바쁜 일정을 보낸 것으로 알려졌다.

「동학당」은 1935년에 탈고되었으나, 일제의 검열 과정에서 몇 차례 원고를 수정하다가 출판을 포기한 것으로 알려졌다. 이 원고가 해방 후 6·25를 거치면서 소실된 줄로만 알고 있었는데, 홍정식(洪晶植, 교단 관계자) 씨가 원고를 보관해 오다 1965년도에 공개했다. 이 소설은 1965년에 천도교 기관지인 『신인간』에 2회 실렸으나 어떤 사정에서인지 중단되었고, 10년 뒤인 1975년도에 15회에 걸쳐 다시 연재 되었다. 내용으로 미루어 영해작변을 주도한 이필(이필제)을 주인공으로, 그것도 창도주 최수운과 최해월의 행적을 조명하는 핵심인물이라는 점에서 계급투쟁적 성격이 짙은 소설이라는 점 때문으로 보인다. 따라서 이 소설은 일제의 검열에 대한 문제도 있었지만, 다른 한편으로는 교단사의 정리되지 않은 이필(제)

에 대한 내홍 문제가 조심스럽게 제기될 수도 있겠다. 필자가 여러 정황으로 미루어 단언하건대, 이 소설은 일제의 탄압에 의해 출판이 좌절되었다기보다 천도교 내부의 '이필제 영해민란' 해석에 따른 갈등이 있었으며, 모든 문제를 풀지 못하고 상처투성이로 남은 미완성 작품이다. 게다가 원고도 일부 소실되었다. 이야기 흐름에 꼭 필요한 부분은 해설자가 내용을 보완하였다.

역사소설 「동학당」의 구조는 전반과 후반으로 나뉜다. 전반 제1부는 역사적인 인물인 이필을 통하여 창도주 최제우와 2대 교주 최시형의 삶을 조명하고 있다. 후반 제2부는 김석연이라는 허구적 인물을 통하여 최시형의 포교 과정과 3대 교주 손병희의 인물됨을 조명하고 있다. 다시 말하면 이필과 김석연이라는 두 인물을 통해 최제우에 의해 동학이 움트고, 최시형의 포교로 동학이 울창한 숲을 이루어가는 역경의 도정(道程)을 쫓고 있다. 최제우, 최시형, 손병희의 성인적(聖人的)인 행적이나 영웅적인 행각을 통해 동학의 깊고 넓은 세상을 보여주고 있다. 즉, 수운이 한 치 앞을 내다볼 수 없는 어두운 세상에 동학의 불씨를 켜든 대신 천명으로 몸을 버렸고, 해월은 불씨를 살려 암흑의 땅에 큰 불을 질러 놓았으며, 의암이 불을 보듬어 세상을 밝혔다.

이 소설에서 논란이 예상되는 부분이 제1부의 '2. 아버지를 죽인 원수[殺父之讐]'이다. 이는 구조상 소설의 첫머리에 놓여야 맞다. 그러나 당시 검열 과정에서, 또는 교단 관계자들과의 논란에 따라 그 문제의 돌을 빼어 뒤쪽의 적당한 위치에 끼워 넣은 것으로 보인다. 이런 까닭에 소설의 흐름이 좀 어색할 수밖에 없었다. 필자는 이 소설을 정리하면서 제 위치에다 놓을 것을 오랫동안 고심했으나 '원작자의 고심'을 독자에게 그대로 전하는 것도 의미가 있을 법하여 돌의 위치를 바꾸지 않기로 하였다. 무릇 장강의 흐름은 고요하고 깊은가 하면 때로 가파른 열목을 이루지 아니하던가. 그 안에 이런 것들은 그다지 중요해 보이지 않는다.

그보다 독자의 큰 몫, 동학의 나무 한 그루가 자라고 푸른 숲이 되어 가는 동학 서사의 숨가쁜 과정을 흠향하는 기쁨이 있기 때문이다. 독자는 이 『소설 동학당』의 장강에 띄워진 일엽편주(一葉片舟)에 실려서 동학의 탕탕한 흐름에 얹혀 흐르는 즐거움과 함께하기를 기원해 본다.

동학네오클래식 11

소설 동학당東學黨

등록 1994.7.1 제1-1071
1쇄 발행 2014년 8월 10일

지은이 이돈화
해 제 채길순
펴낸이 박길수
편집인 소경희
편 집 조영준
디자인 이주향
펴낸곳 도서출판 모시는사람들
    110-775 서울시 종로구 삼일대로 457(경운동 88번지) 수운회관 1207호
전 화 02-735-7173, 02-737-7173 / 팩스 02-730-7173

인 쇄 상지사P&B(031-955-3636)
배 본 문화유통북스(031-937-6100)
홈페이지 http:// blog.daum.net/donghak21

값은 뒤표지에 있습니다.
ISBN 978-89-97472-77-2   04250
SET   978-89-97472-22-2   04250

이 도서의 국립중앙도서관 출판시도서목록(CIP)은 e-CIP 홈페이지 (http://www.nl.go.kr/ecip)
에서 이용하실 수 있습니다.(CIP 제어번호 :CIP2014021170)